公共哲学

政治における道徳を考える

マイケル・サンデル

鬼澤 忍 訳

筑摩書房

公共哲学【目次】

・本文中の〔　〕内は訳注である。

公共哲学

キクへ

はじめに

二〇〇四年に共和党のジョージ・W・ブッシュ大統領が再選されると、民主党員のあいだに自己反省の新たな波が広がった。出口調査によってわかったのは、テロ、イラク戦争、経済情勢等のいかなる問題にも増して、「道徳的価値観」を投票の基準とした有権者が多かったことだった。道徳的価値観を基準に挙げた有権者の圧倒的多数がブッシュに投票し、対立候補のジョン・ケリーには投票しなかった（八〇パーセントがブッシュ、一八パーセントがケリー）。解説者たちは当惑した。CNNテレビのあるレポーターはこう認めている。「いつのまにか、われわれはみな道徳的価値観の問題を見落としていたのです」

疑い深い人たちは、「道徳的価値観」の問題を大げさに考えすぎないよう注意を促した。彼らによれば、投票者の大多数は、選挙期間中に最大の道徳的争点となった妊娠中絶や同性婚について、ブッシュのように反対していたわけではないという。ブッシュの勝利を説明する要因はほかにあった。ケリーの選挙運動には有権者の心をつかむ主張が欠けていたこと、戦時に現職大統領を破るのは容易ではないこと、アメリカ国民は依然として二〇〇一年九月一一日の同時多発テロから立ち直っていなかったこと、などである。それにもかかわらず、二〇〇四年の大統領選挙が終わると、民主党員はこう思案するようになっていた。道徳や精神性を求める国民に、もっと説得力をもって語りかける方法はないものか、と。

民主党が「道徳的価値観の問題」を見落としたのは、これが初めてではなかった。一九六四年にリンドン・ジョンソンが地滑り的勝利を収めて以降の四〇年間で、民主党からは二人の大統領しか出ていない。一人はジミー・カーター。ジョージア州出身で再生派キリスト教徒のカーターは、ウォーターゲート事件の余波のなかで、政府に誠実さと道徳を取り戻すと約束した。もう一人はビル・クリントン。私生活上の問題を抱えていたにもかかわらず、クリントンが政治における宗教や精神の重要性を直観的に理解していることは明らかだった。民主党を背負って立ったほかの候補者たち――ウォルター・モンデール、マイケル・デュカキス、アル・ゴア、ジョン・ケリー――は、魂をめぐる話題を避け、代わりに政策とその実施計画についてひたすら語った。

最近になって、民主党は国民の道徳的・宗教的共感を得ようとしている。そうした取り組みには二つの形があるのだが、人に訴える力はどちらもいま一つだ。一部の人びとは、ジョージ・W・ブッシュを手本に、宗教的レトリックや聖書からの引用を演説に散りばめている（現代の大統領のなかで、ブッシュほど厚かましくこの戦術を用いた者はいない。大統領就任演説や一般教書演説でブッシュが神を口にする頻度は、ロナルド・レーガンをも上回る)。二〇〇〇年と二〇〇四年の大統領選挙では、神の恵みをめぐる争いは熾烈をきわめた。そのため、「beliefnet.com」なるウェブ・サイトに、候補者たちの神への言及を追跡する「ゴッド・オ・メーター」が設置されたほどだった。

民主党による二つ目の取り組みは、次のように主張することだ。政治における道徳的価値観は、妊娠中絶、学校で行われる祈り、同性婚、裁判所に十戒を掲示することといった文化問題にかかわるだけでなく、医療、保育、教育財政、社会保障といった経済問題にも関係するのだ、と。ジョン・ケリーは、二〇〇四年の民主党党大会における大統領候補指名受諾演説で、こうした取り組みの一端を示し、「価値」とか「価値観」といった言葉を三二回も使った。

そうした意気込みは間違いではない。だが、価値観の欠如を解消しようといくら声を大にしたところで、不自然で説得力に欠ける感じがしてしまう。その理由は二つある。第一に、民主党はみずからの社会・経済政策の土台となる経済的正義のビジョンを、信念をもってはっきりと表明してこなかった。第二に、経済的正義を支持する有力な議論といえども、それだけでは統治のビジョンとならない。豊かな社会の恩恵に浴す機会をすべての人に公平に与えることは、善き社会の一つの側面ではある。しかし、公平さがすべてではない。より大きな意義を持つ公共生活への渇望が、それによって満たされることはない。というのも、公平さによって、自己統治というプロジェクトが、個人を超えた共通善にかかわりたいという人びとの願望と結びつけられることはないからだ。

九・一一の直後には国中に愛国心があふれ、イラクでは兵士たちが犠牲を払っているというのに、アメリカの政治には善き社会や市民の分担すべき義務についての明瞭なビジョンが欠けている。国を戦争に向かわせながら減税を強く主張したブッシュ大統領は、二〇〇一年のテロ攻撃の数週間後、国民全体に何の犠牲も求めなかった理由をたずねられた。彼の答えは、アメリカ国民は空港の行列が以前より長くても我慢しているのだから、犠牲を払っているというものだった。二〇〇四年のノルマンディー上陸作戦開始記念日に、フランスのノルマンディーで行われたインタビューで、NBCテレビのトム・ブローコーはブッシュにこう問いただした。国民にもっと犠牲を求めることで、イラクでの戦闘で命を落としている同胞との絆を感じさせようとしないのはなぜか、と。大統領はまごついた様子で、「『もっと犠牲を』とはどういう意味だい?」と答えた。ブローコーは第二次世界大戦中の配給制の例を挙げ、再びたずねた。「私が思うに、アメリカの兵士が海外でやっていることと、アメリカ国民が国内でやっていることのあいだには断絶があると強く感じられるのです」。ブッシュの答えはこうだった。「アメリカは犠牲を払ってきた。わが国の経済は本来の状態ほど強くなかったし、それに……仕事のない人もいた。幸いなことに、目下のところ経済は強いし、さらに強くなろうとしている」。

民主党は犠牲の問題を認識していなかったし、ブッシュはその質問の意味がほとんどわからなかった。こうした事実は、二一世紀初頭のアメリカ政治において、市民の感覚がいかに鈍っているかを証明している。公共の目的について説得力のある説明がなされていないのに、有権者はテロの時代に際して、現職の大統領がイメージさせる安全や道徳を安易に信じ込んでしまったのだ。

本書に収められた小論は、アメリカの公共生活を突き動かす道徳的・市民的ジレンマを考察するものだ。第1部「アメリカの市民生活」では、わが国の政治的伝統を概観する。ここでは次のことを明らかにする。こんにち、「道徳的価値観」をめぐってリベラル派が陥っている苦境は、ちょっとした逆転を表しており、宗教的信条を土台とした政治的議論は、必ずしも保守派の専売特許ではないのである。アメリカの歴史上、大規模な道徳・政治改革のいくつか——奴隷解放運動から、革新主義時代、一九六〇年代の公民権運動にいたるまで——は、道徳、宗教、精神にかかわる典拠を大いに利用していた。第1部に集めた小論では、トマス・ジェファソンから現代にいたるまでのアメリカの政治論争を振り返ることによって、リベラリズムが道徳的・市民的な声をいかにして失ってしまったかを示し、自己統治というプロジェクトを現代に復活させられるかどうかを問う。

第2部「道徳と政治の議論」では、この二〇年に激しい議論の的となった道徳的・政治的問題をいくつか取り上げる。たとえば、アファーマティブ・アクション（積極的差別是正措置)、幇助自殺、妊娠中絶、同性愛者の権利、幹細胞研究、汚染許可、大統領の嘘、刑罰、市場の道徳的限界、寛容と礼節の意味、個人の権利とコミュニティの要求、公共生活における宗教の役割といった問題だ。これらの論争を眺めていくと、いくつかの疑問が繰り返し浮かび上がる。個人の権利と選択の自由は、われわれの道徳・政治生活において並ぶもののない理想だが、それらは民主主義社会の土台として十分なものだろうか? 善き生をめぐって議論の的となるさまざまな考え方に訴えずして、公共生活のなかで生じる道徳的な難題を乗り越えられるだろうか? もし(私が主張しているように)政治的な議論が善き生をめぐる問題を避けて通れないとすれば、そうした問題に関する意見の相違が現代社会を覆っているという事実と、どう向き合えばいいのだろうか?

第3部「リベラリズム、多元主義、コミュニティ」では、第2部で扱った特定の道徳的・政治的論争から少し離れる。こんにち有力となっているさまざまなタイプのリベラルな政治理論を検討し、その強みと弱みを評価するためだ。ここでは、道徳的・宗教的理念をあからさまに利用しながらも、多元主義とのつながりを維持している政治理論の例を紹介する。この第3部に収めた小論では、本書全体を貫くいくつかのテーマを結びつけながら、市民性、コミュニティ、市民道徳を重視し、善き生の問題によりストレートに取り組む政治を擁護すべきだと主張する。リベラル派は往々にして、道徳的・宗教的議論を公の場に持ち込むと、不寛容や抑圧というリスクを招くのではないかと懸念する。本書のいくつかの小論では、こうした懸念に答えるために次のことを示す。本質的な道徳論議は進歩的な公共目的と対立しないし、多元的社会にとって、市民が公共生活に持ち込む道徳的・宗教的信念とかかわることを避ける必要はないのである。

こうした小論の多くで、政治評論と政治哲学の境界は曖昧になっている。これらの小論は二つの意味で、公共哲学における冒険だといえる。一つは、現代の政治的・法律的論争に哲学への契機を見いだすという意味で。もう一つは、公の場で哲学する、つまり道徳哲学や政治哲学を現代の公的論議に結びつけようとする試みだという意味で。本書に収めた小論の大半は、もともと、学問の世界にとどまらない広い読者層向けの出版物に掲載された。たとえば、『アトランティック・マンスリー』、『ニュー・リパブリック』、『ニューヨーク・タイムズ』、『ニューヨーク・レビュー・オブ・ブックス』といった紙誌だ。また、法律評論や学術出版物として世に出たものもある。しかし、これらの小論はすべて、学者はもちろん一般市民を対象に、現代の公共生活のあり方に光を当てることを目指している。

第1部　アメリカの市民生活

第1部に収めた小論は、アメリカの政治的伝統のなかに、現代にふさわしい市民社会再生の拠り所を見いだそうとするものである。第1章「アメリカにおける公共哲学の探求」は、挽回をはかるための小論であり、懐旧の情にひたるためのものとはならないよう願っている。この小論で示すのは、われわれの政治論議は必ずしも国民生産の大きさと配分に焦点を合わせてきたわけではないし、現代ではおなじみの消費者運動的・個人主義的な自由の解釈は、自由を理解する唯一のあり方ではないということだ。トマス・ジェファソンからニューディールの時期までは、市民としての自由の概念はもっと要求の厳しいもので、それがアメリカの政治的議論を活気づけてもいた。グローバル時代になって政治生活の範囲が広がると、市民的プロジェクトは複雑になる。そのため、市民道徳についての伝統的な考え方を復活させるだけでは、自己統治を促進することはできない。とはいえ、市民のあいだで受け継がれてきた伝統を振り返ることは、現在の可能性を新たに思い描く助けとなるし、少なくとも、われわれが問い方を忘れてしまった次のような問題を思い出させてくれる。強大な経済的勢力に民主的な責任を問うには、どうすればいいだろうか？　グローバル経済という条件下での自己統治は可能だろうか？　多様なアイデンティティと複雑な自己を特徴とする多元主義の時代に、民主社会で育むことが期待できるのはどんな形の共通性だろうか?

第2章から第7章まではもう少し短い小論であり、ここ数十年のアメリカの政治論議における言葉づかいの変化について考察している。『個人主義を超えて――民主党とコミュニティ』を発表したのは、マイケル・デュカキスとゲイリー・ハートが、一九八八年の大統領選挙の民主党候補者指名を争っていたときのことだった。この小論で私が述べたのは、民主党はコミュニティの言葉をロナルド・レーガンに譲り渡してしまい、道徳的・市民的な声を失ったということだった。この記事が掲載されてまもなく、アーカンソー州リトルロックのある読者から感謝の手紙をもらった。当時州知事を務めていたビル・クリントンが、自分も全国を遊説しながら同じことを説いており、とりわけ二つの点で感銘を受けたと書いてよこしたのだ。「一つ目は、レーガンの保守的ビジョンから、また『自己統治とコミュニティの言葉を語る』ことにおける彼の成功から何かを学ぶべきであるという点」、二つ目は「われわれはマクロ経済の問題から、『経済構造の問題』や『自己統治のできるコミュニティを制御可能な規模で構築すること』へと目を転じるべきだという点」だとのことだった。

第3章から第5章までは、八年後、クリントン大統領の時代に書かれたものだ。この三つの章では、コミュニティと道徳的価値観の言葉を共和党から奪い取ろうというクリントンの試みがある程度成功した一方で、二〇世紀末における革新的政治の大きなテーマを明確にしようという試みはあまり成果がなかった点について考察する。クリントンによるこれらの企てはともに、一九九八年から九九年にかけての弾劾手続きによって頓挫した。弾劾の発端となったのは、ホワイトハウスの実習生を巻き込んだセックス・スキャンダルだった。第6章では、下院共和党議員によるかなり党派性の強いクリントン弾劾の試みと、リチャード・ニクソンを辞任に追い込んだもっと厳粛な弾劾公聴会を比較する。この公聴会は、私が一人の若いジャーナリストとして目の当たりにしたものである。

この第1部を締めくくるのは、ロバート・F・ケネディの市民の声を回想する小論である。二〇〇〇年にロバート・ケネディ生誕七五周年を祝って、ジョン・F・ケネディ・ライブラリーで開かれた集会で私が話したことをもとにしている。

第1章　アメリカにおける公共哲学の探求

リベラルの自由VS共和主義の自由

われわれの生活を律する公共哲学の中心思想は、自由とはみずからの目的をみずから選ぶ能力にあるというものだ。政治が国民の人格を形成したり、美徳を涵養したりしようとするのは間違っている。そんなことをすれば、「道徳を法制化する」ことになりかねないからだ。政府は、政策や法律を通じて、善き生に関する特定の考えを支持してはならない。そうではなく、中立的な権利の枠組みを定め、その内部で人びとが自分自身の価値観や目的を選べるようにすべきなのだ。

中立へのあこがれは、わが国の政治や法律にはっきりと現れている。それがリベラルな政治思想の伝統に根差しているにもかかわらず、中立へのあこがれを抱いているのは、アメリカ政治においてリベラル派として知られる人だけではない。保守派も同じなのだ。つまり、どんな政治的立場の人にも、中立へのあこがれが見られるのである。リベラル派が中立の理念を持ち出すのは、学校で行われる祈り、妊娠中絶の制限、キリスト教原理主義者による公の場への道徳持ち込みの試みなどに反対する場合だ。保守派が中立に訴えるのは、市場経済の働きに対して政府が——労働者の安全、環境保護、配分的正義などのために——一定の道徳的制約を課そうとする動きに反対する場合だ。

自由な選択という理念もまた、社会保障制度をめぐる論争の両陣営にとって重要な意味を持っている。共和党員は昔からこんな不満を漏らしてきた。貧しい人びとを対象とした福祉プログラムを支えるために金持ちに課税するのは、ある意味で慈善の強要であり、自分のお金の使い道を決める自由を侵害するものだ、と。民主党員は長いことこうやり返してきた。政府がすべての国民に適正な水準の収入、住居、教育、医療を保証しなければならないのは、経済的に困窮している人には、それ以外の領域で選択をなす真の自由はないからだ、と。個人の選択を尊重するために政府は何をなすべきかという問題について、両陣営の意見は一致しない。ところが双方とも、自由とはみずからの目的を選ぶ能力に存すると考えているのだ。

自由についてのこうした見方は実になじみ深いため、アメリカの政治的伝統における不変の特徴のように思えるかもしれない。だが、支配的な公共哲学として、こうした見方が登場したのは最近のことであり、この半世紀ばかりのあいだに広まってきたのだ。その著しい特徴は、対立する公共哲学、つまりこの見方に徐々に取って代わられた公共哲学と比較すると最もわかりやすい。その哲学とは、ある種の共和主義的政治理論である。

共和主義的理論の中核をなすのは、自由は自己統治の分かち合いに支えられているという考え方だ。この考え方自体は、リベラルな自由と矛盾するわけではない。政治への参加は、人びとが個人的目的を追求するために選ぶ手段の一つともいえる。だが、共和主義的政治理論によれば、自己統治を分かち合うことにはそれ以上の意味がある。つまり、共通善について同胞市民と議論し、政治共同体の運命を左右するということだ。ところが、共通善について深く議論するには、みずから目的を選択し、他人にもそうする権利を認めるだけでは不十分である。公的な事柄に関する知識はもちろん、帰属意識、全体への関心、運命を左右されるコミュニティとの道徳的つながりも必要なのだ。したがって、自己統治を分かち合うには国民が一定の市民道徳を持たなければ、あるいは獲得しなければならない。だとすれば、共和主義的な政治は、国民が信奉する価値観や目的に中立ではありえないことになる。共和主義的な自由の概念は、リベラルなそれとは異なり、形成的政治、つまり自己統治に必要な特性を国民のなかに培う政治を要求するのである。

リベラルな自由の理解と共和主義的な自由の理解はともに、われわれの政治的経験のなかにずっと存在してきた。だが、そのあり方や相対的な重要性は変化している。この数十年で、アメリカ政治の市民的あるいは形成的な側面は、手続き的共和国に取って代られた。手続き的共和国とは、美徳を育むことよりも、人がみずからの価値観を選べるようにすることに心を砕くものだ。こうした変化を考えれば、現在われわれが抱いている不満も理解できる。というのも、リベラルな自由観がいかに魅力的であろうと、そこには自己統治を支えるための市民的資源が欠けているからだ。われわれが生きる指針としている公共哲学は、それが約束する自由をもたらしてはくれない。なぜなら、自由に必要な連帯感や市民参加の感覚を呼び起こすことができないからだ。

市民性の政治経済学

アメリカの政治が市民の声を取り戻そうとするなら、われわれが問い方を忘れてしまった問題を論じる手だてを見つけねばならない。現在われわれが経済について考えたり論じたりする方法を考察し、アメリカ人が歴史の大半を通じて経済政策を論じてきた方法と比較してみよう。近年、われわれの経済的議論のほとんどは、考慮すべき二つの焦点のまわりを回っている。つまり、繁栄と公正である。どんな税制、予算案、規制方針を支持しようと、人びとがそれを擁護する根拠は、経済のパイを大きくするか、パイの配分をより公正にするか、さもなくばその両方か、という点にあるのだ。

経済政策を正当化するこうしたやり方はあまりにもなじみ深いため、ほかの方法はありえないように思えるかもしれない。だが経済政策に関するわれわれの議論の焦点は、必ずしも国民生産の規模と配分だけにあるわけではない。アメリカの歴史の大半を通じて、われわれは別のある問題にも取り組んできたのだ。つまり、自己統治に最も適しているのはどんな経済の仕組みか、という問題である。

トマス・ジェファソンは、経済論議の市民的な要素に古典的な表現を与えた。『ヴァージニア覚書』（一七八七年）において、ジェファソンは国内で大規模な製造業を育成することに反対した。農村の生活様式は国民の美徳を養い、自己統治に適しているというのがその理由だった。「大地で働く者は神の選民である」と彼は書いた――「真の美徳」の化身だというのだ。ヨーロッパの政治経済学者は、あらゆる国家がみずから物をつくるべきだと説いたが、ジェファソンは大規模な製造業が無産階級を生み出すことを懸念した。無産階級は、共和主義的市民に必要な自立性を欠いているからだ。「依存は従属と金銭的無節操を生み、美徳の芽を窒息させ、野心を満たすたくらみを準備させやすくする」。ジェファソンは「わが国の工場はヨーロッパに残しておいて」、工場がもたらす道徳的腐敗を避けるほうがいいし、工場で物をつくることに伴う風俗習慣ではなく工業製品を輸入するほうがいいと考えた。「大都市の群集が純粋な政府の支援にほとんど貢献しないのは、体の痛む箇所が体力を高めないのと同じだ」と彼は書いた。「共和国の活力を維持するのは人びとの習慣と精神だ。習慣と精神の堕落は悪の元凶であり、法と憲法の核心をあっというまに蝕んでしまう」

国内の製造業を育成するか、わが国の農村的性格を維持するかという問題は、建国以来数十年にわたって激論の的となった。結局、農村の意義を重視するジェファソンの考え方は主流とはならなかった。だが、彼の経済学の土台をなす共和主義的な前提、つまり、公共政策は自己統治に必要な品格を育むべきであるという前提は、幅広い支持を受け、長く影響力を保った。独立戦争から南北戦争にいたるまで、この「市民性の政治経済学」はアメリカの国民的な議論において重要な役割を演じた。実のところ、経済論議における市民的な要素は二〇世紀に入っても存在していた。当時は進歩党が大企業とその影響の問題に取り組み、自己統治を守ろうとしたのである。

大きさの呪い

「革新主義時代」の政治的な窮状は、こんにちの状況と驚くほどよく似ている。当時もいまと同じように、アメリカ人はコミュニティの崩壊を感じ取り、自己統治の先行きを懸念していた。また、経済生活の規模と人びとがアイデンティティを感じる条件に食い違いが生じ、調和が欠けていた。こうした食い違いに直面した人の多くが、方向感覚を失ったり無力感にさいなまれたりした。二〇世紀への変わり目に、自己統治への脅威は二つの形をとっていた。一つは巨大企業への権力の集中。もう一つは、建国以来一〇〇年にわたって大半のアメリカ人の生活を律してきた伝統的な権威とコミュニティの衰退である。巨大企業が国家経済を牛耳ることで、昔から自己統治の場だった地域社会の自律性が損なわれていった。一方、移民、貧困、無秩序があふれる人間味のない大都市が拡大すると、多くの人が、アメリカ人は道徳的・市民的な結束を失ってしまい、善き生に関する共通のビジョンにしたがって国を治めることが不可能になるのではないかと恐れるようになった。

大都市は混乱を生み出したものの、新しい形の産業、輸送、通信のおかげで、政治共同体にとって新たなより広い基盤がもたらされるように思えた。二〇世紀初頭のアメリカ人は、多くの点でかつてないほど緊密に結びついていたのだ。鉄道が大陸を横断した。電話、電報、日刊新聞のおかげで、人びとは遠い場所で起きた事件について知るようになった。複雑な産業組織は、労働者を連係させる大規模な相互依存システムを通じて人びとを結びつけた。産業と技術を通じた新たな相互依存のなかに、さらに拡大したコミュニティの形を見いだす者もいた。ジャーナリストのウィリアム・アレン・ホワイトはこう書いている。「蒸気は電気をもたらし、すべての国民を隣人同士にした。電線、鉄管、路面電車、日刊新聞、電話、鉄道と船による大陸横断交通網は……社会的、産業的、政治的に、われわれを一つにした……すべての国民がたがいに理解し合えるのである」

もう少し慎重な観察者は、そこまで楽観してはいなかった。アメリカ人がいつのまにか複雑な相互依存システムに組み込まれていたからといって、そのシステムに一体感を持つ、あるいは同じように組み込まれた見知らぬ他人と人生を分かち合うようになるとはかぎらない。社会改革者のジェーン・アダムズはこう述べている。「理屈のうえでは、『分業』によって人びとは相互依存をいっそう深め、いっそう人間らしくなる。一貫した目的の達成へ向けて結束するからだ」。だが、この一貫した目的が達成されるかどうかは、当事者がみずからの共同プロジェクトに誇りを持ち、それを自分自身の問題と考えるかどうかにかかっている。「相互依存という機械的な事実があるだけでは、結局は何も生まれない」のである。

「革新主義時代」の政治論議で焦点となったのは、大企業の力に対する二つの異なる対抗策だった。一方には、自己統治を守るため、経済力を分散させて民主的にコントロールしようとする人たちがいた。他方には、経済力の集中を逆転させるのは不可能と考え、全国規模の民主的機関の力を拡大して経済力をコントロールしようとする人たちがいた。経済力の分散を提唱した人物のなかで最もすぐれていたのは、ルイス・D・ブランダイスだった。ブランダイスは最高裁判事に任官する前は行動派の弁護士で、産業の集中を舌鋒鋭く批判していた。彼が何より関心を寄せていたのは、経済の仕組みが国民に及ぼす影響だった。独占企業や企業合同《トラスト》に反対したのは、それによって消費者物価が上がってしまうからではなく、その政治力によって民主的な政府が弱体化してしまうからだった。

ブランダイスの見解によれば、大企業は二通りの仕方で自己統治を脅かすという。直接には、民主的な機関を力で圧倒し、コントロールされるのを拒絶することによって。間接には、労働者が市民として考え、行動することを可能とする道徳的・市民的能力を低下させることによって。ブランダイスは、長年の共和主義的テーマを二〇世紀の論争に持ち込んだ。つまりジェファソンと同じように、経済的なものであれ政治的なものであれ、力が集中すれば自由が阻害されると考えていたのだ。ブランダイスの解決策は、大きな企業と大きな政府を対決させることではなく――それでは「大きさの呪い」がひどくなるだけだ――トラストを解体し、競争を復活させることだった。そうすることによってのみ、地域密着型の企業が民主的コントロールにしたがうという分権経済を維持できるのである。

ブランダイスが産業民主主義を支持したのは、労働者の収入を増やすため――それが望ましいことだとしても――ではなく、市民としての能力を向上させるためだった。ブランダイスにとって、自己統治を担える市民の形成は、配分的正義よりも高い目標だったのだ。「われわれアメリカ国民は、富の不公平な分配を……避けるという意味での社会正義を推進しているだけではない。何よりもまず民主主義を推進しているのだ」。ブランダイスによれば「民主主義のために努力すること」は「人間の進歩のために努力すること」と切り離せないという。「人間が進歩するためには、きちんとした食事をとり、きちんとした住まいに暮らすこと、きちんとした機会に教育を受け、レクリエーションをとることが必要不可欠である。こうしたものなくして、われわれは目標を達することができない。だが、それらをすべて手に入れてもなお、奴隷の国であるかもしれないのだ」

ニュー・ナショナリズム

革新主義運動の別の流れからは、企業の力による脅威に対して異なる対抗策が提起された。第二六代大統領のセオドア・ローズヴェルトは、いわゆる「ニュー・ナショナリズム」を唱えた。これは、経済の分散化ではなく、全国的政府の権限強化によって大企業を規制しようとするものだ。

経済力の集中が政治へ及ぼす影響を懸念していた点では、ローズヴェルトもブランダイスと同じだった。彼が分散論者に同意できなかったのは、民主主義の権威を取り戻す方法についてだった。ローズヴェルトは、産業の発展に伴って大企業が登場するのは避けられないと考えており、一九世紀の分散化した政治経済を回復しようという試みにはほとんど意義を見いださなかった。大企業の大半は州をまたいで、あるいは国境を越えて、個々の州の手が届かないところで事業を営んでいた。それゆえ、大企業を規制するという役割にふさわしいのは連邦政府だけだった。連邦政府の権限は、大企業の力の大きさに釣り合うよう強化されねばならなかったのだ。

ジェファソンの時代以降の共和主義者の例に漏れず、ローズヴェルトは経済の仕組みが国民へ与える影響を懸念していた。ローズヴェルトの目的は、大企業による政府の支配を弱めることだけでなかった。アメリカ国民の自己認識を拡大することによって、彼のいう

「純粋にして永遠なる道徳的覚醒」を促し、「広範にわたるナショナリズムの精神」を浸透させることでもあったのだ。ニュー・ナショナリズムとは、制度改革のプログラムである以上に、新たな国民意識を育もうとする形成的なプロジェクトだったのである。

ローズヴェルトがニュー・ナショナリズムの指導的スポークスマンだったとすれば、ハーバート・クローリーは指導的哲学者だった。『アメリカ的生活の約束』（一九〇九年）のなかで、クローリーは革新主義のナショナリスト的要素の根底にある政治理論を展開した。「アメリカの産業、政治、社会生活の集中化がますます進む」ことを考えると、アメリカ政府は「権限の集中化を後退させるどころか、むしろ前進させる必要がある」という。ところが、クローリーによれば、民主主義の成功には政治を全国的なものにすることも欠かせない。原初的な形の政治共同体を全国的な規模につくりなおさなければならないのだ。そうすることで、革新主義時代に鋭く感じられた、アメリカ的生活の規模とアメリカ人のアイデンティティの条件の食い違いを埋められるのである。近代の経済が全国的な規模となっていることを考えれば、民主主義は「アメリカ人の考え方、制度、精神がますます全国的になること」を要求するのだ。

クローリーは、民主主義を支えるのは分散した権力であるというジェファソンの考え方を否定したが、一方で、政治経済の仕組みはそれが育む品格によって評価されるべきだという信念を共有していた。クローリーにとって、アメリカ人の品格を全国的なものとするプロジェクトは「つまるところ形成的で啓蒙的な政治変革」だったのである。アメリカの民主主義を前進させるには、国家がもっと一体化しなければならなかった。それには、公民教育を通じて、アメリカ人のなかに国民としてのさらなる一体感を呼びさます必要があった。

分散化と全国化という革新主義改革の二つの立場は、一九一二年の大統領選におけるウッドロー・ウィルソンとセオドア・ローズヴェルトの対立に鮮明に現れた。とはいえ、現時点で振り返ってみると、その選挙戦のさらに重要な意義は、双方の立場の主唱者が共有していた前提にある。一方のブランダイスとウィルソン、他方のクローリーとローズヴェルト。両者のあいだにはいくつもの相違があったにもかかわらず、次の点では意見が一致していた。すなわち、政治と経済の制度は、自己統治に必要な徳性を育むか蝕むかという観点から評価されるべきだということである。前の世代のジェファソンと同じく、彼らは当時の経済の仕組みが生み出すであろう市民について心配していた。方法はさまざまながら、市民性の政治経済学を主張していたのである。

こんにちの経済論議には、革新主義者を二分した論争との類似点はほとんどない。当時の革新主義者は、経済の構造に関心を寄せていた。経済力の集中に直面して、民主的政府を維持するにはどうすればいいかを議論していた。一方現代のわれわれは、国内生産の全体的レベルに関心を寄せている。経済を成長させながら、繁栄の成果の幅広い配分を保証するにはどうすればいいかを議論している。過去を振り返ってみれば、われわれの経済問題が革新主義者のそれに取って代わった時期がわかる。経済成長と配分的正義の政治経済学は、ニューディール時代の末に始まって一九六〇年代の初めに全盛を極め、市民性の政治経済学に取って代わったのである。

ニューディールとケインズ革命

「ニューディール」が始まっても、政治論議には革新主義時代に定義された選択肢が依然として影響を及ぼしていた。民主党のフランクリン・D・ローズヴェルトが大恐慌のさなかに政権をとると、改革をめぐる二つの伝統的な考え方をもとに、対立する景気回復案が提起された。一方の改革者グループは、ルイス・ブランダイスの哲学を継承する人びとで、反トラスト法をはじめ、競争の復活を目指すさまざまな手段によって経済を分散化しようとしていた。もう一方のグループは、テディ・ローズヴェルトのニュー・ナショナリズムの影響を受けた人びとで、全国規模の経済計画によって経済を合理化しようとしていた。双方の違いにもかかわらず、反トラスト派も経済計画派も、大恐慌を乗り切るには産業資本主義の構造を変える必要があると考えていた。さらに、経済力の集中を放っておけば、民主的政府にとって脅威になるという点でも意見が一致していた。

これら二つの景気回復案の対立は、多くのニューディール政策が進められるあいだもつづき、解消されることはなかった。ローズヴェルトは、政策や気分に応じて双方の案を試し、どちらかを完全に拒否することも採用することもなかった。結局、反トラスト派も経済計画派も主流とはならなかった。景気の回復が実現したのは、構造改革ではなく莫大な政府支出のおかげだったからだ。政府支出の好機となったのは第二次世界大戦であり、理論的根拠となったのはケインズ経済学だった。もっとも、ケインズの財政政策は、成功が実証される前から政治的な訴求力を持っていた。精力的な反トラスト活動や全国規模の経済計画といった各種の構造改革案とは異なり、善き社会をめぐって賛否の分かれる見解の一つを選ぶことなく、政府が経済をコントロールする方法を示したからである。それ以前の改革者がある種の市民を育む経済の仕組みを探求していたのに対し、ケインズ主義者が形成的な使命を背負うことはなかった。そうではなく、すでに存在する消費者の嗜好をそのまま受け入れ、総需要を操作することによって経済を統制するよう提案したのである。

第二次世界大戦が終わる頃には、経済政策の中心課題は、二〇世紀初めにアメリカ国民が夢中になっていた議論とはほぼ関係がなくなっていた。産業資本主義をどう改革するかというかつての議論は鳴りを潜め、こんにちおなじみのマクロ経済的課題がクローズアップされるようになったのだ。ハーバート・スタインが書いているように、一九六〇年には、ほとんどの経済学者や政策立案者の意見は次の点で一致していた。「アメリカの主要な経済問題は、急成長する高い総生産を実現し、維持することだった」。より平等な所得配分に向けた方策は望ましいが、完全雇用や経済成長とくらべれば二の次の課題だとみなされていた。

もちろん、経済成長と配分的正義という相関する要求、インフレと失業のトレードオフ、税金政策と予算配分などをテーマとする議論はつづいた。しかし、これらの議論は、経済政策は何にも増して国富の総額と配分にかかわるという前提に立っていた。財政政策の勝利とともに、市民性の政治経済学は、成長と配分的正義の政治経済学に取って代わられたのである。

ケインズ主義とリベラリズム

新しい政治経済学の出現は、アメリカ政治において共和主義的要素が消滅し、現代的なリベラリズムが登場する決定的瞬間を示すものだった。このリベラリズムにしたがえば、政府は善き生の構想について中立でなければならない。自分自身の目的を選ぶ力を備えた自由で独立した自己としての人格を尊重するためだ。ケインズ的な財政政策は、こうしたリベラリズムを反映すると同時に、アメリカの公共生活に深い影響を及ぼした。ケインズ経済学を実践した人びとが、正確にこうした表現によってそれを擁護したわけではない。だが、この新しい政治経済学は、手続き的共和国を定義するリベラリズムの二つの特徴を明らかにしたのだ。第一に、それは善き社会をめぐる賛否の分かれる見解を「カッコに入れる」、つまり脇へ置く方法を政策立案者や公選された公務員に提供し、それによって、構造改革のプログラムが提供できなかったコンセンサスを保証した。第二に、形成的プロジェクトを断念することによって、政府が国民の徳性に口を出すことを否定し、自由で独立した自己としての人格の概念を主張した。

この新しい経済学は国家統治の中立的な道具だという信念を最も明確に表明したのが、第三五代大統領ジョン・F・ケネディだった。一九六二年、イェール大学の卒業式における演説でケネディは、人びとがイデオロギー的な信念を捨て去れば、現代の経済問題を最もうまく解決できると説いた。「現代の主要な国内問題は」、過去に国民の耳目を集めた道徳的・政治的な大問題とくらべると「いっそう微妙で複雑」だという。「それらの問題がかかわるのは、哲学やイデオロギーの基本的な衝突ではなく、共通の目標を達するための方法や手段である……こんにちの経済的意思決定で問題となるのは、情熱によって国家を熱狂させる対立するイデオロギーの壮大な戦いではなく、現代経済の実際的な運営なのだ」。ケネディはアメリカが「イデオロギー的な偏見を持たずに技術的な問題と向き合い」「巨大な経済機構を前進させつづけることにかかわる高度で技術的な問題」に焦点を合わせることを主張した。

一九六〇年代にケインズ的な財政政策が根づくにつれ、経済論議の市民的要素はアメリカの政治言説から消えていった。第二次大戦後の数十年のあいだ、アメリカ国民は、統制という共和主義的な願いをかなえるには巨大すぎる経済を目のあたりにする一方、繁栄への期待に胸をふくらませ、自由の新たな解釈を導き出した。この解釈によると、われわれの自由を支えてくれるのは、国全体の運命を左右する勢力の形成を市民として分かち合う能力ではなく、個人としてみずからの価値観と目的を自力で選びとる能力だというのだ。

共和主義的政治理論の立場からすると、こうした変化は致命的な譲歩を示している。形成という念願を捨て去ることは、共和主義者が伝統的に思い描いてきた自由のプロジェクトを捨て去ることだからである。とはいえアメリカ国民が、この新しい公共哲学によって力を奪われたと感じることはなかった——少なくとも当初の時点では。それどころか、手続き的共和国は統制と自制の勝利であるように思われた。そう思われた理由の一部は、まさにその歴史的瞬間にあり、別の一部はリベラルな自由の概念の有望さにあった。

勝利の瞬間

手続き的共和国が誕生したのは、アメリカのまれに見る勝利の瞬間だった。第二次世界大戦が終わったとき、アメリカ合衆国は唯一無二の強国として世界に君臨していた。この力に加え、戦後数十年にわたる好景気のおかげで、当時のアメリカ国民はみずからの境遇に打ち勝ったと考えるようになっていた。ジョン・ケネディの就任演説は、自分たちにはプロメテウスに比肩する力があるという当時の人びとの思いを感動的に表現したものだった。「いまや世界は大きく変貌している。人間は死すべき運命にありながらも、あらゆる形の貧困を撲滅する力と、あらゆる形の人生を破壊する力を手中にしているからだ」。われわれは自由の確実な発展のためなら「いかなる対価も払うし、いかなる重荷も背負う」覚悟がある。

アメリカの力という恵みだけが、戦後数十年にわたる勝利を約束したわけではない。それを約束したもう一つの根拠は、現代のリベラリズムという公共哲学そのもののなかにあった。人間は自由で独立した自己であり、自分で選んだわけでもない道徳的・公共的絆に縛られることはないというイメージは、解放的で、爽快ですらある理想だ。習慣や伝統の命令から自由になれば、解放された自己は主権者の座に着き、みずからを律する唯一の義務を定める存在となる。こうした自由のイメージは、政治のあらゆる領域に見てとれる。第三六代大統領のリンドン・ジョンソンが社会保障制度を擁護したのは、コミュニティの義務という観点からではなく、人びとにみずからの目的を選ぶ力を与えるという観点からだった。「三〇年以上にわたり、社会保障制度の制定から貧困との戦いにいたるまで、われわれは人間の自由拡大のために絶えず努力してきた」。一九六四年の民主党大統領候補指名受諾演説で、ジョンソンはそう述べている。「その結果、今夜のアメリカ国民は、思い通りに生き、夢を追い求め、望みをかなえることにおいて……わが国の輝かしい歴史上のいかなる時代よりも自由である」。福祉受給権を支持する人びとは、受給者に対して就労を要請したり、職業訓練を受ける義務を課したり、家族計画プログラムに参加させたりすることに反対した。その理由は、貧しい人を含めすべての人びとが「みずからの生活の意義を表現する手段を選ぶ自由を持つべきだ」というものだった。ジョンソンの「偉大な社会」という目標を批判する保守派の人びとにしても、自由というリベラルな概念の名において自説を主張した。共和党上院議員のバリー・ゴールドウォーターによれば、政府のただ一つの正統な機能は、「人びとがみずから選んだ仕事を最大限自由に遂行できる」ようにすることだという。自由至上主義者《リバタリアン》にして経済学者のミルトン・フリードマンは、社会保障をはじめとする義務的な政府計画に反対した。そうした政策は「みずからの価値観にしたがって生きる」という人びとの権利を侵害するからである。

　こうして、しばらくのあいだ、アメリカの生活の特殊事情のおかげで、市民的な自由の概念が消滅してしまったことは目立たなかった。だが、勝利の瞬間は過ぎ去った。一九六八年、ヴェトナム戦争、スラムでの暴動、大学紛争、マーティン・ルーサー・キング・ジュニアとロバート・ケネディの暗殺などによって、自信が粉々になったとき、アメリカ国民は周囲で渦巻く混乱に立ち向かうための十分な手段を持っていなかった。自由に選ぶ自己という解放の約束は、より広く受け入れられていた自己統治の喪失を穴埋めできなかったのだ。国内外でさまざまな出来事が制御不能となり、政府には打つ手がないように見えた。

レーガンの市民的保守主義

抗議の季節がやってきた。それはいまも続いている。政府への幻滅が大きくなるにつれ、政治家たちは、当時の政治路線では顧みられなかったフラストレーションを明確な言葉にしようと模索していた。少なくとも選挙において最もうまく言葉を操ったのは、第四〇代大統領のロナルド・レーガンだった。レーガンは、自分が招いた不満を最終的には鎮められなかった。それでもレーガンの魅力の源泉と、それが政治論議における一般的な言葉づかいからいかに遠かったかを考えるのは有益である。

レーガンは、アメリカの保守主義が持つリバタリアン的要素と市民的要素を、時宜に応じて二つながら利用した。レーガンの政治的訴えのなかで最も共感を呼んだ部分は、この二つ目の要素から、つまり、家族や近隣住民、信仰や愛国心といった共同体的価値観のたくみな喚起から引き出された。レーガンを自由放任《レッセフェール》主義的な保守主義者と隔てるものは、彼を当時の公共哲学から隔てるものでもあった。それは、共同生活に対するアメリカ人の憧れに共感する能力である。こうした共同生活は、手続き的共和国が提示するものより小規模で人間味がありながら、より大きな意義を持っているのだ。

レーガンは、市民の力を奪うとして大きな政府を非難し、「新連邦主義《ニューフェデラリズム》」を提唱した。これは、州や地方自治体に権限を移譲しようという考えで、権力集中に関する昔ながらの共和主義的懸念を思い起こさせる。ところが、レーガンが復活させたこの伝統には少し違いがあった。かつて共和主義的な政治経済学を唱えた人びとは、大きな政府と同じく大きな企業についても懸念を抱いていた。レーガンの見解では、大きさの呪いがかかるのは政府だけだった。コミュニティの理想を訴えるときでさえ、資本逃避の浸食作用や、大規模に組織された経済力によるコミュニティの無力化という帰結について、レーガンが語ることはほとんどなかったのだ。

レーガン時代の民主党は、この点についてレーガンの姿勢を問題にしなかったし、コミュニティや自己統治をめぐる議論に別のやり方で加わることもなかった。権利を志向するリベラリズムの言葉づかいに縛られて、民主党は不満な空気が広がっていることに気づかなかった。当時のさまざまな不安は、個人と国家の中間にあるコミュニティ、たとえば家族や地域、都市や町、学校や信徒団などの衰退にまつわるものだった。ところが、かつて権力の分散を唱えていた民主党は、ここ数十年のあいだに中間的コミュニティを懐疑の目で見るようになっていた。こうしたコミュニティのあまりに多くが、偏見の温床であり、不寛容の前哨であり、多数派の横暴が幅をきかせる場であったからだ。したがって、ニューディールから公民権運動、さらには「偉大な社会」にいたるまで、リベラル派のプロジェクトは、地域社会が守れなかった個人の権利を擁護するために、連邦の力を利用することだったのだ。市民生活の中間項——それがどんなに立派に獲得されたものであろうと

――についてこんな心配をするあまり、民主党は自己統治の衰退に注意を向ける態勢にかったのである。

レーガンは、市民的要素を含むレトリックを駆使して、民主党が失敗したところで成功を収めた。不満な空気をうまく利用したのだ。とはいえ、結局のところレーガン政権は、不満の根底にある条件をほとんど変えなかった。レーガンは市民的保守主義者というよりも市場的保守主義者として政権を運営した。レーガン好みの自由な資本主義によって、家族、地域、コミュニティの道徳的枠組が修復されることはほとんどなく、かえってダメージを負うことのほうが多かったのである。

共和政治のリスク

自由の市民的要素を再生しようとするいかなる試みも、二つの冷静な反論と対決しなければならない。一つ目は、共和主義的理想が復活する可能性を疑うもの。二つ目は、復活が望ましいかどうかを疑うものだ。一つ目の反論は、現代世界の大きさと複雑さを考えれば、共和主義的伝統において思い描かれるような自己統治を望むのは非現実的だとする。アリストテレスのポリスからジェファソンの農村的理想にいたるまで、市民的な自由の概念が拠り所としていたのは、狭く境界のある場所であり、おおむね自給自足が可能で、そこに暮らす人びとは、余暇を楽しみ、学び、社会的な関心事についてみんなで議論する経済的余裕を持っている。ところが、われわれは現在そうした暮らし方をしていない。それどころか、きわめて自由に移動のできる、多様性に満ちた大陸社会で生活しているのだ。そのうえ、これほど巨大な社会だというのに自給自足は不可能であり、グローバル経済に組み込まれている。この経済における資金と財、情報と映像の怒濤のような流れは、国家にはほとんど注意を払わないし、ましてや地域には目もくれない。こうした状況下で、いったいどうすれば自由の市民的要素が根を下ろせるというのだろうか？

この反論は以下のようにつづく。実際、アメリカ政治の共和主義的要素は絶えず存在したものの、ノスタルジックに語られることが多かったのだ、と。ジェファソンが自作農を称揚したときでさえ、アメリカは工業国になろうとしていた。それゆえ、第七代大統領アンドリュー・ジャクソンの時代には共和主義者の熟練工、第一六代大統領エイブラハム・リンカーンの時代には自由労働の推進者、そして、ブランダイスの時代には彼が大きさの呪いから守った小売店主や薬剤師が称賛の的となった。これらの各事例で——と言われているのだが——共和主義的理想は土壇場になって表明されたため、実現可能な代替案を提示するには遅すぎ、勝ち目のない戦いへの挽歌を奏でるのがやっとだった。共和主義的伝統が救いようのないほどノスタルジックだとすれば、自由主義的政治の欠陥を明らかにする力がどれほどあろうと、われわれをより豊かな市民的生活へ導くことはまずないのだ。

二つ目の反論は、仮に共和主義的理想の再生が可能だとしても、それは望ましいことではないというものだ。市民道徳を植えつけることの難しさを考えると、共和政治には強制というリスクが絶えずつきまとう。民主共和国に必要な形成的企てをめぐるジャン＝ジャック・ルソーの説明に、こうした危険を垣間見ることができる。彼はこう書いている。共和国の創建者や偉大な立法者の仕事は、「人間の本性を変えることであり、個々人を……ある意味でその人に生命と存在を与えてくれるさらに大きな全体の一部に変容させること」にほかならない。立法者は全体としてのコミュニティに個人を依存させるために「その人自身の力を否定しなければならない」。各個人の意志が「死と消失」に近づけば近づくほど、その人が一般意志を受け入れる可能性は高まる。「したがって、個々の市民が無になり、ほかの市民に同調するほかは何もできなくなれば……その立法行為は、考えられるかぎり最高の地点に到達したと言える」

アメリカの共和主義者のあいだで、人間形成の強制的な側面が知られていなかったわけではない。たとえば、独立宣言の署名者であるベンジャミン・ラッシュは「人びとを共和党員に転向させ」、一人ひとりの市民に「自分は自分のものではなく、公共の財産である」と教えることを望んでいた。とはいえ、市民としての教育はそこまで厳格な形をとる必要はない。実際、共和主義的な人間形成の成功例のなかには、もっと穏当な指導もある。たとえば、一九世紀のアメリカ人の暮らしを特徴づけていた市民性の政治経済学は、共通性だけでなく主体性や判断力をも育み、共通善についてきちんと議論できるようにしようとするものだった。それがうまくいったのは、強制ではなく、説得と習慣化の複雑な混合によってであった。フランスの政治思想家アレクシ・ド・トクヴィルはそれを、「社会の社会自身に対するゆっくりとした穏やかな働きかけ」と呼んでいる。

トクヴィルの時代には分散と差異化がアメリカの公共生活の特質であり、この差異化のおかげで間接的方法による人間形成が可能となっていた。これが、ルソーの共和主義的努力とトクヴィルの描く市民的実践を隔てるものだった。不協和音が生じることを嫌ったルソーは、みずからの共和主義的理想において、人びとのあいだの距離を消し去ろうとした。それによって、市民がある種の言葉なき透明性のなかにある、つまり、たがいに直接関係した存在となるようにするためだ。一般意志が浸透していれば、市民は「自分たちを一体のものと考える」ので、政治論議は必要ない。「[新たな法律を] 最初に提案する人は、誰もがすでに感じていることを述べるにすぎない。したがって、[その成立のために] 陰謀をめぐらせたり雄弁を振るったりといった事態は起こりようがない」

ルソーの政治学が強制へと向かうのは、こうした前提、つまり共通善は一つであって争う余地はないという前提のせいであり、形成への願望そのもののせいではない。しかも、こうした前提は、共和主義的政治にとってはなくてもかまわないものだ。市民性の政治経済学をめぐるアメリカの経験からわかるように、市民的な自由の概念は意見の違いを不要にするわけではない。それが提示するのは、政治論議を進める方法であって、乗り越える方法ではないのだ。

ルソーの単一というビジョンとは異なり、トクヴィルが描いた共和政治は、合意よりもやかましい主張を土台とするものだった。そこでは意見の対立がうとまれることはない。人びとのあいだの隙間は、消し去られるのではなく、公的機関によって埋められる。こうした公的機関はさまざまな立場ごとに人びとをまとめる一方、人びとを隔てたり、関係づけたりする。郡区、学校、宗教団体、美徳を支える組織などがその例であり、民主共和国に必要な「精神の品位」や「心の習慣」を形づくるものだ。市民を教育するこれらの機関は、その特定の目的が何であれ、公的な事柄に参加する習慣を市民に植えつける。なおかつ、その多様性を考えれば、市民生活が差異のない全体へと溶解してしまうことを防いでいるのである。

したがって、自由の市民的要素は必ずしも強制的なものではない。ときには、いくつもの形で現れる場合もある。この点で、共和主義的政治理論に対するリベラル派の反論は的外れだ。しかし、リベラル派の懸念には無視できない洞察が含まれている。つまり、共和政治はリスキーな政治、保証のない政治であり、そこに付随するリスクは形成的プロジェクトに内在しているということだ。政治共同体とそこに属する市民の品性との関係を認めれば、低劣な共同体が低劣な品性を形づくる可能性を認めることになる。権力の分散と多様な場での市民形成によって、こうした危険は軽減されるかもしれないが、完全に消え去ることはないのである。

リベラル派が足を踏み入れるのを恐れる場所

こうした不満をどう考えるかは、ほかに取り得る選択肢しだいだ。市民の品性にかかわることなく自由を確保する、あるいは、善き生の構想を主張することなく正を定義する方法があれば、形成的プロジェクトに対するリベラル派の反論は決定的なものとなるかもしれない。だが、そんな方法があるだろうか？　リベラルな政治理論によれば、あるという。主意主義的〔理性よりも意志を根本に置く立場〕な自由の構想は、共和政治のリスクをきれいに解消することを保証する。自由を自己統治の遂行から切り離し、代わりに、人間がみずから目的を選ぶ能力であると考えれば、市民道徳の形成という難しい課題を最終的に避けられる。あるいは少なくとも、他人に対する寛容と尊敬の精神を養うという一見したところもっと容易な課題に絞り込める。

主意主義的な自由の構想においては、国政を運営するのに国民の人間形成をする必要はもはやない（限定された領域を除いて）。制約のない自己選択権の尊重に自由を結びつけるなら、いかにして自己統治の習慣を形成するかをめぐる古くからの議論は意味を失う。善き生の本質をめぐる古代の論争から政治が解放される。カントの印象深い言葉を借りれば、いったん自由が形成的プロジェクトから切り離されると、「国家を築き上げるという問題は、悪魔の国によってすら解決される。というのも、この課題に人間の道徳心の向上は含まれていないからだ」。

だが、自由を形成的プロジェクトから切り離そうというリベラル派の試みは、それ自体がはらむ問題に直面する。手続き的共和国の理論と実践の双方に見られる問題だ。哲学的な困難はリベラルな市民概念にある。それは、市民とは自由に選択をなす独立した自己であり、選択に先立つ道徳的・市民的絆に縛られることはないというものだ。こうした見方では、われわれが一般に認めている道徳的・政治的な幅広い義務、たとえば忠誠や連帯の義務が説明できない。リベラルな市民概念においては、われわれを拘束するのは自分で選んだ目的や役割だけであり、自分が選んでいない目的によって何かを要求されることはないとされる。後者の例としては、自然や神によって与えられる目的、あるいは、家族、民族、文化、伝統に属する一員としてのアイデンティティによって与えられる目的が挙げられる。リベラル派のなかには、われわれがこうした義務に縛られていることを認めつつも、それは私的生活を拘束するだけであり、政治には何の関係もないと言い張る人もいる。だが、そうだとすればさらに問題が持ち上がる。われわれの市民としてのアイデンティティを、より広く考えられた人間としてのアイデンティティから切り離すよう主張するのはなぜだろうか？　政治的討議が人間の最高の目的に関する最善の理解を反映すべきでないのはなぜだろうか？　われわれが認めようと認めまいと、正義と権利をめぐる議論が、善き生に関する特定の構想に依存するのは避けられないのではないだろうか？

手続き的リベラリズム理論の問題は、それが奨励する実践のなかに現れる。道徳や宗教を徹底的に締め出す政治は、みずからへの幻滅をすぐさま呼び起こしてしまう。政治論議に道徳的な響きが欠けていれば、より大きな意義のある公共生活への憧れが好ましくない形で現れることになる。キリスト教連合やその類の団体が、裸の公共の場に偏狭で不寛容な道徳的実践の衣をまとわせようとするのだ。原理主義者は、リベラル派が足を踏み入れるのを恐れる場所にずかずかと入り込んでくる。一方、こうした幻滅が世俗的な形をとることもある。公共問題の道徳的側面を扱う政策がなければ、公務員の個人的な悪行に注意が集中するようになる。政治論議はますます、スキャンダラスで、センセーショナルで、懺悔的なテーマで占められるようになる。それを伝えるのはタブロイド紙やトークショーであり、やがて大手メディアもそのあとを追うようになる。こうした傾向を生む責任のすべてが、現代的なリベラリズムの公共哲学にあるとは言えない。しかし、政治論議に関するリベラリズムのビジョンはあまりにも貧弱なため、民主的な生活の道徳的エネルギーを取り込むことができない。そこに生じる道徳的空白が、不寛容をはじめとする見当違いの道徳的実践を呼び込んでしまうのである。

本質的な道徳論議を欠く政策は、手続き的共和国という公共哲学の一つの症状だ。もう一つの症状が支配力の喪失である。主意主義的な自由の構想の勝利は、無力感の高まりと軌を一にしている。この数十年の諸権利の拡大にもかかわらず、アメリカ人は自分たちの生活を律する力を制御できなくなりつつあることに気づき、いらだちを感じている。これは部分的にはグローバル経済における仕事の不安定さと関係しているが、われわれが生きるうえで抱く自己イメージを反映してもいる。リベラルな自己イメージと現代の社会・経済生活の現実の構造はまるで一致していない。われわれが自由に選択する独立した自己として考え、行動しても、目の前に立ちはだかる世界を律するのは、われわれの理解と支配を超えた非人間的な権力構造なのだ。主意主義的な自由の構想は、こうした状況に立ち向かうのに十分なものとは言えない。われわれは、自分が選んでいないアイデンティティの重荷から解放されるかもしれないし、社会保障制度が与えてくれるさまざまな権利を手にするかもしれない。だが、自力で世界と向き合ったとたん、途方に暮れてしまうのである。

グローバル政治と特定のアイデンティティ

現代のリベラリズムの公共哲学が民主主義の不満にうまく対処できないとすれば、こんな疑問が残る――共和主義的テーマに再び目を向けることで、現状に立ち向かうわれわれの態勢はどう改善されるのだろうか。共和主義的な意味での自己統治は、そもそも現代の状況下でも可能なのだろうか？　可能だとすれば、それを維持するにはどんな品格が必要になるだろうか？

現在の政治論議における言葉づかいの変化に、中途半端で不完全ながら、その答えを垣間見ることができる。保守主義者のなかには、また最近ではリベラル派のなかにも、公共政策や政治論議で考慮すべきこととして、市民道徳、人間形成、道徳判断を挙げる者が出てきた。一九三〇年代から一九八〇年代にかけて、保守派はリバタリアニズムを根拠に社会保障制度を批判していた。ところが、八〇年代半ば以降、保守的な議論の焦点は、連邦政府による社会政策が道徳や市民にどんな影響を及ぼすかという問題に移ってきた。現在では、保守派の多くがこう主張している。福祉が自由と対立するのは、それが納税者に負担を強要するからではなく、受益者の甘えと無責任を助長し、完全な市民となるために必要な独立心を奪ってしまうからだ、と。

リベラル派はもっと渋々ながら手続き的共和国に反対するようになった。彼らもまた市民的テーマについて明確に語りはじめたのだ。一九九三年一一月、ビル・クリントンは、マーティン・ルーサー・キング・ジュニアが暗殺の前夜に説教をしたテネシー州メンフィスの教会で演説し、当時リベラル派が避けようとしていた道徳や魂の領域にあえて踏み込んだ。彼はこう説明した。スラム街で再び仕事を生み出すことが是非とも必要なのは、それによって収入が得られるだけでなく、人格を形成する効果や、仕事が家族生活にもたらす規律、構造、誇りのためでもあるのだ、と。

だが、現代政治に見られる暗示的な市民性が、より完全に表現され、政治論議の言葉づかいの新たな方向づけに成功したとしてみよう。活気を取り戻した政治によって、民主主義の不満の核心に横たわる、支配力の喪失とコミュニティの衰退を現実に緩和できる見通しはどうだろうか？　本質的な道徳論議を避けることなく取り入れ、形成的プロジェクトを何とか復活させた政治でさえ、やっかいな障害に直面するだろう。この障害の本質は、現代の経済生活が営まれる並はずれたスケールと、そうした生活を律するのに必要な民主的な政治権力を実現することの難しさにある。

その難しさには、実は二つの関連した課題が含まれている。一つは、グローバル経済を制御できる政治制度を考えだすこと。もう一つは、そうした政治制度の維持に必要な市民的アイデンティティを育み、求められる道徳的権威をその制度に与えることだ。これら二つの課題が達成できるかどうかは、はっきりしない。

資本や財、情報やイメージ、公害や人間が、かつてないほど容易に国境を越えて行き来する世界では、政治は国家にとらわれない、グローバルですらある形をとらざるをえない（政治が存続するだけのためだとしても）。さもなければ、民主的に認められた政治力による抑制がきかず、経済力が野放しになるだろう。国民国家は伝統的に自己統治の手段だったが、やがて、自国の運命を左右する経済的勢力に市民の判断を反映させることがますます難しくなるはずだ。とはいえ、経済のグローバルな性格が国家にとらわれない統治形態の必要性を示しているとしても、そうした政治単位が、民主的権威の最終的な拠り所である帰属意識や忠誠心——道徳的・市民的文化——を呼び起こせるかどうかは、まだわからない。

いくつかの印象的な点で、グローバル経済における自己統治の難題は、二〇世紀初頭の数十年にアメリカ政治が直面した苦境によく似ている。当時もいまと同じように、新たな形の通商とコミュニケーションが慣れ親しんだ政治的境界を越えて広がり、遠く離れた人びとのあいだに相互依存のネットワークをつくりだしていた。しかし、この新しい相互依存に伴って新しい連帯感が生まれることはなかった。社会事業家のジェーン・アダムズは「相互依存という機械的な事実があるだけでは、結局は何も生まれない」と喝破したが、これはいまでもそのまま当てはまる。アダムズの時代の鉄道網、電信線、全国市場は、われわれの時代の衛星中継、CNNテレビ、サイバースペース、グローバル市場に相当する。こうした道具は人びとを結びつけはするものの、隣人、同胞市民、共通の事業への参加者にするわけでは必ずしもないのだ。

アダムズの時代の苦境とわれわれの時代のそれが似ているとすれば、革新主義時代の解決策の論理は現代にも拡張できるはずだと考えたくなる。全国的な経済に対処する方法が、全国的な政府を強化し、全国的な市民感覚を育むことだとすれば、グローバルな経済に対処する方法は、グローバルな統治を強化し、それにふさわしいグローバルな、つまり世界主義的な市民感覚を育むことかもしれない。国際感覚のある改革者たちは、すでにこうした衝動をはっきり口にしはじめている。グローバル・ガバナンス委員会（世界各地で公職を担う二八人のメンバーからなるグループ）は最近、国際機関の権限強化を求める報告書を発表した。この委員会はまた「グローバルな市民倫理が広く受け入れられるよう」促し、「経済交流と進歩した通信手段にもとづくグローバルな隣人関係を、普遍的な道徳的コミュニティへと」転換すべく努力するよう求めてもいる。

現代のグローバル化の衝動と革新主義時代の全国化プロジェクトとの類似性から、次のことが言えるだろう。つまり、国家にとらわれない政治機関なしにグローバル経済を制御することは望めないし、より開放的な市民的アイデンティティを育まずにそうした機関を維持することは期待できないのだ。人権にかかわる条約、グローバルな環境協定、さらには貿易、金融、経済開発を統制する世界的団体といったものは、グローバルな運命共同体に参加しているのだという意識を高めないかぎり、世論の支持を得られない企てである。

とはいえ、世界主義のビジョンが間違いなのは、主権と市民性を上に向かって押し上げさえすれば自己統治を回復できると示唆している点だ。現代において、自己統治への希望は主権の移転ではなく分散にある。主権国家に代わりうる最も有望な選択肢は、人類の連帯にもとづく世界主義的コミュニティではなく、主権を分かち合う多様なコミュニティや政治団体である。それらのなかには、国家より大きいものもあれば小さいものもある。主権を上下双方へと分散させる政治だけが、グローバルな市場の勢力に対抗する力を、市民の忠節の鼓舞を願う公共生活に必要な差異化と結びつけられるのである。

一部の地域では、主権の分散に伴って、国家の下位にあるコミュニティ——たとえばカタルーニャ人やクルド人、スコットランド人やケベック人のコミュニティ——がより大きな文化的・政治的自律性を獲得するかもしれない。その一方で、欧州連合（ＥＵ）をはじめとする国境を越えた機構が力を増し、民主化するだろう。こうしてバランスがとれるおかげで、国家の主権が「すべてか無か」である場合に生じる対立を避けられる可能性がある。ヨーロッパ的意味での国民国家だったことのないアメリカでは、政治に関与する場の増加は違った形をとるかもしれない。アメリカという国は、主権が唯一の場に存在する必要はないという確信のもとに生まれた。建国の当初から、憲法によって、権力は政府のさまざまな部門やレベルに分散されていた。ところが、時をへるうちに、われわれもまた主権と市民性を上に向かって、つまり国家の方向へと押し上げてきたのである。

アメリカ人の政治生活が全国化したのは、主として産業資本主義に対応してのことだった。経済力の強化が政治力の強化を引き起こしたのだ。大きな政府を非難する現代の保守派は、この事実を無視しがちだ。彼らは全国化した政府の力を削減すれば、個人がみずからの目的を自由に追求し、手に負えない経済的勢力に翻弄されずにすむようになると思い込んでいるが、それは誤りだ。

大きな政府をめぐる保守派の不満には、大衆も共鳴している。だが、その理由は保守派の言うものとは違う。アメリカの社会保障制度が政治的に批判されやすいのは、その目的にふさわしい国家的な連帯感に支えられていないからだ。革新主義時代からニューディール、さらに「偉大な社会」へと展開した全国化プロジェクトは、部分的な成功を収めたにすぎなかった。強力な全国的政府をつくりだそうとしたものの、共有された国民的アイデンティティを育むことに失敗したのだ。社会保障制度は、発展するにつれて、社会的連帯と相互義務という倫理を頼りにすることが減り、公正な手続きと個人の権利という倫理にますます依存するようになった。しかし、手続き的共和国のリベラリズムは、社会保障制度に必要な強い市民意識に代わるものとしては不十分だったのである。

国家が最低限の共通性しか呼び覚ませないとすれば、グローバルなコミュニティが、少なくとも独力でもっとうまくやれる可能性は低そうだ。国家を越える民主政治の基礎としてもっと有望なのは、われわれが暮らす個別のコミュニティで育まれる再生した市民生活である。NAFTA（北米自由貿易協定）が支配するこの時代、地域政治の重要性は増しこそすれ、減ることはない。人びとは広漠とした遠くの存在に対し、それらがどんなに重要であろうと、忠誠を誓うことはない——そうした組織が、所属する者のアイデンティティを何らかの形で反映した政治制度とつながっていないかぎりは。

主権国家と主権ある自己を超えて

コミュニティのアイデンティティを公に表明したいという願望が大きくなっている。そこに見られるのは、広漠とした遠くの勢力による支配がますます強まっていく世界で、人びとに居場所を与えてくれる政治制度への憧れである。当面は、国民国家がこうした憧れに応え、アイデンティティと自己統治のつながりを確保することになりそうだ。少なくとも理屈のうえでは、それぞれの国家は、程度の差はあれ政治的・経済的に自足した単位であり、共通の歴史、言葉、伝統に規定された人びとの集団的アイデンティティを表現していた。国民国家が市民の忠誠を受ける資格があると自称していた根拠は、自国の主権の行使が集団的アイデンティティを表しているという点にあった。

だが、現代の世界において、この主張は力を失いつつある。国家主権を上から蝕んでいるのが、資本、財、情報の国境を越えた移動であり、世界の金融市場の統合であり、工業生産の国境にとらわれない特質である。また、国家主権を下から突き上げているのが、国家の下位の集団による自律と自己統治への憧れの復活である。実質的な主権が弱まるにつれ、国家は国民の忠誠を徐々に失いつつある。グローバル経済の持つ統合を進める傾向と、集団的アイデンティティに備わる断片化を促す傾向に挟撃され、国民国家がアイデンティティと自己統治を結びつけることはますます難しくなっている。最強の国家といえども、グローバル経済の要請から逃れることはできない。また最小の国家といえども、あまりにも異質な要素から成っているため、どれか一つの民族的、国民的、あるいは宗教的集団の共同体的アイデンティティを余すところなく表現すれば、共存する別のグループを抑圧することになってしまう。

アリストテレスの生きたポリスの時代以来、共和主義の伝統によれば、自己統治とは次のようなものだとみなされてきた。つまり、特定の地域に根づいており、その地域およびそれが具現する生き方に忠誠心を抱く市民によって行われる活動であると。ところが、こんにちの自己統治において要求されるのは、地域から国家、さらには世界全体にいたるまでの多様な環境のなかで、みずからの役割をまっとうする政治である。こうした政治において求められる市民は、分割された主権につきまとう曖昧さをがまんしつつ、さまざまな位置づけを持つ自己として考え、行動できる人間である。現代に特有の市民道徳は、ときに重なり合い、ときに衝突するわれわれの義務のあいだで、自分たちの進む道を決め、いくつもの忠誠心によって引き起こされる緊張感に耐えながら生きる能力なのだ。

われわれの生活を形づくるグローバルなメディアと市場は、境界や帰属を越えた世界へとわれわれを招き寄せる。だが、こうした勢力に打ち勝つ、あるいは少なくともそれと戦うために必要な市民的資源は、依然として場所や物語、記憶や意味、出来事やアイデンティティのなかにある。こうしたものが、われわれを世界のなかに位置づけ、われわれの生活に道徳的独自性を与えてくれるのである。政治の仕事はいまや、これらの資源を育み、民主主義の土台となる市民生活を回復させることにあるのだ。

第2章　個人主義を超えて——民主党とコミュニティ

この小論は、一九八八年の大統領選の予備選挙が始まった頃に発表された。マイケル・デュカキスがその年の民主党の指名を獲得したが、本選挙ではジョージ・H・W・ブッシュに敗れた。

半世紀のあいだ、民主党はニューディール・リベラリズムという公共哲学に支えられていた。民主党と共和党は、市場経済における政府の役割や、国家が生活必需品を国民全体に供給する責任について論争した。この論争では民主党が勝利を収め、一九三二年から一九六四年にかけて、アイゼンハワーを除くすべての大統領を選出した。

やがて共和党は社会保障制度を攻撃するのを止め、代わって、自分たちはその制度をもっと上手に運営できると主張するようになった。だがニューディールの指針は、論争で使われる言葉や、リベラリズムと保守主義の意味を規定しつづけた。リベラル派は国民の社会・経済生活における連邦政府の役割を増やすことに、保守派は減らすことに賛成だったのである。

アメリカの政治は、この二つの選択肢のあいだを行ったり来たりした。歴史家のアーサー・シュレージンガー・ジュニアによれば、アメリカの政治は行動主義から平穏へ、そしてまた行動主義へと周期的に動くという。革新には情熱が必要だが、情熱は長つづきしないため、リベラリズムは時節ごとに前進する。その合間を埋める保守派の間奏が、さらなる改革のお膳立てとなる。

こうして、自己満足に浸っていた共和党の一九二〇年代は、フランクリン・D・ローズヴェルトとトルーマンの行動主義に取って代わられたものの、つづいてアイゼンハワー政権下の停滞した歳月へと移っていった。整理統合の時代が、新たな政治的奮闘のための地ならしをした。ケネディは「この国を再び前進させよう」と呼びかけ、リンドン・ジョンソンは「偉大な社会」を目標に掲げた。六〇年代の末、疲れ果てて分裂したアメリカは、リチャード・ニクソンの無骨な腕のなかに崩れ落ちた。

こうした政治の振り子の物語は、民主党の近年の優位を説明するものだ。この物語はそれぞれの政党に独自の使命を――民主党には改革を、共和党には安らぎを――割り当てるが、道徳的・政治的改善の主役とされるのは民主党だ。こうして、半世紀にわたり、民主党はその役割を務めてきた。社会保障制度は民主党の庇護のもとで具体化し、一九六〇年代の重要な問題――公民権とヴェトナム戦争――は、政党間ではなく民主党内で激しく論じられたのである。

アメリカ政治のサイクルが持続していれば、一九八八年は民主党の年になるはずだ。社会がこれまで通りに方向を変えるとすれば、ロナルド・レーガンの八年間が過ぎたあとでは、アメリカを改革する機が熟していることだろう。

だが、サイクルが行き詰まり、パターンが消え去ったと考える理由がある。一九七〇年代には、ニューディールの指針は時代遅れになっていた。それが提示する選択肢は、有権者を鼓舞したり、有意義な議論を巻き起こしたりする力を失っていた。六〇年代から八〇年代にかけて投票率は徐々に下がり、政党への忠誠心は薄れ、政府に対する幻滅は大きくなった。一方で政治家たちは、支配的な政策が捉えていないフラストレーションや不満を明確な言葉で表そうと模索していた。右からも左からも、抗議の政治が登場した。一九七二年の民主党予備選挙では、世論調査員も驚くような事態が起きた。ジョージ・ウォレス〔人種隔離政策を主張して出馬〕の支持者の多くが、第二の選択肢としてジョージ・マクガヴァン〔ヴェトナムからの即時撤退を唱えて出馬〕に好意を示していることがわかったのだ。イデオロギーは違っていても、二人はともに大衆の抗議という伝統に訴えていたのである。一九七六年、ジミー・カーターは、大衆の抗議の南部的要素と革新的要素を一身に背負い、大統領選に立候補した。ウォレスやマクガヴァンと同じく、カーターは政治的アウトサイダーとして、また連邦政府の官僚やワシントンの権力者に対する批判者として選挙を戦った。ところがカーター政権は、彼が候補者として利用した不満をさらに拡大しただけに終わった。四年後、こちらも政治的アウトサイダーを自称するロナルド・レーガンが、政府に対抗する立場で大統領選に出馬し、勝利を収めたのだ。

さまざまな方法で、カーターもレーガンもニューディールの指針が取り組みそこねた懸念材料に向き合った。二人がともに不安を募らせていたのは、われわれは個人としても集団としても、みずからの生活を支配する勢力を徐々に制御しきれなくなっているのではないかということだった。それ以前の数十年で権利や資格が拡大したにもかかわらず、また選挙資格条件が緩和されたにもかかわらず、アメリカ人は、自分たちの理解と制御を拒む非情な権力構造に捕らわれているという自覚をますます強めているのだ。

一九七〇年代には、上昇しつづける生活水準と群を抜くアメリカの力に慣れていた世代の目の前に、突如として、要求も命令も受け付けない世界が現れた。一〇年にわたるインフレと実質賃金の低下のせいで、みずからの運命を切り開けるというアメリカ人の自信は崩れてしまった。一方、世界各地で起きたさまざまな事件は、集団としての優越性が失われたことを象徴していた――ヴェトナムでは戦争に勝てず、イランでは大使館人質事件に報復できず、一九八七年の株式市場の暴落は専門家にも説明できなかったのである。

さらに悪いのは、大規模な機関への力の移動が、伝統的なコミュニティの衰退と同時に起きたことだ。家族や近隣、都市や町、宗教・民族・地域にかかわるコミュニティなどが崩壊したり均質化したりした結果、個人は中間的コミュニティがもたらす道徳的・政治的資源を持たないまま、経済や国家といった人間味のない勢力と対峙するようになったのである。

いまとなっては明らかだが、ロナルド・レーガンの大統領在任期間中、彼が候補者として巧妙にかきたてた不安や願望に対策がとられることはなかった。「アメリカよ、胸を張れ」という言葉とは裏腹に、レーガン政権は国民の自制心を回復させることも、コミュニティの崩壊を反転させることもなかった。レバノンで殺された海兵隊員、人質と武器の交換取引の失敗、ウォールストリートの暴落、大幅な貿易赤字などが、レーガン時代の制御不能に陥った世界を思い起こさせる。

それでもなお、レーガンが自己統治とコミュニティの言葉をうまく操った点に学ぶまでは、民主党がレーガンの失敗をみずからの利とすることはないだろう。おかしな話だが、アメリカのリベラリズムのための新たな公共哲学は、ロナルド・レーガンの保守的ビジョンに学ぶところがあるのだ。

政治の才能とは熟慮よりも直感に現れるものだが、レーガンの場合は特にそうだった。レーガンの才能は、アメリカの保守主義がはらむ二つの対立する要素を一つの声にまとめたところにあった。一つ目は、個人主義、リバタリアン、自由放任主義を重視する要素であり、二つ目は、コミュニティ、伝統主義者、モラル・マジョリティ〔保守派の政治的宗教団体」などを重視する要素である。前者は公共生活における市場の役割の拡大を、後者は道徳の役割の拡大を求める。

個人主義を重んじる保守派は、人間は他人に危害を加えないかぎり、自分のしたいようにする自由を持つべきだと思っている。彼らは「政府の国民への干渉をやめさせる」ことについて語る保守派だ。対照的に、コミュニティを重んじる保守派は、政府が道徳的・宗教的な価値観をはっきり表明すべきだと思っている。彼らは、妊娠中絶の禁止、ポルノ規制、公立学校での礼拝の復活を望んでいる。前者が個人の自由の名のもとに志願兵制度を支持するのに対し、後者は市民道徳の涵養を願って徴兵制度を支持している。前者が慈善の強制だとして社会保障制度に反対する一方、後者は保守的価値観を促進する社会保障制度には賛成する。

レーガンはこの二つの要素をともにうまく肯定し、どちらか一方を選ぶことは決してなかった。レーガンの懐の深い保守主義のなかで、ミルトン・フリードマンとジェリー・ファルウェルが出会い、一時のあいだ共存したのである。だが、レーガンの政治的功績は、リバタリアンの経済学者とキリスト教原理主義者の説教師を同志にしたことにとどまらない。それは、時代の抱える困難に向き合う一連のテーマを保守主義の理念から引き出したところにあったのだ。

ここに、アメリカのリベラリズムがいまなお学ぶべき教訓がある。人びとが最も深く共感したテーマは、二つ目の要素、つまり保守思想の持つコミュニティ的要素に由来していた。レーガンは個人の自由や市場による問題解決についても語ったが、彼の訴えのなかで最も力があったのは、家族や地域、宗教や愛国心といった共同体的価値観を喚起する部分だった。レーガンがかきたてたのは、最近では失われつつあるように思える生き方――国民国家とくらべ、小さく人間的な規模でありながら、より大きな意義を持つ共同生活――への憧れだったのだ。

民主党にとっての政治的不幸は、彼らが近年、自己統治とコミュニティについて納得のいくように語ってこなかったことだ。その理由は演説の巧拙の問題などではなく、リベラルな政治理論に深く根差している。というのも、保守主義とは異なり、現代のリベラリズムには第二の声、つまりコミュニティ的要素が欠けているからだ。現代のリベラリズムを突き動かす主な衝動は、個人主義的なものである。

自由放任主義を信奉する保守派と同じく、リベラル派は、道徳や宗教の問題に政府は中立を守るべきだと思っている。善き生をめぐる特定のビジョンを法律で支持するのではなく、個人がみずからの価値観を自由に選べるようにしておこうとするのだ。リベラル派の考えでは、政府のなすべきことは国民の権利の擁護であり、市民道徳の涵養ではない。政府は目的に中立の立場で権利の枠組みを提供すべきであり、市民はその枠組みに収まるものなら、何であれ自分がたまたま持っている価値観を追求してよいのである。

個人主義を重んじる保守派とリベラル派は、個人の権利を守る中立国家という理想を共有しているものの、基本的な権利とは何か、中立性という理想が要求するのはどんな政治制度かという点では意見を異にしている。保守派は私有財産権を強調し、束縛のない市場経済において選択の自由が十全に実現されるべきだと主張する。これに対してリベラル派は、真の自由にはいくつかの社会的・経済的な前提条件が必要であるとし、福祉、教育、雇用、住居、医療といったものに対する権利を主張する。

こうして、半世紀にわたって議論が戦わされてきた。自由放任主義を信奉する保守派と渡り合うなかで、リベラル派は権利や資格という個人主義的な言葉で社会保障制度を擁護した。たとえば、社会保障のシステムが設けられた当初から、それは社会福祉政策というより民間の保険制度に近く、一般税収ではなく給与から引かれる「保険料」で資金をまかなっていた。フランクリン・D・ローズヴェルトが、こうしたシステムはその政治的な生き残りを確実にするはずだと考えたのは正しい。

ヨーロッパの社会民主主義とくらべると、アメリカの社会保障制度は、コミュニティの義務とか社会の連帯といった概念よりも、個人の権利という概念に支えられている部分のほうが大きい。アメリカの政治文化が個人主義的であることを考えれば、人間にとっての基本的財の公的な提供を広く支持してもらうには、このやり方しかなかったのかもしれない。

だが、政治的配慮は別にして、リベラル派は自己統治やコミュニティといった強力な概念に原理的に悩まされている。リベラル派はこう問う。政府が中立でないとしたら、いったい何が、狭量な多数派が意見の異なる人びとに価値観を押し付けるのを防げるだろうか？　公民権運動が示したのは、「地域主導」が人種差別の婉曲表現となりうること、「コミュニティ」が偏見と不寛容の最初の隠れ家であることだったのではないだろうか？　宗教右派の台頭は、道徳と政治が結びつくことの危険を教えてくれたのではなかっただろうか？

民主党員がコミュニティについて語るときは、国家共同体のことを言っているのが普通だ。フランクリン・D・ローズヴェルトは「地域社会の昔ながらの原則を国民生活に広げること」を主張し、国民に自分たちを国家共同体のなかで結びついた「隣人」と考えるよう奨励した。もっと最近になると、民主党員は国民の結束のメタファーに家族を利用してきた。「偉大な社会」を力説したリンドン・ジョンソンは「アメリカは一つの家族であり、国民は信頼と愛情という共通の絆で結ばれている」と考えた。一九八四年には、ウォルター・モンデールやマリオ・クオモも、国家を一つの家族になぞらえた。モンデールはこう述べている。「一つのコミュニティ、一つの家族になろうではないか。たがいを思いやり、愛の絆で結ばれた家族に」

だが、国家を家族や地域として描くことによって、コミュニティへの憧れが満たされることはもはやありえない。そのメタファーはいまではきわめて不自然で、説得力を失っている。国家はあまりにも大きいため、最低限の共通性を維持するのがやっとだし、あまりにも遠くにあるため、時折かかわりを持つ以上のことは望めないのだ。

地域への愛着は、私的な追求を超えた共同生活に市民を引き込むことによって、また公的な事柄に参加する習慣を培うことによって、自己統治に役立つ。トクヴィルの言葉を借りれば、地域への愛着のおかげで、市民は「自分たちの手の届く狭い領域で統治の技術を駆使」できるのである。

少なくとも理屈のうえでは、そうした領域が広がるにつれて市民の手も遠くまで届くようになる。市民的能力は、地域や町役場、教会やシナゴーグ、労働組合や社会運動でまず目を覚まし、やがて全国に向けて発揮されるのだ。たとえば、南部の黒人バプティスト教会で養われた市民教育と社会連帯は、最終的に全国規模で展開されることになる公民権運動にとって不可欠な前提条件だった。アラバマ州モンゴメリーでバスボイコット運動として始まったものが、のちに南部における人種差別への全面的な異議申し立てに発展し、さらには平等な公民権と投票権を求める全国運動に結びついたのである。だが、票を獲得する手段という以上に、公民権運動そのものが自己統治の好機であり、権力強化《エンパワメント》の実例だった。この運動は、地域への愛着とコミュニティの絆から生まれる市民的取組みの一例を示したのである。

ニューディールから「偉大な社会」にいたるまでの時代、権利や資格といった個人主義的倫理は、社会を活気づけ、革新する活力をもたらした。だが、一九七〇年代に入る頃には、そうした倫理は人びとを奮い立たせる力を失っていた。共同体的な感性を失ったリベラル派は、不満の気配に気づかなかった。彼らは、人びとが手にする資格が増える一方で、権限を失う可能性があることを理解していなかったのだ。

当時の不安は、個人と国家のあいだにあるコミュニティ、つまり、家族や地域、都市や町、さらには宗教的、民族的、文化的な伝統によって規定されるコミュニティの崩壊に関係している。アメリカの民主主義は、国家だけでは呼び起こせない公共心の涵養を、長いことこれらのコミュニティに頼ってきた。自己統治にはコミュニティが必要である。というのも、人びとは個人としてのみならず、自分が一体化できる共同生活への参加者として、自分の運命をコントロールしたいと熱望するからだ。

ところが、権利と資格という公共哲学のせいで、民主党は中間的コミュニティについて懐疑的な姿勢を崩さなかった。ニューディールから公民権運動、さらには「偉大な社会」にいたるまで、リベラル派のプロジェクトは、連邦政府を利用して、地域共同体が守れなかった個人の権利を擁護しようとするものだった。自己統治とコミュニティへの憧れを満たせなかった民主党は、ロナルド・レーガンと宗教右派がこうした願いを捉え、保守的な目標に向かわせるのをみすみす許してしまった。

中間的コミュニティとのかかわりを放棄するこうした姿勢は、政治的に高くついた。レーガンが示したように、政治のコミュニティ的な側面は、無視するにはあまりにも重要だからだ。また、こうした姿勢は哲学的にも必要なかった。というのも、家族、地域、コミュニティ、宗教は、そもそも保守的なものではないからだ。逆に、こんにちの状況下では、伝統的な価値観を保守的政策によって守ることはできない。レーガンがみずから喚起したビジョンに沿った政治を行えなかった点に、それが見てとれる。

レーガンが自己統治の崩壊を解決すべく提案した策は、連邦政府から州や地方自治体への権力の委譲だった。つまり、連邦政府による国内支出の削減、地方分権、規制緩和である。新たな命を吹き込まれた連邦体制は、権力の所在を家庭に近づけることによって、国民にみずからの生活への支配権を取り戻させるはずだった。一方、改革主義者とは言いがたい連邦裁判官は、妊娠中絶、ポルノ、同性愛、公立学校での礼拝といった領域における道徳の法制化をコミュニティに認めることによって、伝統的価値観を強化してくれるだろう。

だが、このやり方は失敗する運命にあった。というのも、まず第一に、連邦政府の力の拡大を招いた条件を無視していたからだ。その一つが、全国的な——現在では国際的な——規模を持つ企業の力の拡大だった。

そもそも連邦主義は、政治権力の分散による自己統治の促進を意図したものだった。だが、こうしたやり方は当時の大勢だった分権経済を前提にしていた。全国市場と大企業が成長するにつれ、初期の共和政体は自己統治に適さなくなった。二〇世紀に入って以降、政治力の集中は経済力の集中への対抗策であり、民主的支配を維持する試みだったのである。

レーガンが提案したように、経済を分散することなく政治を分散するのは、中途半端な連邦主義にすぎない。自己統治の観点からすると、中途半端な連邦主義ならないほうがましだ。遠く離れた場所で企業がくだす決定に地域社会が委ねられるとすれば、コミュニティの権限が増すことはない。それどころか、みずからの運命を決める力が衰えてしまう。似たような理由から、保守派の政策はコミュニティへの憧れに応えられない。伝統的価値観を何よりも蝕むのは、リベラル派の裁判官ではなく、保守派が無視している現代経済の特徴なのだ。たとえば、自由な資本の移動は、地域、都市、町へ破壊的な影響を及ぼす。大企業に力が集中しているのに、そうした企業は事業の場となるコミュニティに説明責任を負わない。融通のきかない職場では、働く男女が、キャリアを積むか子供の面倒を見るかの選択を強いられる。

結局のところレーガン政権は、示唆に富んでいるという意味では成功だったが、実際には失敗だった。成功と失敗の両面において、レーガン政権がもたらす洞察は、アメリカのリベラリズムに一つの公共哲学を教えてくれるかもしれない。

第一に、リベラリズムは自己統治とコミュニティの言葉を学ばなければならない。投票権が重要なのは言うまでもないが、それを超えた自己統治のビジョンが必要なのだ。また、個人と国家のあいだに存在する豊富な市民的資源を包含するコミュニティのビジョンが必要である。

第二に、人びとがコミュニティと一体化せず、コミュニティに参画する理由もないとすれば、いくら熱心に説いたところでコミュニティの活性化は不可能だ。それゆえ、民主党はみずからの連邦主義を再生する必要があるし、地域主導に最もふさわしい政治的責任について議論を始めるべきだ。民主党の連邦主義論は、まず国民の基本的権利を定義することから始まるだろう。そのうえで、そうした権利と矛盾しないように、生活を律する決定に地域共同体の果たす役割を拡大する方法を模索するのだ。そうした理論のもとでは、たとえばこんな問いが発せられるかもしれない。学校運営における地域主導を強めつつ、人種的平等や適切な教育といった、すべての国民に対して国家的に保証された権利を損ねないようにするにはどうすればいいだろうか、と。

第三に、民主党は共和党が認めていない事実を認めなければならない。つまり、政治権力の有意義な移行には、現代の経済構造の改革が必要なのだ。民主党に要求されるのは、かつてない資本の流動性、大企業が手にする責任なき権力、労働者と経営者の敵対関係などに取り組む政策である。自己統治を第一に考える公共哲学は、財政赤字や税率といったマクロ経済の課題よりも、経済構造の問題を重視することになるだろう。また、そうした問題に取り組む際は、GNPの最大化という観点だけでなく、制御可能な規模で自己統治のできるコミュニティを構築するという観点にも立つはずである。

この点で、自己統治を第一に考える公共哲学は、革新主義の伝統におけるかつての論争を思い起こさせる。つまり、民主的政府に最もふさわしい経済の仕組みをめぐる論争だ。ニューディールの支持者のなかには、経済力に抗して民主主義を維持する策として、全国規模の経済計画に賛成する者もいれば、反トラスト政策と経済の分散に賛成する者もいた。二〇世紀の初め、セオドア・ローズヴェルトのニュー・ナショナリズムは、ウッドロー・ウィルソンのニュー・フリーダムと対立した。それぞれの立場は違っても、これらの論争に加わった人びとは、経済政策は消費だけでなく自己統治にもかかわることを理解していた。民主党はこんにち、革新主義の父祖たちのそうした見識を取り戻したほうがよいのである。

最後に、民主党は、道徳や宗教に関する議論を公共生活から追放したいという衝動を克服すべきだ。政府は中立でいられるという考え方を拒否すべきだ。道徳的な意義や共有された理想を欠く公共生活は、自由を守るのではなく、不寛容を招き寄せてしまう。モラル・マジョリティを見ればわかるように、道徳的資源を使わずに減らしてしまう政治は、偏狭な道徳主義を押しつける者の跋扈を許しやすい。リベラル派が踏み込むのを恐れる場所に、原理主義者が押し寄せるのである。リベラル派に対する答えは、道徳論議から逃げるのを止め、それに取り組むべしというものだ。ともかく、リベラル派は長きにわたり、しかも往々にしてあからさまに、道徳論議をやってきたのだから。公民権運動は「道徳を法制化」し、何の断りもなく宗教的なテーマを活用したのである。

近年、リベラリズムが行き詰まっているのは、共通善のビジョンを主張できないためだ。そのせいで、アメリカ政治の最も重要な資源を保守派に譲り渡してしまったのである。自己統治とコミュニティの公共哲学は、そうした資源をリベラルな目的のために再生するはずだし、民主党が道徳と政治を革新する政党に立ち戻ることを可能としてくれるのである。

第3章　手軽な美徳の政治

この章と次の章が発表されたのは、一九九六年の大統領選挙で、ビル・クリントンと共和党の挑戦者であるボブ・ドールが争っていたときのことだ。クリントンが大差で再選された。

リチャード・ニクソンが、法と秩序を支持し、対抗文化《カウンター・カルチャー》に反対して大統領の座について以来、民主党は価値観をめぐって守勢に立たされてきた。現在にいたるまで、それは変わっていない。現代アメリカ政治がめったにない大転換を経験するなか、ビル・クリントンは美徳の政治で主導権を握ってきた。この一年でクリントンは、Vチップ〔子供に見せたくない番組を受信しないための装置〕、青少年の夜間外出規制、学校での制服着用などを推進する一方、ティーンエイジャーの妊娠、喫煙、不登校を糾弾してきた。一部の人びとは、こうした政策を余計なお節介だと小馬鹿にし、大統領はそのうち悪態をつくことに反対を表明するのではないかといぶかっている。だが、ここしばらくのあいだ共和党が心得てきたように、アメリカ政治では手軽な美徳が幅を利かせている。ことによると、もっと厳格な美徳よりも。

この点を誰よりも理解していたのは、ロナルド・レーガンである。レーガンは家族や地域、宗教や愛国心にまつわる感情をたくみに呼び起こしながら、その一方で、自分が賛美していた伝統やコミュニティを蝕む自由な資本主義を推し進めた。共和党のほかの政治家もレーガンにつづいた。ジョージ・H・W・ブッシュが価値観を持ち出したのは、信念というより戦略のためだった。ブッシュは国旗工場でポーズをとり、ウィリー・ホートンを国民に紹介した〔ウィリー・ホートンは、民主党大統領候補のマイケル・デュカキスがマサチューセッツ州知事時代に仮釈放した殺人犯。仮釈放中に再び殺人事件を起こした〕。ダン・クエールは、テレビドラマの主人公であるマーフィー・ブラウンが未婚の母になったことを批判した。ウィリアム・ベネットは、ラップミュージックの暴力的歌詞に反対する運動の中心人物だった。パトリック・ブキャナンは、国民が「われわれの文化を取り戻し、われわれの国を取り戻す」ことを求めた。民主党はその間、保守派による特定の道徳判断に反論するのではなく、公的領域に道徳判断が存在する余地があるという考え方を拒否することによって、美徳の政治に対抗した。共和党が妊娠中絶を禁止し、同性愛者の権利に反対し、公立学校での礼拝を奨励しようとしたとき、リベラル派は、政府が道徳を法制化したり、市民の徳性に口出ししたりするのは間違いだと反論した。国家形成を人間形成に変えてしまえば、弾圧政治のリスクを犯すことになると、彼らは主張した。政治は国民に生き方を語るのではなく、国民がみずから生き方を選ぶ自由を与えるべきなのである。

政治は道徳や宗教の問題に中立であるべきだというリベラル派の主張は、原理面では見当違いだったし、現実面では代償が大きかった。哲学的問題として、政府がその時代の差し迫った道徳問題に中立でいられるのか、あるいは中立でいるべきなのかは、決して明らかではない。公民権に関する諸法は道徳を法制化したが、それは正しいことだった。それらの法律は、簡易食堂での人種分離といった嫌悪すべき慣行を禁じただけでなく、道徳感情を変えることをも目的としていたのである。

哲学はさておき、民主党は美徳の政治を拒否することで高い代償を支払った。政治における道徳論議を保守派に独占させてしまったからだ。そのせいで、一九六八年から一九八八年にかけての六度の大統領選挙において、共和党の勝利は五度に及んだのである。最終的にビル・クリントンがこのパターンを打破し、権利とともに責任をも強調する新民主党員《ニュー・デモクラット》として大統領の座に着いた。しかし、クリントンが価値観の論点を共和党から奪い取るのに成功したことがはっきりしたのは、ようやく一九九六年の夏になってのことだった。

それを可能とした要因は二つあった。第一に、中間選挙で共和党が議会の多数派になったことだ。もはや法律の制定が望めなくなると、クリントンは大統領として巧みな弁舌に頼るようになった。公職の権威を手にすると、人間形成について語りたくなるものなのだ。

第二に、美徳について語る才能もセンスもない人物であるボブ・ドールが、共和党の大統領候補になったことだ。市場に道徳の圧力を加えようという勇敢な試みの一つとして、ドールは一年前にハリウッドで演説すると、映画製作者を糾弾した。暴力、セックス、堕落を好む大衆に迎合しているというのだ。だが、それは本心ではなかった。最近になって再びハリウッドを訪れたドールは、結局のところ市場と道徳のあいだに対立は存在しないと明言した。映画製作者は、われわれのより高貴な本能を満足させることによって大儲けができるという。たとえば、地球を侵略する宇宙人とのハイテク戦を描いた『インデペンデンス・デイ』のようなヒット作の場合だ。ドールはもはや口うるさい預言者ではなく、熱心な広報コンサルタントと化してこう語った。「こんにちのハリウッドにおける大きな話題は、責任を果たすことはよい商売だということです。作品のランキングが上がり、興行収入が増えるのを見守りながら、なおかつ鏡で自分の姿を見られるのです」。チケット売り場は「文化の投票箱」だとドールは主張した。それは、アメリカ人が「グロテスクな映画より優良な映画を、B級より一流を、不当な暴力より控えめな美徳を」好むことを立証するというのだ。

みずからの立候補に勢いをつける必要に迫られ、ドールは現代の共和党政治がとりつかれている二大熱狂のどちらかを選ばざるをえなかった。すなわち宗教右派による道徳熱か、サプライサイド経済学の信者による減税熱かを。共和党を二分してきた中絶論争にうんざりだったドールは後者を選び、価値観の戦いで口火を切るのはクリントンに任せた。『USAトゥデイ』紙で価値観に関するインタビューを受けた際には、そのテーマ全体へのいらだちを隠せなかった。自分の大統領候補指名受諾演説は「価値観をかなり重視したものになるでしょう」とドールは語っている。ドールは「村全体でやる必要はなく、家族でやればいい。何をやるにしても」と主張するつもりだった。だが、美徳の政治にこうしてしぶしぶ譲歩することさえ、無駄口を嫌う彼の感性を逆なでしたようだった。「『私は価値観を大事にする大統領候補です』と言いふらしながら走りまわると、いったい何が起こるというのか。私が何かの価値観を与えるとでもいうのだろうか?」

クリントンの場合、そうした抵抗感に苛《さいな》まれることはなかったものの、自分が推進する人間形成の中身を見つけなければならなかった。それをどうやるかは、決して明らかではなかったからだ。以前の大統領は、権力の座に就くと同胞市民に大きな犠牲を求めた——戦争で命を賭ける、恵まれない人びとと豊かさを分かち合う、市民道徳のために物的消費を抑える、など。リベラル派が懸念する通り、人間形成という最も野心的な要求には、ある程度の強制を伴うことが多い。たとえば、移住者をアメリカ化しようという一九世紀の努力や、隣保館《セツルメント》〔貧しい地域の人びとの生活改善・教育などに当たる施設〕などの道徳向上策を通じて貧困と戦おうとする革新主義時代の試みなどがそうだった。

だが、コミュニティを渇望する一方で束縛に耐えるつもりはなく、道徳的目的を欲しがる一方で犠牲を払う気はない国民には、どんな人間形成がふさわしいだろうか？　熟慮の末か、はたまた直観によってか、クリントンは一つの解決策を見つけ出した。大人にではなく子供に、道徳的な規制を課そうというのだ。Vチップ、青少年の夜間外出規制、学校での制服着用、また、不登校、ティーンエイジャーの妊娠、未成年の喫煙などへの反対運動に共通しているのは何だろうか。それらはすべて、子供たちの徳性に気を配ることによって、道徳的権威の崩壊をめぐる大人の不安に取り組んでいるということだ。クリントンによる美徳の政治は、厳密に言えば家父長的になることによって、家父長主義だという反発を回避しているのである。

道徳の向上や市民の成長を目指す歴史上のプロジェクトと比較して、クリントンのお説教は人間形成としては取るに足りないものだと不満を漏らす人がいるかもしれない。それは手軽な美徳の実践であり、市民の習慣や大人の心性を問題にすることはほとんどないのだ。しかし、こんにちわれわれが期待できるのは、それだけなのかもしれない。クリントンによる美徳の政治は、国旗工場でポーズを取ったりウィリー・ホートンを紹介したりするよりは、少なくとも進歩がある。そのことが、クリントンがフランクリン・D・ローズヴェルト以来初の、再選を勝ち取った民主党大統領となるうえで力となったのではないだろうか。

第4章　大きな構想

今回の大統領選が提示しているのは、一つの大きな、価値のない構想と、たくさんの有益で小さな構想のあいだの選択である。大きいが価値のない構想とは、ボブ・ドールの減税案の核心にあるもので、人びとは稼ぎのうち手元に残す分をもっと増やすべきだという考えだ。そうすべき理由は、はっきりしない。第一に、財政赤字と満たされていない公共のニーズを考えれば、政府にはお金が必要である。第二に、アメリカ国民が収める税金の国民所得に占める割合は、現在すでに、どの工業民主主義国とくらべても低くなっている。最後に、減税以上の目標を示していないドールは、大統領候補指名受諾演説での立派な宣言――大統領たるもの、物質よりも道徳を重んじるべきである――に背いている。折に触れ、ドールは減税の道徳的地位を高めようと、重すぎる課税は自由を侵害すると主張する。だが、一人当り数百ドルを個人消費に回すことで、どうしてアメリカ人がもっと自由になれるのかを理解するのは難しい。

ビル・クリントンの選挙運動には、大きな構想が欠けており、小さな構想が散りばめられている。たとえば、ボランティアによる識字教育プログラム、職業訓練の無料受講券、防弾チョッキ貫通能力を持つ銃弾の禁止、新たなタバコ規制、産後四八時間未満の産婦の強制退院禁止法、緊急電話番号（ダイヤル９１１）へ電話した際の話し中を減らす計画などだ。これらはよい構想だが、何らかの統治のビジョンにつながるわけではない。クリントンは、そうしたビジョンがなくても選挙に勝てると踏んだのであり、おそらくその通りだろう。

これはドールの選挙戦の最も重大な失敗である。クリントンの置かれた状況をあまりにも楽にしてしまったからだ。革新的政治の見直しという課題から、あるいは、遅かれ早かれアメリカの政治論議を変容させる勢力に立ち向かうという課題から、クリントンを解放したのである。パット・ブキャナンが共和党の候補だったら、こうはいかない。クリントンは、さまざまな問題から生じる懸念に対処せざるをえなかったはずだ。たとえば、仕事の質の変化、伝統的コミュニティの崩壊、グローバル市場の拡大、国家主権の衰退といった問題である。ところが、彼が相手にしている共和党員の政治的想像力は、うんざりするような政党政治の陳腐な路線をはずれることがない。おかげでクリントンは、水平線に姿を現しつつあるもっと大きな問題に取り組むことなく、会議場にいつづけられるのだ。二一世紀への架け橋という大統領の言葉とは裏腹に、この選挙はアメリカ政治の新時代の幕開けとしてではなく、旧時代の残響として記憶されることだろう。もっとも、記憶されればの話だが。

二一世紀を決定づける選挙は、あと一〇年以上は来ないかもしれない。一つの時代を突き動かす諸問題が明らかになるのは、人びとがさまざまな出来事の圧力を受け、みずからの生きる新たな状況を説明する方法を見つけてようやくのことだからだ。二〇世紀への「橋を架ける」選挙が行われたのは、一九一二年のことだった。その年、民主党のウッドロー・ウィルソンとブル・ムース党の公認候補として立候補したセオドア・ローズヴェルトが、二〇世紀の政治を形づくる大きな構想を明確に表現したのである。

二人が立たされていた苦境は、われわれのそれとよく似ていた。いまと同じく当時も、経済生活の規模と政治的コミュニティの条件がうまくかみ合っていなかったのだ。鉄道、電話、電信網、日刊新聞は地域の境界を越えてあふれ出し、人びとははるか彼方の出来事に接するようになった。全国市場と複雑な産業システムのせいで、労働者と消費者は相互に依存する関係となった。しかし、アメリカ人は小さなコミュニティのなかで自分の立場を理解することに慣れていたため、みずから制御できない勢力を目の前にして無力感にとらわれていた。農民と小売商人の国のために考え出された分散化した政治体制は、大企業の力のせいで機能不全に陥っていた。

地域を基盤とする民主主義が、全国にまたがる経済を制御するには、どうすればいいのだろうか？　この問題をめぐって、ウィルソンとローズヴェルトは二手に分かれた。ウィルソンは、企業合同《トラスト》の解体と経済力の分散化を主張した。地域の政治的単位が経済に責任を持てるようにするためである。大企業は「国家そのものの政治組織よりもはるかに中央集権化」してしまったと、ウィルソンは言った。企業は州よりも大きな予算を持ち、「人びとのコミュニティ全体の生活と財産に及ぼす影響という点では、連邦まるごとよりも大きな存在感を示すようになった」。ウィルソンによれば、独占的経済力を受け入れて規制するだけでは、一種の降伏だという。彼はこう問うている。「合衆国大統領が、この大型財源の前で帽子を取って敬意を表し、『あなたがわれわれの主人であることはまぎれもないが、われわれはできるだけうまく対処する方法を見つけるつもりです』と言わねばならない時代になってしまったのだろうか?」

テディ・ローズヴェルトは、大企業は産業発展から必然的に生じるものだと考え、一九世紀の分権経済を蘇らせようとすることには意義を認めなかった。全国規模の経済力と戦う唯一の方法は、全国規模の民主的機関の力を高めることだと、彼は論じた。大企業への対抗策は大きな政府だったのだ。ローズヴェルトは、全国規模の経済力に全国規模の政治力で応戦しようとした。ところが彼は、全国規模の民主主義には政府の中央集権化だけでは足りないと主張した。政治の全国化も必要だというのだ。政治的コミュニティを全国規模で構築しなおさなければならなかった。ローズヴェルトの「ニュー・ナショナリズム」は、アメリカ人の「純粋で永遠の道徳的自覚」、つまり新たな国民意識を呼びさまそうとするものだったのだ。

選挙に勝ったのはウィルソンだったが、将来を勝ち取ったのはローズヴェルトの「ニュー・ナショナリズム」だった。ニューディールから「偉大な社会」、さらにはレーガンやギングリッチの時代にいたるまで、この全国化プロジェクトはアメリカの政治論議に活力と目的を与えた——連邦政府の責任を拡大しようとするリベラル派と、制限しようとする保守派の双方に。

こんにちわれわれが向き合っている苦境は、二〇世紀初めにアメリカ国民が直面した窮状とよく似ている。いまも当時と同じように、新たな形の通商や通信手段が政治的境界を越えて広がり、相互依存のネットワークをつくりだす一方で、慣れ親しんだ形のコミュニティを崩壊させている。当時の鉄道、電信網、全国市場に相当するのが、現代のサイバースペース、CNN、グローバル市場だ。これらの道具は、遠く離れた人びとを、隣人にも、同胞市民にも、共同事業の仲間にもすることなく結びつける。またしても、経済生活の規模が既存の民主主義制度の枠組みを越えてしまったのである。だとすれば、われわれの政治に漂う無力感、どちらかの党が時代の不安を鎮めてくれることへの深い疑念にも、説明がつく。

ウィルソンやローズヴェルトの頭から離れなかった問題と似た問題を、われわれは論じていない。このことは、われわれの政治の貧困を示している。グローバル経済の内部において、民主主義は可能だろうか？　NAFTA（北米自由貿易協定）からGATT（関税と貿易に関する一般協定）や国際司法裁判所にいたる、国境を越えた新たな協定や制度は、どうすれば地域住民や国民の忠誠心を呼び起こせるのだろうか？　学校、信徒団、職場といったより身近な場で市民道徳が育まれるべきだとすれば、こうしたコミュニティを通じ、われわれがグローバルなスケールで市民としての役割を果たす素養を身に着けるには、どうすればいいのだろうか？　二一世紀への架け橋を築くのは、たくさんの小さな答えではなく、少数の大きな答えであるはずだ。

第5章　礼節をめぐる問題

礼節のなさと党派心にまつわる懸念は、アメリカ政治に繰り返し現れるテーマである。一九九六年の大統領選ののち、こうした懸念が新たな注目を浴びた。この選挙ではクリントンが再選を果たしたが、共和党が上下両院で優位を守った。

アメリカ人の生活において卑劣な言行はもはや時代にそぐわず、礼節を求める声が全国にこだましている。中傷広告、ネガティブ・キャンペーン、党派的敵意にうんざりしているアメリカ国民は、日々の生活のすさみ具合にも心を痛めている――ハイウェイでの乱暴な運転、ハリウッド映画やポピュラーミュージックの暴力性や俗悪さ、昼間のテレビの恥知らずな告白番組、審判に唾を吐きかける野球のスター選手。

礼節のなさへの反発を感じとったクリントン大統領と共和党のリーダーたちは、党派心を乗り越え、見解の一致点を探ることを約束した。国会議員たちは、超党派の週末懇談会を計画している。相互に理解を深め、もっと礼儀正しく論争する方法を話し合おうというのだ。一方で、ますます多くの国家委員会が、市民性とコミュニティを再生する方法について検討している。

アメリカ国民が、日々の生活における礼節の崩壊を懸念するのはまっとうなことだ。しかし、マナーや礼儀作法の改善がアメリカの民主主義の根本問題を解決できると考えるのは間違っている。政治において、礼節は美徳として過大評価されている。

礼節の問題となると、政治家はどうしてもそれを褒めたたえたくなる。礼節は議論の対象にならないのだ。しかし、適切に運営された民主政治は論争に満ちたものである。われわれが政治家を選ぶのは、激論の的となる公共問題、たとえば、教育、国防、貧者救済などにいくら支出するか、犯罪をどう処罰するか、妊娠中絶を認めるか、といった問題について討議してもらうためだ。われわれは、そこで生じる怒号や口論にたじろぐべきでない。それらは民主主義の音であり、光景なのである。

言うまでもなく、政治論議は敵意ではなく相互尊重の精神にのっとって行われることが望ましい。しかし、こんにちでは、政治にさらなる礼節を求めることは、違法な選挙献金をはじめとする悪事への厳しい監視を緩める高尚な言い訳となってしまうことが多すぎる。同じように、党派性を乗り越えようという要求は、政策の真の違いを曖昧にし、原則や信念を欠く政治を正当化してしまうことがある。

ニューディールから公民権運動にいたるまで、原則に基づく政治は常に党派的なものだった――少なくとも、他人が反対する理念のために戦うには、志を同じくする市民の動員が必要だという意味で。

アメリカ人の生活に蔓延している礼節のなさを矯正するには、言葉で言って聞かせても、政治的な違いに口をつぐんでも無駄だろう。それは、われわれの公共生活にまつわる根本的な問題の徴候であり、党派的な声を和らげるくらいでは解決できない。礼節のなさをめぐるアメリカ人の懸念は、いっそう深刻な恐れ、つまりコミュニティの道徳的枠組みが身の回りで崩壊しているという恐れの表れである。家族や地域から、都市や町、学校、信徒団、労働組合にいたるまで、これまで人びとに道徳的な支えや帰属意識を与えてきた制度が、包囲攻撃にさらされているのだ。

ひとまとめにして見た場合、これらの形のコミュニティは、ときとして「市民社会」の機関と言われることがある。健全な市民社会が重要なのは、礼節を育むからというだけではない（それが歓迎すべき副産物であるとしても）。有能な民主的市民をつくる習慣、スキル、品格を生み出すからなのだ。

もちろん、市民社会の機関はすべて独自の目的を持っている。学校は若者の教育のためにあり、キリスト教会やシナゴーグは礼拝のためにある、といった具合だ。しかし、学校や信徒団に参加するとき、われわれは市民道徳、つまりわれわれを善き市民たらしめる資質をも身につける。たとえば、全体の利益についてどう考えるか、他人への責任をどう果たすか、利害の対立にどう対処するか、他人の意見を尊重しながら自分の意見を守るにはどうすればいいか、といったことをわれわれは学ぶのだ。何よりも、市民社会の機関は、われわれを自分本位の私事から引き離し、共通善に目を向ける習慣を身につけさせる。

一五〇年前、アレクシ・ド・トクヴィルは、民主主義を支える「心の習慣」を生み出しているとして、アメリカの活気ある市民社会を称賛した。トクヴィルが正しかったとすれば、市民社会の健全性について懸念するのは当然であり、人びとが商店や路上で見せるマナーへの影響だけの問題ではないことになる。

というのも、家族、地域、学校などをうまく修復できなければ、民主主義の成功に必要な活動的で公共心あふれる市民を生み出せないかもしれないからだ（最近の選挙の悲惨な投票率は、こうした帰結の一つの表れかもしれない）。

少なくともこうした直感が、市民性とコミュニティの再生方法を探究すべく設置された多くの国家委員会の根底にある。たとえば、今月フィラデルフィアで開催された「社会、文化、コミュニティに関するペンシルヴェニア委員会」、ウィリアム・ベネットと引退したサム・ナン上院議員（ジョージア州選出）が主導する「市民の再生に関する国家委員会」、ラマー・アレグザンダー前教育長官を議長とする「慈善事業と市民の再生に関する国家委員会」、引退したパトリシア・シュローダー下院議員（コロラド州選出）が市民再生プロジェクトを率いることを最近発表した「ボストン市民社会協会」などだ。

こうした努力が実を結び、アメリカ人の市民生活に活力が戻ることはあるのだろうか。それは、論争を招くある難問に取り組む気があるかどうかによるだろう。つまり、そもそも美徳を支えるコミュニティを蝕んできた要因をめぐる難問である。こうした努力をなす際には、政治色の濃い問題を避けたいという、この手の委員会に特有の衝動に抵抗しなければならないのだ。

一見すると、市民社会再生のプロジェクトは、公共生活に礼節を求める声と同じく、党派を超えた訴求力を持っている。家族、地域、学校を立て直そうとする努力に異議を唱える者がいるだろうか？　だが、市民社会を修復しようとする企てが論争の的とならないのは、それが勧告的なもの――独立記念日の演説や一般教書演説など――にとどまっているかぎりのことにすぎない。

価値観を担うコミュニティを支えようとする真摯な努力は、コミュニティを蝕んできた勢力に敢然と立ち向かわなければならない。ベネット氏のような保守派は、美徳を支える組織に対する脅威の源泉を二つ挙げている。すなわち、大衆文化と大きな政府だ。ラップミュージックや低俗な映画は若者を堕落させるし、大きな政府や社会保障制度は個人のやる気を奪い、地域の自立心を失わせ、中間団体の役割を阻害すると、彼らは主張する。大きな政府という日よけの木を刈り取ろうではないか。そうすれば、家族、地域、教会を土台とする慈善事業が、茂りすぎた木でいまは失われている陽光と空間を得て成長するはずなのだ。

文化的保守派が、人を堕落させる大衆娯楽の影響を懸念するのは間違いではない。こうした娯楽は、それを売り込む宣伝と相まって、人びとを衝動的な消費に走らせたり、市民道徳と食い違う政治に従わせたりする。だが、文化的保守派が何よりも強大な力を、つまり制限のない市場経済の腐食力を無視するのは間違いだ。

企業がみずからの力を利用して、減税、建築規制の変更、環境政策の譲歩などを、雇用を切望する市や州に押しつければ、かつてのどんな連邦政府命令よりも大幅に、コミュニティの力を奪うことになる。貧富の差の拡大に伴い、公立学校、公園、公共交通機関から富裕層が逃げ出し、特権的な領域に閉じこもってしまえば、市民道徳を維持するのは困難になり、共通善は視界から消える。

コミュニティを復興させるためのいかなる試みも、社会組織を食いつぶす文化的勢力はもちろん、経済的勢力とも戦わなければならない。われわれに必要な政治哲学が問うのは、自己統治やそれを支える市民道徳にふさわしい経済制度は何かということだ。市民社会再生のプロジェクトが重要なのは、政治的対立を和らげる方法を提供するからではない。そうではなく、アメリカの民主主義が健全であるためにはそれが必要だからだ。だからこそ、礼節の行く末のためにも市民社会の再生が必要なのである。

第6章　大統領の弾劾──当時と現在

この評論を発表したのは、一九九八年に下院がビル・クリントンに対する弾劾手続きを始めたときのことだ。下院はおおむね党の路線に沿って投票し、二つの訴因について弾劾を可決した。しかし、クリントンは国民の支持を保ち、上院は投票によってクリントンを無罪とした。

私もまた、かつてはワシントンの二一歳の研修生《インターン》だった。大学三年と四年のあいだに、『ヒューストン・クロニクル』紙ワシントン支局のレポーターとして働いたのだ。一九七四年の夏、下院司法委員会がリチャード・ニクソン大統領の弾劾を検討していたときのことである。

かつてニクソンは「水門《ウオーターゲート》ではほかの連中におぼれてもらおうじゃないか」と言った。私は嬉々としておぼれていた一人だった。七月八日、私は最高裁の法廷に座り、特別検察官のレオン・ジャウォルスキーと大統領法律顧問のジェームズ・セントクレアが、ニクソンが録音テープを提出すべきかどうかをめぐってやり合うのを聞いていた（実は口頭弁論の半分しか聞いていない。報道陣が殺到していたため、ほとんどの記者は法廷で一つの席を分け合っており、三〇分ごとに出たり入ったりしなければならなかったからだ）。数日後、下院司法委員会は、職員がまとめた大量の証拠を公表した。ただちにウェブで公開される現在の「ドキュメントダンプ」とは異なり、そうした大量の証拠は夕方に国会議事堂で配付されることが多かった。翌朝になってからの公表は禁止されていたからだ。私は志願して『ヒューストン・クロニクル』用の資料を受け取りに行くと、議事堂裏のアパートにどうにか運び込んで深夜まで読みふけり、大部の資料から驚くべき新事実を選び出していった。夏が終わると、私はわが支局用資料の一部をかさばる土産として譲り受けた。

最近の弾劾騒動に触発されて、そのベージュ色の表紙の資料を棚から取り出してみた。クリントン大統領の不倫疑惑をめぐるスター報告書と比較して読むと、一九七四年の下院司法委員会の「告訴声明」は、驚くほど控えめだ。事実と付属文書だけから成っており、主張も結論もない。また、ニクソンの法律顧問が準備し、司法委員会が公表した同様の資料も含まれており、大統領に有利な証拠が強調されている。

表面的な類似点はあるものの、私があの夏に立ち会った弾劾公聴会は、目下ワシントンで繰り広げられているそれとはいくつかの点で違っていた。いまと同じく当時も、議会の多数党が反対党の二期目の大統領を取り調べていた。司法委員会の政党構成はほぼ同じだった――ピーター・ロディノ委員長のときは二一対一七で民主党多数、ヘンリー・ハイド委員長のときは二一対一六で共和党多数である。ロディノの審問は時間にも内容にも制限がなかったが、これも現在、ある共和党下院議員が提案している。取り調べの許可から最終投票までにおよそ六カ月がかかった。結局ロディノは、超党派の過半数の議員から弾劾への賛成票を——それとともに国民のコンセンサスを——得ることができた。

ハイドの司法委員会はどちらも得られそうにない。その理由は三つある。第一の理由は議会の変化に関係している。現在の議会、とりわけ司法委員会は、四分の一世紀前とくらべてひどく党派的になっているというのが、多くの人の見解だ。こうした対比は、昔を懐かしむ気持ちのせいでいくらか偏りがある。ニクソンの弾劾公聴会に党派的感情がなかったわけではない。司法委員会の民主党議員——マサチューセッツ州選出のロバート・ドゥリナン、ニューヨーク州選出のチャールズ・ランゲルとエリザベス・ホルツマン、ミシガン州選出のジョン・コンヤーズ・ジュニア（現在は司法委員会の少数党筆頭委員）などがいた——のうち一二名が、カンボジア秘密爆撃によるニクソンの弾劾に賛成票を投じた（この条項は否決された）。共和党サイドでは、カリフォルニアのかつてのニクソンの選挙区から選出されたチャールズ・ウィギンズとニュージャージー州選出で好戦的なチャールズ・サンドマン・ジュニアが、最後の最後まで自分たちの大統領を力強く擁護した。いまと同じく当時も、少数党の共和党は情報漏洩と不公平な扱いに不満を漏らしていた。

それでも、情勢はいまほど険悪ではなかった。政党とイデオロギーは現在ほど明確には一致していなかった。ロディノ司法委員会の二一人の民主党議員のうち、三人は保守的な南部民主党員だった。ウォルター・フラワーズ（アラバマ州選出）、ジェームズ・マン（サウスカロライナ州選出）、レイ・ソーントン（アーカンソー州選出）の選挙区は、一九七二年の大統領選でニクソンが大量の票を得た地域だった。この三人がどちらに投票するかは、弾劾手続きの最後の時点まではっきりしなかった。共和党には北部の穏健派がいた。マイアミ州選出のウィリアム・コーエン（現在の国防長官）、ニューヨーク州選出のハミルトン・フィッシュ・ジュニア、イリノイ州選出のトム・レイルズバックなどである。南部民主党員と穏健派の共和党員は頻繁に会合を持ち、弾劾手続きの党派的対立を和らげた。結局、すべての民主党員と七人の共和党員が弾劾勧告に賛成票を投じた。

二つ目の大きな違いは、大統領の不正行為の性質にある。ニクソンの罪――ウォーターゲート・ビルへの侵入の隠蔽（弾劾条項第一項）と政敵を追い落とすために連邦捜査局（FBI）、中央情報局（CIA）、国税庁（IRS）を利用したこと（弾劾条項第二項）――は「統治システムに対する重大な罪」の典型例であり、弾劾はまさにそうした罪を糺すためにあるという司法委員会の主張は正しかった。司法委員会の票決直後にニクソンが「決定的証拠《スモーキングガン》」となる録音テープを公表し、ウォーターゲート事件の隠蔽工作への関与が明らかになると、共和党員で筋金入りのニクソン支持者の司法委員一〇人さえ、弾劾への賛成を明言した。彼らは少数党による補足意見として、大統領が解任されるべき理由は

「憲法で規定されている統治システムを危険にさらす重大な不正行為にかぎられる」と書いている。その意見に賛成したニクソン支持者のなかに、当時新人の下院議員だったトレント・ロットがいた。ハイド、ロット、また彼らの同僚の共和党議員たちが、民主党員に――さらには国民に――こう納得させるのは難しいだろう。クリントンの不正行為は、嘆かわしいばかりでなく、アメリカの立憲政体に重大な脅威を与えるものであると。

ビル・クリントンの弾劾が国民のコンセンサスを得るとは想像しにくい第三の要因は、アメリカ人の生活における大統領職の役割りの変化と関係がある。ヴェトナム戦争、ウォーターゲート事件、そして今回のクリントンのセックス・スキャンダルを通じ、大統領職の威厳やオーラは傷つけられてきた。大統領候補者に対し、全国放送のテレビで胸の内を明かし、自分の欠点を白状するよう促すメディア報道のスタイルも、同じ効果を及ぼしている。ビル・クリントンはリチャード・ニクソンとくらべ、人気はあるが尊敬はされていない。逆説的だが、クリントンはこうした尊敬の欠如のおかげで、ニクソンの弾劾を実現させた憤怒や理想を傷つけられたという感情から守られているのである。

七月二七日の夕方、ロディノ委員長が事務官に決をとるように指示したとき、私はレイバーンハウス・オフィス・ビルディングの2141号室に座っていた。静まりかえった部屋で、司法委員が一人ずつ「賛成」あるいは「反対」と返事をした。「賛成」という言葉は静かに発せられ、かろうじて聞こえる程度だった。それは、宗教的なまでに厳粛な時間だった。弾劾条項第一項が票決され、ロディノ委員長の小槌が打ちおろされると、報道陣は例によって前方へ、司法委員たちが座っている最前列へと押し寄せた。私の任務は、手ごわい民主党女性下院議員のバーバラ・ジョーダン（ヒューストン選出）のコメントをとることだった。ジョーダンは公聴会のあいだじゅう、力強い弁舌によってひときわ目立つ存在だった。彼女は「いまは誰とも何も話したくないわ」と激昂して言った。目に涙を浮かべると、奥の部屋へ姿を消した。私は思いがけない事態に動揺し、コメントをとることをあきらめた。ニクソンの政敵の民主党員でさえ、大統領の弾劾にはすさまじい重圧を感じていたのだ。こんにち、市民が同じようにおののく瞬間を想像するのは難しい。

第7章　ロバート・F・ケネディの約束

ロバート・F・ケネディが暗殺されたのは、一九六八年、カリフォルニア州の予備選挙に勝利した夜のことだった。ケネディの死を思い起こすと、彼が殺されなかったらどうなっていただろうと考えてしまう。というのもケネディは、大統領選挙を戦っている際、第二次大戦後のアメリカ・リベラリズムの独りよがりを乗り越える政治的ビジョンを手にしつつあったからだ。彼が生きていたら、革新的政治を新たな、もっと成功できるコースに乗せていたかもしれない。ロバート・ケネディの死後数十年、民主党は彼が口にした道徳的エネルギーや大胆な公共的目的を回復できていない。

ケネディは貧しい人びとを支援していたし、ヴェトナム戦争には反対だったものの、気性やイデオロギーの点でリベラル派ではなかった。民主党主流派とくらべ、彼の政治的見解はある面では保守的であり、ある面では過激だった。たいていのリベラル派と異なり、ケネディは大きな政府のよそよそしさを懸念し、権力の分散に賛成し、福祉を「内政の最大の失敗」と批判し、経済成長を社会の病弊に対する万能薬とする信念に異議を唱え、犯罪に厳しい態度をとった。

ケネディの正統なリベラル派からの逸脱に対しては、少数派の白人労働者階級から支持を得つつ、マイノリティと貧困層の支持を維持しようとする抜け目ない企てだと見る向きもあった。その通りの効果があったのは確かである。一九六八年のインディアナ州の予備選挙で、驚くべきことにケネディは、黒人票の八六パーセントを獲得する一方、一九六四年にジョージ・ウォレスへの支持が最も多かった郡でも次々に勝利を収めたのだ。ジャーナリストのジャック・ニューフィールドはケネディを、「対極に位置する二種類の無力な人びとに同時に語りかけられる」ただ一人の抗議の候補者と評したが、それは当を得ていたのだ。

だが、一九六〇年代のリベラリズムの通念に対するケネディの不安は、政治的打算などという問題を超えていた。ケネディのメッセージが共感を呼んだのは、現代の管理政治が視界から追い出してしまった市民性やコミュニティのビジョンに訴えていたからだ。当時の混乱にふさわしい公共哲学を明確に語ろうと模索しながら、ケネディはより古く、より厳しい市民生活のビジョンを復活させた。この理想によれば、自由とは消費社会の恩恵に公平にあずかれるというだけのことではない。自由とは、市民が自己統治を分かち合うことを、自分たちの集団的運命を律する力の形成に参加することを要求するのである。

ケネディはみずからの政策の市民的要素のおかげで、一九六〇年代末から現代までつづく懸念——政府への不信、無力感、コミュニティの道徳的枠組みが崩壊しつつある恐怖

――に取り組むことができた。リベラル派は個人主義的な言葉で議論を組み立てたり、国家共同体の理念に訴えたりすることが多い。これに対してケネディは、個人と国家の中間にあるコミュニティの自己統治の重要性を強調し、現代社会がこうしたコミュニティを失ったことを嘆いた。「国家や大都市はあまりに大きすぎてコミュニティの価値観を提供できず……地域をはみ出した世界はいっそう非人間的・抽象的になり」、個人がコントロールできる範囲を超えている。「都市は無秩序に広がりながら、地域や郊外を消し去ってしまう。住宅は値上がりするが、人びとが散歩したり、女性や子供たちが集まったり、共同で何かをしたりする場所はない。職場ははるか彼方の、黒ずんだトンネルを抜けるか、人間味のない高速道路を走るかした先にある。医師、弁護士、政府の役人たちは、どこかよそにいて、顔もろくにわからないことが多い。あまりにも多くの場所で――快適な郊外でも街中の通りでも――家庭は寝て、食べて、テレビを見る場になっている。しかし、そんなコミュニティはわれわれの住むところではない。われわれはさまざまな場所に住んでいる、ということは、どこにも住んでいないのである」

アメリカの都会の病弊に取り組むなかで、一九六〇年代の民主党は失業問題を強調し、共和党は犯罪について語っていた。ケネディは説得力をもって失業と犯罪を語り、両者を市民的なテーマに結びつけた。犯罪の悲劇は、生命を危機にさらすことだけでなく、地域やコミュニティといった公共空間に破壊的な影響を及ぼすことにもあると、ケネディは主張した。「鍵をかけたドアの後ろに隠れている国民は、自由ではない。みずからの恐怖に閉じ込められているからだ。市民が通りを歩くのを怖がる国は、健全ではない。孤立には国民参加を毒する作用があるからだ」。同じように、失業は経済的な難題だけではなく、社会的な難題をも突きつけた。仕事がないと収入もないというだけではなく、市民としての共同生活を分かち合えないということが問題だった。「失業とは何もすることがないということだ――それは、自分以外の人とのかかわりがないことを意味する。仕事がないこと、同胞市民の役に立たないことは、実のところラルフ・エリスンの小説の『見えない人間』になっているということだ」

ケネディとリベラル主流派の意見の相違が最も明白だったのは、福祉の問題についてだった。ケネディが福祉を批判した根拠は、貧困層への連邦政府支出に反対していた保守派とは異なり、それが受給者の市民的能力を損なうというところにあった。福祉は「数百万という国民を依存と貧困の奴隷にしてしまう。小切手を切ってくれる同胞市民の厚意にすがることになるからだ。同胞意識、コミュニティ、共有された愛国心――アメリカ文化のこうした本質的価値観は、一緒に商品を購入したり消費したりするだけでは生まれない。それは、個人の独立と個々の努力に関する共有された意識から生まれるのだ」。貧困の解決策は政府が支払う保証所得ではなく、「適正な賃金でのきちんとした雇用であり、コミュニティ、家族、国、また何より重要なのは自分自身に対し、こう言えるようにする雇用である。『私はこの国の建設に貢献している。私は偉大な公の事業に加わっている』と」。保証された所得は、どんなに高額であろうと「自足の意識、コミュニティの生活に参加しているという意識をいっさい与えないが、民主主義国家の市民にとってはそれが不可欠である」

民主党員が、犯罪に対するケネディの厳しい態度を引き継いでいれば、最も注目度の高い争点の一つを一世代の共和党員から奪い取っていたことだろう。福祉に関するケネディの懸念を心に留めていれば、貧困層を見捨てることなく福祉制度を改革できただろうし、政府へのより広範な敵意を煽った福祉に対する、数十年にわたる国民の怒りを避けられただろう。コミュニティ、自己統治、市民道徳の重要性をケネディから学んでいれば、これらの力強い理想をロナルド・レーガンのような保守派に譲りわたさずにすんだだろう。三〇年をへてもなお、革新の衝動は説得力のある声を取り戻せていない。われわれは依然として強力な理想主義を必要としている。それがわれわれに思い起こさせるのは市民性であり、市民性とは消費社会のための基礎訓練を超えた何かから成るものなのだ。

第２部　道徳と政治の議論

第2部の小論は、最近の法律・政治論争によって引き起こされた道徳論議を取り上げている。そうした論争の範囲は、アファーマティブ・アクション（積極的差別是正措置）から公害規制、幹細胞研究に及ぶ。多くの小論が市場の道徳的限界を扱っている。このテーマについては、今後書く本でより体系的に検討する予定になっている。第8章から第13章では、市場の活動と商業の圧力が市民的組織を堕落させ、公共部門の品位を落とす恐れがあることを論じている。教育をはじめとする公共目的の資金調達に、州営宝くじや公立学校での企業広告を利用する傾向がますます強まっているが、この二つはその顕著な実例である。それほど目立たないもののやはり油断できないのは、ブランド化の拡大、コマーシャリズム、昔からある程度まで非市場的な規範に従ってきた生活領域（行政、スポーツ、大学など）への市場原理の介入である。

第14章「われわれは汚染権を買うべきか？」は、わが国の次のような主張に反論している。つまり、グローバルな環境協定には、国家に汚染権の売買を認める排出権取引制度が含まれるという主張だ。この論文は経済学者から集中豪雨のような批判を浴びた。彼らにとって、売買可能な汚染権は、市場メカニズムがいかに公益を促進するかを示す大切な実例なのである。この論文が発表されてすぐ、私は同じ大学のある経済学教授からメモを受け取った。彼は私の議論に驚くほど共感してくれたものの、自分からその経済学を学んだことを公にしないでほしいと言ってきたのだ。

われわれが思っている以上に、道徳的荒廃の問題は、機会、名誉、報酬の正当な配分をめぐる論争のすぐ裏側に潜んでいることが多い。第15章から第17章は、障害者の権利、アファーマティブ・アクション、刑罰などに関する現代の論争において、問題となる道徳的荒廃をめぐって対立するさまざまな考え方を解明しようとしている。第18章「クリントンとカント——嘘をつくことをめぐって」では、クリントン大統領の性的不品行にまつわる偽証疑惑を題材に、嘘をつくことと誤解させることに関するイマヌエル・カントの道徳的な区別を検討している。

政治家、活動家、政治評論家が政治における道徳を語るときは、文化戦争において道徳的・宗教的に論議を呼ぶ問題——妊娠中絶、同性愛者の権利、幇助自殺、より最近では幹細胞研究——を念頭に置いているのが普通だ。第19章から第21章は、こうした問題を扱っている。これらの小論を貫いているのは、争点になっている道徳的・宗教的主張の内容に注目せずに、さまざまな権利を裁こうとすれば、リベラルな寛容さが損なわれるという主張である。

道徳や宗教にまつわる根深い信念について、合理的な議論をするのは不可能だと言う人もいる。人間の生命の起源や尊厳にかかわる信念であれば特にそうだ。以下の小論はそうした主張に異を唱えるものである。第20章では幹細胞研究の倫理性について論じる。この章の元になったのは、私が大統領生命倫理評議会のメンバーとして向き合った議論である。この評議会は、新しい生物医学技術の倫理的影響を検討するため、ジョージ・W・ブッシュ大統領によって任命されたメンバーから成っていた。私は気づいてみるとほかのメンバーと積極的に意見を交換していた。この討論が、人間の胚の道徳的地位にかかわる悩ましい問題であっても、合理的な議論が可能だという私の認識を裏づけてくれたのである（だからといって、合理的な議論が必ず合意にいたるということではない。この小論で表明されている見解は私一人のものではないし、評議会の見解を代弁しているわけでもない）。第21章では、激しい論争の的である妊娠中絶と同性愛者の権利の問題を取り上げている。これらのテーマをめぐる連邦最高裁判所の論理の筋道を評価するため、一九六〇年代のプライバシー権訴訟から、ゲイやレズビアンの性行為を禁じる法律を無効とした二〇〇三年の裁判までを振り返る。

第8章　州営宝くじに反対する

政治の腐敗は二つの形でやってくる。最もおなじみなのが、金にからんださまざまな不正である。たとえば、賄賂、裏金、利益誘導、ロビイストが近づきになったり便宜を図ってもらったりする見返りに役人の私腹を肥やすことなどだ。こうした腐敗は陰でエスカレートし、露見すると罪に問われるのが普通である。

だが、別の種類の腐敗は衆人環視のなかで徐々に進む。それは盗みとも詐欺とも関係ない。そうではなく、むしろ市民の習慣の変化、公的責任の拒否にかかわっている。この第二の市民的腐敗は、第一の腐敗よりもさらに油断がならない。法律を犯すわけではないが、善き法律の土台となる精神を衰弱させてしまうのだ。それが明らかになる頃には、新たな習慣がすっかり染みついていて、もう元には戻せないのである。

所得税の導入以来、公共財政において起こった最も重大な変化について考えてみよう。つまり、州営宝くじの急激な普及についてだ。二〇世紀の大半の期間、宝くじはあらゆる州で非合法だった。ところが突如として、最も急速に拡大する州財源となったのである。一九七〇年には、二つの州が宝くじ事業を運営していたが、現在では四〇の州とコロンビア特別区が宝くじを販売している。全国的に見た宝くじの年間売上は、一九八五年には九〇億ドルだったが、二〇〇四年には四八〇億ドルを超えている。

宝くじへの昔ながらの反対論は、ギャンブルは不道徳だというものだ。こうした反対論はここ数十年で力を失ってしまった。その理由の一部は罪の概念が変わったことにあるが、アメリカ人がかつてより道徳の法制化に慎重になったことにもある。ギャンブルは道徳的に好ましくないと思っている人でさえ、社会全体に何らかの悪影響がないかぎり、それだけの理由でギャンブルを禁止するのには及び腰になっている。

ギャンブルに対する昔ながらの家父長的反対論から解放されて、州営宝くじの擁護者たちは、一見すると魅力的な三つの主張を述べている。第一に、宝くじは増税せずに重要な公共サービスの財源を増やす手軽な手段である。税金とは違い、宝くじは強制ではなく、買わないという選択肢もあるのだ。第二に、宝くじは庶民の娯楽である。第三に、宝くじは販売窓口(コンビニエンスストア、ガソリンスタンド、スーパーマーケットなど)や、販促を担当する広告会社、報道機関に仕事を与える。

では、州営宝くじの何がいけないのだろうか? 一つには、擁護論者が表向きは否定するギャンブルへの払拭しきれない道徳的反感に、素知らぬ顔で依存していることがある。州営宝くじが莫大な利益を生むのは、それが独占事業だからであり、それが独占事業なのは、昔ながらの道徳的根拠によって民営の数当て賭博が禁止されているからである(カジノが競合しているラスヴェガスでは、スロットマシンやブラックジャックの売上の約九〇パーセントが勝者に支払われる。州営宝くじは独占事業なので、払戻金は五〇パーセント程度にすぎない）。リバタリアンの州営宝くじ擁護論者は、両天秤をかけるわけにはいかない。ドライクリーニングと同じように、宝くじが道徳的に問題のないビジネスだというなら、なぜ民間企業に解放してはいけないのだろうか？　売春のように道徳的に好ましくないビジネスだとすれば、なぜ州が取り組むべきなのだろうか？

宝くじ擁護論者は通常、ギャンブルの道徳的位置づけは人びとがみずから自由に判断すべきだと答える。ギャンブルを強制される人はいないのだから、反対ならやらなければいいのだと、彼らは指摘する。州が悪徳行為から収入を得るという考えに納得できない人に対しては、政府は多くの人が望ましくないとみなす物品（酒やタバコ）に「罪悪税」をかけることが多いと応じる。この主張によれば、宝くじが税金よりマシなのは、宝くじは完全に自由意志によるものであり、選択の問題だからということになる。

だが、宝くじの現状は、こうした自由放任主義の理想からはほど遠い。州は市民にギャンブルの機会を提供するだけではない。ギャンブルを盛んに推奨しているのだ。宝くじ業者は毎年四億ドル近くを宣伝に使っており、わが国最大の広告主の一つとなっている。宝くじが一種の「罪悪税」だとすれば、ほかに類のない存在だと言える。何しろ、州政府が莫大な金額を投じて、罪を犯すよう市民をそそのかしているのだから。

驚くことではないが、宝くじのきわめて強引な広告は、労働者階級、マイノリティ、貧困層といった得意客をターゲットとしている。シカゴのあるスラムでは、イリノイ州の宝くじを売り込む広告板に「ここから抜け出す切符かもしれない」と謳われている。広告がしばしばかきたてる幻想は、大当たりを引き当て、二度と働かずにすむ境遇を手に入れるというものだ。宝くじの広告がテレビやラジオで大量に流されるのは、毎月一日前後である。つまり、社会保障費や生活保護費が受給者の預金口座を膨らませる日だ。その他のほとんどの行政サービス（たとえば警察による保護）とは打って変わって、宝くじの販売窓口は貧困層やブルーカラーの住む地域にあふれかえっており、富裕層の住む地域にはあまりない。

一人当りの宝くじの売上が国内で最も多いマサチューセッツ州に、購入者がブルーカラーに偏っている明らかな証拠がある。一九九七年の『ボストン・グローブ』紙の連載記事によると、マサチューセッツ州の最貧地区の一つであるチェルシーでは、三六三人の住民に対して一つの宝くじ売場があるという。対照的に、高所得層の住むウェルズリーでは、三〇六三人の住民に対して一つだそうだ。ほかの州と同じくマサチューセッツ州でも、この「痛みを伴わない」代替課税はきわめて逆累進的な歳入増加策である。チェルシーの住民は昨年、一人当り九一五ドルという驚くべき金額を宝くじに支出した。これは収入のほぼ八パーセントに相当する。裕福な郊外の町リンカーンの住民の宝くじへの支出は、一人当り三〇ドルに過ぎず、収入の一〇〇〇分の一だった。

　ますます多くの人にとって、宝くじを買うことは、擁護論者が主張するような自由で自発的な選択ではなくなっている。スクラッチくじやキノ（五分ごとに賭けられるビデオゲーム式の数当て賭博）のような手軽なギャンブルは、いまや宝くじ事業にとって最大のドル箱であり、カジノや競馬場と並んで人がギャンブルに溺れる主因となっている。ギャンブラーズ・アノニマス［ギャンブル依存症からの回復を目指す人たちの自助グループ］のメンバーを増加させているのは宝くじ中毒者である。たとえば、一日に一五〇〇ドル分のスクラッチくじをこすり、退職後への備えを使い果たし、一一枚のクレジットカードで借金を重ねた男もいる。

　同時に、問題を抱えたギャンブラーと同じく、マサチューセッツ州はますます宝くじに依存するようになっている。宝くじの収益は、いまやマサチューセッツ州の歳入の一三パーセントを占めており、抜本的な改革はほとんど考えられなくなっている。宝くじの有害な影響によってどんな問題が起ころうと、政治家たちは宝くじによる収益を埋め合わせるほどの増税や歳出カットをあえて行おうとはしないだろう。

　カネの亡者となった州政府は、市民——とりわけ最も弱い立場の市民——に、民主的な生活を支える労働倫理、自己犠牲、道徳的責任とは相容れないメッセージを浴びせつづけるしかない。こうした市民的堕落こそ、宝くじがもたらす最も深刻な弊害である。それは、政府を邪悪な市民教育の提供者とすることによって、公共部門の価値を損なう。いまや全米の州政府は、収入が途切れないようにするため、その権威と影響力を利用して、市民道徳を育む代りに偽りの希望をばらまかざるをえない。州政府は市民にこう信じ込ませなければならないのだ。ちょっとした運があれば、不運なばかりに追いやられている労働の世界から逃げ出せるのだ、と。

第9章　教室でのコマーシャル

ボストン・レッドソックスが、レフトフェンスのうえにコークの壜《びん》の巨大なディスプレーを初めて設置したとき、現地のスポーツ記者たちは、こんな悪趣味な商業主義はフェンウェイ・パークの神聖さを損なうと抗議した。しかし、野球場ではかなり前から看板や宣伝があちこちに見られるようになっている。いまや、球団が球場命名権を企業に売るのはごく普通のことだ。たとえば、コロラド・ロッキーズがプレーしているのはクアーズ・フィールドである。どれほど興をそがれようと、こうしたコマーシャリズムが試合に害を及ぼしたり、プレーの質を落としたりするとは思えない。

しかし、コマーシャルの最新のフロンティア、つまり公立学校でも同じだとは言えない。教室への企業の侵入は、学校を商業主義の温床に変えてしまう恐れがある。教室から逃げ出せない未熟な消費者を儲けに利用しようと、企業は無料のビデオ、ポスター、「学習キット」をこれでもかとばかりに教師に提供してきた。こうした品々は、子供の心のなかで企業のイメージをアップさせたり、ブランド名の印象をよくしたりしようとするものだ。いまや生徒たちは、ハーシーズ・チョコレートやマクドナルドが提供した教材で栄養学を学び、エクソンが制作したビデオでアラスカの原油流出事故の影響を勉強している。アレックス・モルナーの著書『Giving Kids The Business』によれば、モンサントのビデオでは、牛乳の生産におけるウシ成長ホルモンの効用が教え込まれ、プロクター・アンド・ギャンブルの教材では、使い捨ておむつは地球にやさしいと説明されているという。

企業の提供するすべての無料教材が、偏った考えを植えつけようとしているわけではない。ブランド名を売り込もうとしているにすぎないものもある。数年前にキャンベル・スープ・カンパニーが提供した科学キットは、キャンベルのプレゴ・スパゲッティ・ソースがラグーの製品より濃厚であることの検証方法を教えるものだった。ゼネラル・ミルズが配った科学キットには、同社のガッシャーというフルーツスナックの無料サンプルがついていた。このスナックを嚙むと、柔らかい中身が「噴出する《ガッシュ》」。教師用の手引には、生徒はガッシャーを嚙んでその感触から噴火のイメージをつかむこと、とあった。トゥティ・ロールの計算・書き方キットで勧められているのは、宿題として、家族にトゥティ・ロールのキャンディの思い出をインタビューすることである。

カリキュラムのなかにブランド名を忍び込ませようとするマーケターもいれば、もっと直接的なアプローチをとるマーケターもいる。後者のアプローチが、学校での広告の買い取りだ。数年前、財政危機に直面したシアトル教育委員会は、投票によって企業広告の募集を決めた。学校当局者は、「リーボックが応援するチアリーダー」とか「マクドナルド体育館」などといった形で広告主になってもらい、年間一〇〇万ドルを集めようと目論んでいた。親や教師からの抗議のため、この方針は棚上げとなったものの、こうしたマーケティングは全国の学校でますます存在感を増している。

いまや、スクールバスからブックカバーにまで企業のロゴが入り、生徒たちの注意を引こうと躍起になっている。コロラドスプリングズでは、マウンテンデューの広告が学校の玄関に彩りを添え、バーガーキングの広告がスクールバスの側面を飾っている。マサチューセッツ州のある企業は、ナイキ、ゲータレード、カルバン・クラインを売り込むための無料のブックカバーを、全国の二五〇〇万人の生徒に配った。ミネソタ州のある放送局は、一五の州で学校の廊下やカフェテリアに音楽を流し、一時間ごとに一二分のコマーシャルを入れている。その広告収入の四〇パーセントが学校に入る。

学校の商業化の最もひどい例はチャンネル・ワンだ。チャンネル・ワンは一二分間のニュース番組で、一万二〇〇〇校で八〇〇万人の生徒が視聴している。一九九〇年にホイットル・コミュニケーションズが始めたもので、各教室にテレビ一台、各校にビデオデッキ二台と衛星放送サービスを提供する見返りに、二分間のコマーシャルの入った番組を毎日生徒に見せるという契約になっている。わが国のティーンエイジャーの四〇パーセント以上がチャンネル・ワンを観ているおかげで、三〇秒のスポットCMで広告料は二〇万ドルにもなる。広告主への売り口上では、「電話、ステレオ、リモコンといった通常は注意をそらすもの」のない環境で、史上最多のティーンエイジャーの視聴者に観てもらえることを保証すると謳われている。ホイットル・コミュニケーションズのこの番組は、教室でのあからさまな広告というタブーを打ち砕いた。多くの州で論争の的となっているにもかかわらず、学校からチャンネル・ワンを締め出しているのは、ニューヨーク州だけである。

学校の商業化の広がりは、二つの面で堕落につながる。第一に、企業が提供するほとんどの補助教材は、偏向、歪曲、浅薄な内容にあふれている。アメリカ消費者同盟の最近の調査によれば、教室で使われている無料教材の八〇パーセント近くが、スポンサー企業の製品に好意的な内容に偏っているという。今年初めに発表されたチャンネル・ワンについての独自調査によると、チャンネル・ワンのニュース番組を通じて、生徒たちが公共の事柄について理解を深めることはほとんどないことがわかった。現代の政治、経済、文化にまつわるトピックを扱っているのは、放送時間のたった二〇パーセントにすぎないのだ。残りの時間は広告、スポーツ、天気予報、自然災害に割かれている。

だが、スポンサー企業が申し分のない客観的な教材を提供したとしても、商業広告が教室にあるのは有害だろう。それは学校の存在目的を損なうからだ。広告は人びとの物欲を刺激し、それを満たすよう促す。一方、教育は欲望について人びとに反省を促し、それを抑えたり昇華させたりするよう促す。広告の目的は消費者を勧誘することだが、公立学校の目的は市民を育てることだ。

子供時代の大半が商業社会に向けた基礎訓練に充てられる時代に、市民であることを、自分を取り巻く世界について批判的に考えることを生徒に教えるのは、容易ではない。子供たちが企業のロゴ、ブランド名、ライセンス生産された服を身にまとい、歩く広告塔として通学する時代に、学校が消費主義《コンシューマリズム》の精神にどっぷり浸かった大衆文化と一定の距離を置くことはいっそう難しい――そして、それだけに重要である。

だが、広告は距離を忌み嫌う。広告は場所と場所の境界をぼやかし、あらゆる環境を販売の場にしてしまう。「校門で自社の収益の流れを見つけましょう！」。五月にニューオーリンズで開催された第四回キッド・パワー・マーケティング年次大会のパンフレットでは、そう宣言されている。「読み方を習っている一年生であろうと、初めて車を買おうとしているティーンエイジャーであろうと、教室という伝統的な場で、生徒たちに貴社と貴社の製品を紹介することを保証します！」。ウィリー・サットンが銀行に押し入ったのと同じ理由――そこに金があるから――で、マーケターたちは校門に殺到している。子供たちが使う金額と彼らが親に使わせる金額を合計すると、六歳から一九歳までの消費者の年間支出はいまや四八五〇億ドルにもなるのだ。

子供の財政的影響力がますます大きくなっていること自体が、子供と市場を仲介する役割を親が放棄していることの嘆かわしい徴候である。一方で、財産税の上限設定、予算カット、入学者数の増加などに直面して、学校は財政難に陥り、スポンサー企業の誘惑の言葉にいっそう弱くなっている。われわれは、学童の教育費全額をまかなうのにかかる公的資金を工面する代わりに、バーガーキングやマウンテンデューに子供たちの時間を売り、心を貸しだすことを選んでいるのである。

第10章　公共領域をブランド化する

この論文が書かれた一九九八年以降、公共の場にブランド名をつける事例が急増している。いくつもの「自治体マーケティング」会社が誕生し、町による命名権の販売を手助けするようになった。二〇〇三年、時のニューヨーク市長は市政史上初となる最高マーケティング責任者を採用した。その人物の最初の仕事の一つは、一億六六〇〇万ドルでスナップルをニューヨーク市の公式飲料とする契約を結ぶことだった。

企業と国家の区別をつけることはだんだん難しくなっている。コロラド州ロングモントのアース・ウオッチ社は最近、世界初の商用スパイ衛星を打ち上げた。いまや、数百ドルを支払えば、中東のミサイル基地や有名人の裏庭のプールの偵察写真を誰でも買えるのだ。かつては政府の特権だった宇宙からのスパイ活動は、営利事業になったのである。

国家がみずからの機能を維持している場合であっても、統治とマーケティングはますます絡み合うようになっている。数十年にわたり、公職の候補者は朝食用シリアルのように自分を売り込んできた。こんにちでは、国全体が同じことをしている。イギリスの「再ブランド化」について考えてみよう。数カ月前、トニー・ブレア首相のアドバイザーたちは、イギリスのイメージを一新するよう首相に進言した。「世界の博物館の一つではなく、世界の先駆者の一人」としてイギリスを「再ブランド化」すべき時だというのだ。赤い公衆電話ボックスは透明ガラス製のものに置きかえられつつある。ロンドンの箱形タクシーは、流線形の空気力学的なデザインになってきている。「統べよ《ルール》、ブリタニア！」は「いかすぜ《クール》、ブリタニア！」に取って代わられようとしている。これはイギリス交通局の新しいスローガンであり、交通局のロゴはいまや、黄色と緑で明るさを出した洒落たユニオン・ジャックになっている。ブレアはこう述べている。「イギリスのイメージといえば、かつては山高帽にピンストライプのズボン、実に古めかしくて時代遅れだったが、現在でははるかに躍動的、解放的、進歩的なものに置きかわっている……私はわが国の過去を誇りに思うが、そのなかで暮らしたいとは思わない」。イギリスの「再ブランド化」は孤立したエピソードではなく、時代の動向を物語るものだ。政府に対する、イメージ操作に長けた新たな商業的アプローチを反映しているのである。こうした政府は、国家のアイデンティティをブランド名に、国歌をCMソングに、国旗を企業ロゴに変えてしまいかねない。

昨年、アメリカ郵政公社はバッグス・バニー〔アニメ『ルーニー・テューンズ』に登場するウサギのキャラクター」の切手を発行した。切手で称えられるべきなのは歴史上の人物であり、商業製品ではないという批判もあった。だが、eメール、ファックス、フェデラル・エクスプレスとの激しい競争に直面している郵便公社は、ライセンス権こそ将来へのカギだと見ている。バッグス・バニーの切手は使われずにコレクションされることが多いので、一枚につき三二セントが郵便局の利益となる。切手収集はまだ序の口だ。ワーナー・ブラザーズとのライセンス契約により、郵政公社は『ルーニー・テューンズ』のネクタイ、帽子、ビデオ、その他のグッズを全国の五〇〇を超えるポスタル・ストアで販売できるのである。

さらに、ポストマーク・アメリカなる新たな製品群も販売されている。これは、郵政公社そのもののブランドをフルに生かそうとするものだ。製品には、小馬速達便《ポニーエクスプレス》の二・九五ドルの子供用キャップ、「郵便です！」というロゴの入った幼児服、航空便パイロットのレザージャケット――これは四三五ドルもする――などがある。郵政公社のある幹部によると、こうした小売への取り組みは、ワーナー・ブラザーズやウォルト・ディズニーといった企業を手本にしているという。「それらの企業は自社のアイドル・キャラクターを一連の商品にしています。われわれがやろうとしているのはそれです。切手や切手の絵柄以外にも目を向けようとしているのです」

だが、ときとして、国民のシンボルをブランドに変えようとする企ては抵抗にあうことがある。一九九五年、カナダ騎馬警官隊は、騎馬警官《マウンティ》の画像を全世界で売り出す権利をディズニーに売却した。ディズニーは、画像の販売権料に加え、マウンティをあしらったTシャツ、コーヒーマグ、テディベア、メープルシロップ、おむつバッグ、その他の商品へのライセンス料の一部として、カナダの連邦警察に年間二五〇万ドルを支払った。多くのカナダ国民が、騎馬警官隊は、国民の神聖なシンボルをアメリカの大企業に売り飛ばしているとして抗議の声をあげた。トロントの『グローブ・アンド・メール』紙の社説はこう訴えた。「腹立たしいのは値段ではない。売ることなのだ。騎馬警官隊はきわめて重要な点について見込み違いをしている。それは、誇りだ」。

カナダは騎馬警官隊のマーケティングをどうにか受け入れたものの、批判した人たちはいいところを突いていた。統治と商業の行きすぎた融合を懸念するのには、理由があるのだ。政治や政府が多くの人に嫌われている場合、役人は必然的に、大衆文化、広告、娯楽の人気を利用しようとする。問題は、こうした権威の借用が失敗に終わることではない。あまりにもうまくいきすぎてしまうことなのだ。世論調査によれば、最も人気のある二つの政府機関は郵便局と軍隊だという。ともにテレビで盛んに宣伝を流しているのは、おそらく偶然ではないだろう。メディア漬けの世界では、行政についての市民の判断は、それが与えるイメージにますます依存するようになっているのである。

これは、広報予算を持たない政府プログラムに不公平なだけではない（生活保護の宣伝など見たことがあるだろうか?)。世間のイメージをよくするために惜しみなく金を使う政府機関が、まるで重要であるかのごとく思われてしまうのだ。やがて、そうした機関の任務はマーケティング活動と区別がつかなくなる。かつて、郵便局は切手を売ったり郵便物を配ったりしていた。いまでは、切手に関連した画像やライセンスを受けた衣料を売っている。郵政公社総裁のマーヴィン・ラニヤンは、商業化された新たな組織運営を支える論理を明確に語っている。「われわれは市場を重視し、顧客の立場を考え、人びとが望むものをつくらねばなりません」

だが、市民は顧客ではないし、民主主義とは単に人びとに望むものを与えることではない。自己統治が適正に行われれば、人びとは自分の欲求について反省し、対立する視点を踏まえてそれを改めることになる。顧客とは違い、市民は公共善のために自分の欲求を抑えることもある。それが政治と商業の違いであり、愛国心とブランド・ロイヤルティの違いなのだ。

政府が漫画のキャラクターや最先端の広告から拝借した人気に頼りすぎると、支持率は上がるかもしれないが、公共部門の尊厳と権威は失われてしまう。公共部門の手入れを怠れば、民主的市民が市場の力や商業的圧力を制御することはまず望めない。こうした力や圧力は日ごとに勢いを増し、無数のやり方でわれわれの生活の形を決めているのである。

マーガレット・サッチャーは、イギリスの再ブランド化を支持していない。ところがうかつにも、首相として国営航空会社を民営化した際、このブランド化現象を後押ししていたのだ。最近の保守党党大会で、サッチャーはブリティッシュ・エアウェイズのブースに立ち寄り、愕然とした。飾られている模型飛行機の尾翼にもはやユニオンジャックはなく、ブリティッシュ・エアウェイズの新しいグローバルなアイデンティティを表す多文化的モチーフが描かれていたのである。サッチャーはハンドバッグからティッシュペーパーを取り出すと、抗議の意を込めてその尾翼にかぶせた。サッチャー女史は、市場というものはその繁栄と引き換えに、名誉と誇りを奪い取ることを理解しておくべきだったのである。

第11章　スポーツと市民的アイデンティティ

資本主義とコミュニティの衝突がこのところ増えている。そうした衝突の際、コミュニティには最大限の援助が必要だ。スポーツの場合を見てみよう。アメリカ文化のなかで、プロ野球、アメリカンフットボール、バスケットボール、アイスホッケーほど、社会の一体感と市民の誇りの源となっているものはないだろう。東はニューヨークのヤンキー・スタジアムから西はサンフランシスコのキャンドルスティック・パークまで、スタジアムはアメリカの市民的信仰の大聖堂であり、職種も階層もさまざまな人びとが、落胆と希望、悪態と祈りからなる儀式に集う公共の場だ。感情の共有は球場や競技場の外にまで広がる。数年前、NBA（全米プロ・バスケットボール・リーグ）のプレーオフでボストン・セルティックスとロサンゼルス・レイカーズが対戦したときは、ボストンの通りを歩けば、開いている窓という窓から試合のどよめきが聞こえてきたものだ。

だが、プロスポーツは市民のアイデンティティの源であるだけではない。ビジネスでもある。そして、昨今のスポーツ界では金がコミュニティの地位を奪おうとしている。もちろん、球場に足を運ぶファンは市民としての体験をするために行くのではない。ケン・グリフィー・ジュニアの長打やセンターでの見事な捕球を見に行くのだ。とはいえ、ファンが試合で体験するのは、民主的な公共生活の二つの重要な特色だ。一つは、条件があまねく平等であること、もう一つは、特定の場への帰属意識だ。ボックス席は外野席より料金が高いのが常だとはいえ、球場は、CEOと郵便室の平社員が隣り合わせに座り、誰もが同じフニャフニャしたホットドッグを食べ、雨が降れば富める者も貧しい者も等しく濡れ、ホームチームの命運に心を合わせて一喜一憂する数少ない公共の場の一つだ。

いや、最近まではそうだった。いまや収益増加の魅力に目がくらんだスポーツチームのオーナーたちは、階級混在の伝統と、スポーツと民主主義が栄える場の雰囲気を壊す方向に舵を切りつつある。豪華なスカイボックス〔高い位置にあるガラス張りの観覧席〕が増え、上流階級と下方のスタンドにいる庶民は隔離されるようになった。そのうえ、チームの本拠地の自治体がスタジアムに巨額の公的補助金を出すのを渋ったり拒んだりすれば、本拠地を変えたり、変えると脅したりするのが、オーナーたちの常套手段だ。

スカイボックス流行のさきがけは、NFL（全米プロ・フットボール・リーグ）のダラス・カウボーイズがテキサス・スタジアムに新設したラグジュアリー・スイートだった。群衆の頭上の豪華な観覧室で役員や取引先を接待する特権を得ようと、数々の法人が一五〇万ドルにも上る年間契約料を支払った。一九八〇年代を通じ、十指に余るチームがカウボーイズにつづき、富裕層ファンの歓心を買おうと、空に張り出したプレキシグラス張りの観覧席を設けた。一九八〇年代末になると、議会はスカイボックスの契約料として法人が申告できる税控除を減額したが、空調完備の特別室への需要はなくならなかった。スカイボックスはチームに棚ぼた式の高収入をもたらす反面、ファンとスポーツとの関係、ファン同士の関係を変えてしまう。ラリー・バードの全盛期にボストン・ガーデンを包んでいた汗臭く平等主義的な熱気は、広々としてはいるが観客を階級で分けるボストンの新施設、フリート・センターによって一掃された。この新しい競技場では、下のバスケットボール・コートが見えないほど高い位置にあるレストランで、エグゼクティブ・スイートの客がサーモンのピスタチオソース添えに舌鼓を打っている。

スカイボックスによってファンが階層分けされる一方、チームの本拠地移転によってコミュニティはホームチームを奪われている。それを物語る悪名高い例が、NFLのクリーヴランド・ブラウンズのケースだ。三五年間にわたりブラウンズのオーナーを務めるアーサー・モデルは、毎試合、定員七万人の市営スタジアムを満員にするオハイオ州クリーヴランドのファンに文句はなかったはずだ。それなのに、一九九五年、チームの本拠地をメリーランド州ボルティモアに移転すると発表した。ボルティモア市幹部が、六五〇〇万ドルの助成金と、賃貸料を支払わなくていい新スタジアムと、豪華なボックス席からの収入を条件に誘致したのだ。

利益至上主義のオーナーによってホームチームへの愛着を裏切られたコミュニティは、

クリーヴランドだけではない。実は、ボルティモア市がブラウンズにこれほどの大盤振舞いを申し出たのは、市民が愛してやまなかったフットボール・チーム、ボルティモア・コルツが一九八四年にインディアナポリスへ去った穴を埋めるためだった(当時、コルツのオーナーは「これは私のチームだ。私のものだから、好きなようにさせてもらう」と平然と言い放った)。過去六年間に、メジャーリーグの八チームがそれまでの本拠地を捨ててより条件のよい都市へ移転したほか、二〇都市が、スタジアムの新築や改築を求めるチームからの脅迫まがいの要求に応えた。現在、ほかにも多くのチームが本拠地に留まる条件として助成金を求めている。たとえば、スーパーボウルで優勝したこともあるデンヴァー・ブロンコスは、新スタジアム建設のために納税者が二億六六〇〇万ドルを捻出しなければ移転するとすごんでいる。

市場原理の見地からは、最も高値をつけた入札者にチームを売却することに非はない。都市や州が企業誘致で競い合うのは珍しいことではない。自動車工場の移転先に名乗りを上げた自治体が税制上の優遇措置と補助金の提供を申し出るのをよしとするなら、金を積んでスポーツチームを誘致してもいいではないか? この疑問に対する答えは、州同士の入札競争にはそもそも問題があるというものだ。なぜなら、教育をはじめとする差し迫った公的ニーズに支出されるべき公費を、企業が吸い上げることになるからだ。スポーツの場合、入札は二重の意味で有害だ。なぜなら、コミュニティがチームに感じる愛着と市民の誇りがないがしろにされるからだ。

コミュニティが愛するチームに裏切られるのを防ぐ方法があるとすれば、どんな方法だろうか？　ミネアポリスに拠点を置く団体、ＩＬＳＲ（Institute for Local Self-Reliance／地域自立研究所）の共同設立者であるデイヴィッド・モリスが、有望な解決策を提案している。チームがみずからの価値以上の助成金を要求しているのだから、コミュニティ自体がオーナーとなってしまえばいいというのだ。主要なスポーツ・リーグでコミュニティがオーナーとなっている唯一の例が、一九二三年に非営利団体として法人化されたアメリカンフットボールのチーム、グリーンベイ・パッカーズだ。市場規模の小ささにもかかわらず、パッカーズはスーパーボウルで三度の優勝経験があり、連続三〇シーズン以上、試合のチケットを完売している。シーズン・チケットのウェイティング・リストには三万六〇〇〇人が名を連ねる。パッカーズの株主でありファンでもある一〇万八〇〇〇人の市民は、利益が出ないことは承知している。それでも、パッカーズがわが町を離れる心配はしなくていいのだ。

モリスも指摘しているように、ＮＦＬは現在、コミュニティによる球団の所有を（パッカーズは例外として）禁じているし、ＭＬＢ（メジャーリーグ・ベースボール）にもこれを禁じる不文律がある。そこで、モリスはオレゴン州選出のアール・ブルームナウアー下院議員が提出した法案を支持している。これは市民によるチーム所有を許可するよう各リーグに求める法案で、拒否するリーグは、チームが共同で行う試合放映権の販売に対し、反トラスト法適用免除の特権を失うという内容だ。「ファンにチャンスを」法と名づけられたこの法案は、チームが本拠地を移転する前に一八〇日間の告知期間を設けて、地元の団体がオーナー候補として名乗りを上げたり、チームを引き止めるための条件を提示したりする機会を与えることも求めている。

議会で可決されてもされなくても、ホームチームを引き止めるために億万長者のオーナーや選手に金を貢ぎたくない有権者は、コミュニティがチームの所有権を求める動きに賛同の声を高めるだろう。デンヴァーの活動家たちは、スタジアムへの助成金をNFLデンヴァー・ブロンコスの公的な共有につなげる運動を、州規模で企画している。ミネソタでは、ツインズのフランチャイズをノースカロライナ州シャーロットに奪われそうになったのを受け、州議会議員の一部が、州がチームを買収してファンに売ることを認める法案を提出している。スタジアムへの助成金に反対する保守派からも、コミュニティを重視し、私有財産と公共善のあいだのフィールドを政府がならすべきだと考える革新派からも、コミュニティの所有権推進運動は支持されている。

第12章　売り物にされる歴史

先頃行われたジョン・F・ケネディの遺品のオークションには、一九九〇年代のアメリカ文化の俗悪な特色が二つ表れている。一つは有名人への執着。もう一つは何でも売り物にしてしまう商魂だ。売り出された品々のなかにはこんなものがあった。ケネディ愛用の揺り椅子一脚（三〇万ドル）、大統領時代の落書き一枚（一万二二五〇ドル）、ダラス（一九六三年にケネディが暗殺された都市）に持参した黒いワニ革のブリーフケース（七〇万ドル）、彼が着たハーヴァード大学のセーター（二万七五〇〇ドル）、長袖下着とズボン下のセット（三〇〇〇ドル）、プラスチック製の櫛（一一〇〇ドル）。オークションにかけられた品の大半は、ジョン・F・ケネディの遺品の熱心なコレクターであるロバート・L・ホワイトが、ケネディの秘書を長く務めたイヴリン・リンカーンから受け継いだものだった。

ケネディの遺児であるキャロライン・ケネディとジョン・F・ケネディ・ジュニアはオークションに反対し、遺品の一部の所有権に疑問を呈して、それらはボストンのジョン・F・ケネディ図書館に帰属すべきものだと主張した。「ホワイト氏がリンカーン秘書から譲り受けた品の大半は、そもそも同秘書のものではありません。それらはかつて父のものでした。いまはケネディ家のものであり、歴史の、そしてアメリカ国民のものです」と二人は述べた。オークション擁護派はケネディの子供たちを偽善的だと批判し、二年前に彼ら自身が、ジャクリーン・ケネディ・オナシスの所持品のオークションで三四四〇万ドルもの買い物をしたことを指摘した。ホワイトの弁護士は二人を「そのコレクションがまるでL・L・ビーンのカタログでもあるかのように、品物を選ぼうとした」と非難した。結局、ホワイトが日記二冊のほか身の回りの品の一部をケネディ家に引き渡す代わりに、子供たちはオークションの合法性を法廷で争わないことで合意し、論争には幕が引かれた。

法的に正しいか否かはさておき、このオークションには、最近勢いを増しつつある俗悪な風潮が反映されている。記憶を商品化し、国民の誇りや苦痛を商売の種にし、われわれの過去を通信販売やテレビショッピングで委託販売する風潮だ。ケネディ関連の遺品の場合、遺品マーケットの熱気を煽るのは感傷だけでなく、悲劇の小道具を所有したいという不気味な欲望だ。暗殺にかかわる品はとりわけコレクターに珍重される。昨年、あるオークション会社は、ケネディ暗殺を報じたAP通信の記事のテレタイプ原稿を売りに出した。数年前には、リー・ハーヴェイ・オズワルド〔ケネディ暗殺の容疑者〕を射殺した際にジャック・ルビーが用いた銃に二〇万ドルの値がついた。

歴史が競売台のうえで見せ物になることに道徳的な違和感を抱く人は多い。だが、大統領の日記や文書や下着を、最高値をつけた入札者に売ることのどこがいけないのだろうか。

少なくとも二つのまずい点があり、そのどちらが当てはまるかは、品物による。一つは、公共物であるべきものを私物にすること。もう一つは、私物であるべきものを公共物にすることだ。

重要な歴史的文書の場合、個人コレクターに売却されると、一般の人びとが（図書館や博物館や資料館を通じて）集団的アイデンティティや記憶の源に触れる機会が奪われる。過去を商品化すれば、公共領域が狭められてしまう。だからこそ、美術界では、美術館が所蔵する傑作を経費調達のために「処分」、すなわち売却することに反対する声が強いのだ。数年前、新たに発見されたアメリカ独立宣言の初版が一般のコレクターに（二四〇万ドルで）売却されたのも、同じ理由で残念なことだった。また、マーティン・ルーサー・キング・ジュニア牧師の遺族が遺産から利益を得ようとする動きに対し、一部の研究者や著名な公民権運動家は同様の理由から異を唱えた。昨年、キング家はキング牧師の言葉や画像をマルチメディアで市販する契約をタイム・ワーナーと結んだ。この契約により、キング牧師の遺産は三〇〇〇万ドルから五〇〇〇万ドルの収入を生むと見込まれる。タイム・ワーナーとの契約により販売されるのは書籍、録音・録画された記録、CD－ROMなのだから、この場合、商業主義によって一般の人びとの利用が制限されるよりむしろ促進されるという意見もあるかもしれない。だが、キング牧師の遺産が派手に売り出されると同時に、キング・センター〔ジョージア州アトランタにあるキング牧師の記念館〕の資料の学術目的での利用が厳しく制限されるようになった。キング家は、遺産の使用許可権を非常に厳しく主張するようになっている。同家はアメリカ三大ネットワークの一つであるCBSを、キング牧師の「私には夢がある」の演説の場面を収録したビデオテープを販売したとして訴え、『USAトゥデー』紙を、使用料を払わずにこの演説を掲載したとして訴えた。

もちろん、収集家が求めてやまない品の多くには、歴史よりも知名度が関係している。大統領の櫛に大枚はたく者がいても、公共財産が減るわけではない。それでも、公人の私物の売買にはどこか悪趣味な感じがつきまとう。おそらくそうした物を所有したいという欲求の陰に、覗き見趣味や野次馬根性が潜んでいるからだろう。数カ月前にやはり熱い論争を招いたオークションでは、ミッキー・マントル〔メジャーリーグで活躍した元プロ野球選手〕の元代理人で生活を共にした女性、グリア・ジョンソンがマントルの遺品を多数、競売にかけようとした。そのなかには、ヤンキースの強打者だったマントルの遺髪、アメリカン・エキスプレスのクレジットカード、バスローブ、サポーター、履き古した靴下、ゴルフシューズ、処方された充血緩和剤の小壜四本といったものがあった。マントルの遺族が訴訟をほのめかしたため、ジョンソンは、処方薬の小壜など私物の一部の出品を取りやめた。昨年、東京を拠点に行われた別の有名人関連のオークションでは、世界中の収集家が衛星と電話を通じてビートルズゆかりの品々を競り合った。ポール・マッカートニーは自作の曲『ペニー・レイン』の手書き草稿の売却を差し止める裁判所命令を勝ち取ったが、彼の出生証明書（かつて継母が一万四六一三ドルで売却したもの）は七万三〇六四ドルで落札された。

スポーツの花形選手、ロック・スター、映画界のアイドルといった有名人への崇拝は、いまに始まったことではない。だが、熱に浮かされたように名声を商品化したり、それを買って所有したりする動きはかつてないほど盛んだ。何世代にもわたり、子供たちは野球場に早々とやってきては選手に会ってサインをもらおうとしたものだ。こんにち、サイン市場は五億ドル産業であり、仲介業者は選手に代金を払って膨大な数の商品にサインしてもらうと、それをカタログ販売、ケーブルテレビのショッピング専門チャンネル、通信販売会社、そして全米のショッピングモールにあるスポーツ記念品店を通じて販売している。ミッキー・マントルは一九九二年にサインと出演料で二七五万ドルを稼ぎ出したと報じられたが、これは彼が現役時代にヤンキースで稼いだ総額を上回っている。

皮肉なことに、こんにち、アメリカ文化の象徴として画像や遺品の需要が最も高い人物——ジョン・F・ケネディ、ミッキー・マントル、ビートルズ、マーティン・ルーサー・キング・ジュニア——が活躍したのは、一九六〇年代といういまより無垢で理想主義的だった時代だ。公人の人格の弱点が執拗に暴き出される前の時代、大統領がテレビで自分のはいているボクサー・ショーツの話をする前の時代である。おそらくわれわれは、市場に踊らされる現代人らしいやり方で、無駄骨を折っているのだろう。つまり、すべてが売りに出され衆目にさらされることのない世界へ戻る方法を買おうとしているのである。

第13章　優秀生の市場

アメリカ全土で、高校の最終学年の生徒たちはどの大学に行こうかと思案し、彼らの親はどうやって費用を捻出しようかと思案する。授業料、寮費、食費を合わせた額は、昨今、一部の私立大学で年間四万ドルを超えている。ところが、多くの家庭が実際に払う費用は、それほど莫大ではない。航空券と同様に、全員が満額を払うわけではないからだ。数十年前から大学は、学費を全額支払うのが難しい家庭の出身者に学資を援助してきた。近年では、経済的な必要性にかかわらず、気に入った学生に優秀生奨学金を出す大学が増えている。

優秀生奨学金の増加は、必要性に基づく学資援助の対象から外れる家庭にとっては歓迎すべき傾向であり、より優秀な学生を確保すべく競い合う大学にとっては有効な募集の手段である。だが、高等教育という視点からは、優秀生奨学金は一長一短と言える。学費をまかなう余裕のある学生に多くの金を出せば、余裕のない学生に出す金は少なくなる。優秀さに基づく学資援助の額は一九八〇年代に年率一三パーセントで増えた（インフレ調整後）。これは必要性に基づく学資援助の増加率より大きい。その影響が最も劇的だったのは、トップ校と競って卓越した学生を求める二番手の大学だった。ランキングで上位五位以内の私立大学では、優秀生奨学金はほとんど出されていない。一方、二番手に位置するリベラル・アーツ・カレッジ（教養大学）では、奨学金全体のほぼ半分が成績に応じて授与されている。

優秀生奨学金への最も強力な反論は、「優秀」は「市場」の婉曲表現だというものだ。この反論によれば、優秀生奨学金は、教育に市場価値が侵入することを示している。トップクラスの学生の授業料を割り引くのは、学業の成績を称えるためだけではない。そうすることで大学側は、必要性のみに基づいて学資援助をした場合に入学してくる学生よりも優れた学生を買っているのだ。

一般の企業とは異なり、大学は利益の最大化を目指してはいない。だが、学問の府としての地位、卓越性、威信といった質の最大化を目指しており、それらすべてに費用がかかる。競争に駆り立てられた結果、多くの大学が、入学許可と学資援助に市場取引まがいの手法を取り入れるようになった。市場という観点からは、優秀生奨学金は格安航空券と同様に、最終結果の改善を意図して行われる割引だ。航空会社と同じく、多くの大学が現在、コンピューターによる「入学管理」法を用いて、さまざまなカテゴリーの志願者の「支払い意志額」を予測している。こんにち、新入生の椅子の値段は、志願者の経済状況、成績順位だけでなく、人種、性別、出身地、専攻希望分野によっても変わってくる。キャンパスでの面接に足を運ぶ生徒は入学意欲が高いため、学資援助の額が少なくても我慢する傾向が強いことに気づいている大学もある。

市場まがいのやり方が大学の学資援助策として正当か有害かは、高等教育の目的によって決まる。教育が商品——将来の永続的な収益を生む人的資本への投資——であるとすれば、市場原理に従った割り当てにも一理ある。教育が市場とは無縁の理想——真理の追究、道徳的・市民的感性の涵養——を推進するものであるならば、市場原理の有害さを懸念するのが当然だ。

大学教育をめぐるこれら二つの見方が真っ向からぶつかったのが、数年前、司法省が北東部のエリート大学群を相手に起こした注目すべき反トラスト法訴訟である。一九五〇年代後半以降、アイビーリーグの八大学とマサチューセッツ工科大学は協定により、必要性に基づく学資援助のみを共通の基準に照らして実施してきた。協定を実行するため、毎年、各大学の代表が集まって学資援助案を比較し、相違があれば修正してきた。たとえば、ある生徒がハーヴァード大とプリンストン大とコロンビア大に合格した場合、三校のいずれからも同程度の学資援助が提供されるというわけである。

このような協定の実施は価格固定を招くとして、司法省は九校を反トラスト法違反で訴えた。大学側の反論は、大学は営利企業ではなく教育機関であり、社会的価値のある二つの目的を推進しているというものだった。目的の一つは、エリート大学で学ぶのが経済的に困難な学生にも平等な機会を確保することで、もう一つは、合格したすべての学生が学費を気にせずに大学を選べるようにすることである。学資援助は商品の割引ではなく、大学がその教育的使命を遂行するために行う慈善目的の寄附であると、大学側は主張した。

連邦裁判所は最終的にこの主張を認めなかった。「困窮した学生の教育費を割り引くのは、その見返りとして大学が実質的恩恵を受ける場合、慈善にはならない」というのが連邦控訴裁判所の見解だった。実質的恩恵とは利益のことではなく、大学側が勧誘に成功した、学資援助がなければ入学できなかったはずのずば抜けて優秀な学生たちのことだ。学資援助に際して同等の大学との競合を避けられるおかげで、アイビーリーグの大学は、そうでない場合よりも高い授業料を設定できた。現在、アイビーリーグの大学は学資援助に関する共通の原則は維持しているが、もはや個々のケースを比較することはできない。

当然ながら、優秀生奨学金に対して最も強く異議申し立てをしたのは、そうした奨学金を最も必要としない大学だった。アメリカで最高峰とされている大学群はその威光のおかげで、学費が同水準であれば、学生獲得競争に勝つことができる。二番手の大学が提供する優秀生奨学金の教育的な利点の一つは、トップクラスの学生を一握りのエリート校に集中させずに広範囲に拡散させることだ。

それでも、優秀生奨学金に対する原理的な異議を退けるのは、容易ではない。政府の教育への助成が縮小しつつある現在、困窮した学生に可能性を与えるという原則は、よほど裕福な大学でなければ維持できなくなっている。優秀生奨学金制度の実施により競争力を獲得した大学といえども、忍び寄る商品化の危険を無視すべきではない。市場を熱烈に擁護する人びとでさえ、ある程度は、高等教育を市場の圧力から切り離そうとするはずである。たとえば、トップクラスの学生を集めるために学費の全額を奨学金として授与しても構わないというなら、給料を支給してはどうだろう？　ＮＣＡＡ（全米大学体育協会）はスター選手をとるための公開入札を許可してもいいのではないだろうか？　さらには、あるコースや専攻に登録する学生が多すぎると大学が判断すれば、プレミア料金を請求してはどうだろうか？　不人気な教授の講義の履修人数がいつも少ないならば、その講義の授業料を割り引くのがいいのではないか？

市場原理による解決策がある一線を越えると、少なくとも高等教育に関しては、配分される善の性格が損なわれることになる。利用が増えつづける優秀生奨学金制度は、その一線に近づきつつあるのかもしれない。

第14章　われわれは汚染権を買うべきか？

一九九七年に京都で開かれた地球温暖化に関する会議で、アメリカは二つの重要な問題をめぐって発展途上国と対立した。アメリカは発展途上国に排出抑制に本腰を入れるよう求め、同時に、大気汚染の権利を国家間で売買する取引制度を何とかして合意に盛り込もうとしたのだ。

クリントン政権は最初の問題に関しては正しかったが、二つ目の問題に関しては間違っていた。排出権の国際市場をつくれば、条約の定める責務を果たすのは容易になるが、環境について育むべき倫理には傷がつく。

実際、中国とインドはこの問題を扱う会議を粉砕すると脅しをかけた。そんな取引を認めれば、富裕国は金の力で温室効果ガス削減の努力を免れてしまうのではないかと恐れたのだ。結局、途上国側は先進国間の排出量取引をある程度認め、詳細は翌年交渉することで合意した。

クリントン政権は排出量取引を環境政策の目玉とした。排出権の国際市場をつくるのは、各国に一定の基準を課すよりも大気汚染抑制に効果があるというのが同政権の言い分だ。

温室効果ガスを取引できれば、アメリカにとっては条約の順守にかかる費用が減り、痛みも少なくなる。自国の二酸化炭素排出量を削減する代わりに、よその国の排出量削減の費用を支払えばいいからだ。たとえば、アメリカにとっては、ガソリンをがぶ飲みする国内のSUV（スポーツ用多目的車）に課税するより、石炭を燃料とする発展途上国の旧式の工場を近代化する費用を出すほうが安くつく（また、政治的にも受け入れやすい）かもしれない。

そうしたガスの排出量を地球規模で抑えるのが目的だとすれば、空に吐き出される炭素を減らすのが地球上のどの場所であろうと違いはないという意見もあるだろう。

空から眺めるぶんには違いはないかもしれないが、政治にとっては違いがある。国家間の排出量取引は効率的ではあるものの、そうしたやり方は三つの理由から好ましくないのだ。

まず、排出量取引によって、富裕国が義務を回避しかねない抜け道ができてしまう。京都方式を使う場合、たとえば、アメリカはロシアが一九九〇年以降すでに排出量を三〇パーセント削減している事実を利用できる。この削減はエネルギーの効率化ではなく、経済の衰退によるものだ。ロシアから余剰排出権を買い取って計算に入れれば、アメリカは京都議定書で課せられた義務を果たせるかもしれない。

次に、大気汚染を売買可能な商品にしてしまえば、大気汚染というものに本来つきまとう道徳的汚名が取り除かれることになる。ある企業あるいは国が基準以上の汚染物質を大気中に排出して罰金を科せられれば、汚染元が悪いことをしたと世間は判断する。一方、支払うのが罰金ではなく料金ならば、汚染は賃金や手当や賃料と並ぶ、事業を営むためのもう一つのコストとなる。

環境破壊に対する罰金と料金の区別は、ないがしろにすべきではない。たとえば、グランドキャニオンにビール缶を投げ捨てると一〇〇ドルの罰金が科せられるとしよう。金持ちのハイカーが、ビール缶を投げ捨ててもいいなら便利だからといって、一〇〇ドルを払うことに決めたとしたらどうだろうか。この人物が罰金を単なる高額なゴミ捨て料のように扱うことに、問題はないのだろうか?

あるいは、身障者用の駐車スペースに駐車した場合の罰金について考えてみよう。時間に追われている土建業者が、建設現場の近くに駐車する必要に迫られ、進んで罰金を払おうとしたらどうだろう。彼がそのスペースを料金の高い駐車場のように扱うことに問題はないのだろうか?

罰金と料金の区別をなくすという点で、排出量取引は、ロサンゼルスの高速道路をめぐって最近なされたある提案に似ている。料金を支払う気がある運転者には、同乗者がいなくても相乗り車線〔二人以上乗車した車専用の車線〕を開放しようというのだ。いまのところ、そういう運転者が相乗り車線に入れば罰金を科せられる。市場の提案に応じてのことであれば、彼らは非難されずにもっと速く走れるはずである。

国家間の排出量取引に反対する三つ目の理由は、グローバルな協力の拡大に不可欠な、共同責任の感覚が損なわれてしまうことだ。

秋のある恒例行事を例にして考えてみよう。落ち葉を熊手でかき集め、山積みにして燃やすたき火である。ある地域では、各家庭が年に一度だけ小さなたき火をできるという申し合わせがあるものと想像してみよう。ただし、各家庭はたき火の許可を自由に売買できる。

丘のうえの大邸宅に住む一家が、地域住民からたき火の許可を買う——実際には、彼らに金を払って落ち葉を町の堆肥集積場に運ばせる。市場が機能し、大気汚染は減る。だが、そこには犠牲を共有する精神がない。市場の介入がなければ、そうした精神が生まれていたかもしれないのだ。

たき火の許可を売った人も買った人も、たき火はきれいな空気を汚すものではなく、贅沢なものであり、売買できるステータスシンボルであると考えるようになる。大邸宅に住む一家への反感のせいで、将来の、さらにハードルの高い協力を実現するのは難しくなる。

もちろん、京都会議に出席した多くの国々のせいで、すでに協力は困難になっている。それらの国々は、いまだに排出量の制限に同意していない。こうした制限の拒否は、アメリカの汚染取引構想と同じくらい確実に、グローバルな環境倫理の可能性を損ねるものでである。

だが、それらの発展途上国が、排出量取引によって富裕国はグローバルな義務を逃れる手段を金で買うことになるという当然の不満を表明できなければ、アメリカの主張はもっと説得力を増していたことだろう。

第15章　名誉と反感

古代の政治では美徳と名誉が重んじられたが、われわれ現代人が気にかけるのは公平と権利だ。このお定まりの文句にもある程度の真理はあるが、あくまである程度にすぎない。表面上、現代の政治論議で名誉が語られることはほとんどない。名誉は騎士道や決闘が盛んだった階級支配社会にお似合いの古風な関心事のように見える。けれども、そうした表面をほんの少し掘り下げれば、公平と権利についての熾烈な議論の一部には、社会的評価の適切な基準をめぐる根深い対立が表れているのがわかる。

テキサス州西部の高校のチアリーダー、コーリー・スマート（一五歳）をめぐる騒動を考えてみよう。脳性麻痺のため車椅子で動き回っているにもかかわらず、コーリーは一年間、新人チアリーダーとして人気を誇ってきた。『ワシントン・ポスト』紙のスー・アン・プレスリーの記事によれば、「コーリーはあふれるほどの愛校心を発揮していた……。観客も彼女を気に入っているようだ。フットボールの選手たちも、彼女が見せるまぶしい笑顔が大好きだと言っている」。ところが、シーズンの終わりにコーリーはチームから外されてしまった。今秋の初め、コーリーは「名誉チアリーダー」の身分に追いやられた。

いまではそのポジションさえ廃止されようとしている。何人かのチアリーダーとその親に迫られて、学校の理事たちはコーリーにこう通告したのだ。来年チームに入りたければ、ほかのみんなと同じように、開脚や宙返りといった厳しい規定演技の試験を受けるように、と。

チアリーダーのキャプテンの父親は、コーリーがチームに加わることに反対している。彼女の安全を心配しているだけだというのが、その言い分だ。もし選手がフィールドから飛び出してきたら、「ハンディキャップのないチアリーダーのほうがすばやくよけられるのではないか」と心配しているのである。だが、コーリーが試合の応援中にケガをしたことは一度もない。彼女の母親は、娘に寄せられた称賛への反感がこの排除運動の動機ではないかと感じている。

だが、どのような反感がキャプテンの父親の動機となったのだろうか。コーリーがチームに入ることで娘の地位が奪われるのを恐れたとは考えられない。キャプテンはすでにチームの一員だからだ。また、自分の娘より見事な宙返りや開脚を披露する少女への単純な嫉妬でもない。コーリーはむろん、そうした演技をしないからだ。反感の源はむしろ、コーリーが受けるに値する以上の名誉を与えられていることであり、それによって、チアリーダーとしての娘の力量への誇りが傷つけられたという思い込みではないだろうか。すばらしいチアリーディングが車椅子のうえでできるとすれば、宙返りや開脚に秀でた者に与えられる名誉はどうなるのだろう。不釣り合いな名誉に対する憤りは、政治の世界にもよく見られる道徳感情である。これが、公平と権利をめぐる議論をややこしくしたり、ときには激化させたりするのだ。

コーリーはチームに残ることを認められるべきだろうか？　差別されない権利を持ち出してこう答える人もいるだろう。コーリーが自分の役割を十分果たせるのだから、チアリーダーのチームから排除すべきではないと。彼女は体操の演技をする身体能力を欠いているだけであり、それは本人の落ち度ではないからだ。だが、こうした非差別論は、論争の中心にある問題を避けている。チアリーダーの役割を十分果たすとは、どういうことだろうか？　この問題はさらに、チアリーディングという営為が称え、報いを与える美徳や長所にかかわっている。コーリー擁護派の言い分は、彼女は車椅子でサイドラインを右へ左へと駆けめぐり、ポンポンを揺らしてチームに活力を与えることで、チアリーダーに期待されている役割——愛校心を鼓舞すること——を立派に果たしているのである。

だが、コーリーは障害があるにもかかわらず役割にふさわしい美徳を発揮しているから、チアリーダーを続けるべきだという主張は、ほかのチアリーダーが浴す名誉にとって一種の脅威となる。彼女たちが発揮する体操の技量はもはや優れたチアリーディングに不可欠ではなく、観衆を盛り上げるさまざまな手段の一つにすぎないように思えるからだ。キャプテンの父親は狭量ではあったが、問題の核心を正しく把握していた。その目的とそれに伴う名誉がすでに定まっていると考えられていた社会的営為が、コーリーのおかげで再定義されたのである。

名誉の配分をめぐる議論は、公平と権利にかかわるほかの論争の根底にもある。たとえば、大学の入学資格におけるアファーマティブ・アクションをめぐる論争を考えてみよう。ここにも、差別反対という一般論を持ち出して問題を解決しようとする人たちがいる。アファーマティブ・アクションの擁護論者は、差別の影響をなくすために必要だと主張し、反対論者は人種の考慮は逆差別につながると言う。ここでも、非差別論は肝心な問題を避けている。入学者を選考するあらゆる手段が、何らかの根拠に基づく差別なのだ。真の問題は、大学が果たすべき目的にふさわしいのはどんな差別かである。この問題に議論が百出するのは、それが教育の機会の配分法を決めるだけでなく、大学が名誉に値すると定義する美徳とは何かを決めるからだ。

大学の唯一の目的が学問的な優秀さと知的な美点を磨くことだとすれば、そうした目的に最も貢献できそうな学生を入学させるべきだ。しかし、大学のもう一つの使命が多元的社会にふさわしいリーダーシップの育成ならば、知的目的だけでなく公民的目的をも推進できるような学生を探すべきだ。最近、アファーマティブ・アクションに対して訴訟を起こされたテキサス大学ロースクールは、みずからの公民的目的を引き合いに出し、こう主張した。同校のマイノリティ受け入れプログラムのおかげで、アフリカ系やメキシコ系のアメリカ人卒業生が、テキサス州議会や連邦裁判所、さらには内閣で活躍できるだけの力を身に着けたのだ、と。

アファーマティブ・アクションの批判者のなかには、大学が知的資質以外のものを称えるべきだという考え方に反発する人もいる。それは、実力主義という一般的な美徳が特別な道徳的地位を失うことを意味するからだ。人種や民族が大学入試でものを言うなら、誇り高い親の抱く信念、つまり、自分の娘が入学にふさわしいのは高校の成績と入学試験の点数のおかげだという信念はどうなるのだろうか。チアリーダーの娘の宙返りや開脚に父親が抱く誇りと同様に、こうした信念は次のような認識によって制限されざるをえないだろう。すなわち、名誉とは社会的機関にかかわっているのであり、こうした社会的機関の目的は議論と修正に開かれているのである。

おそらく、名誉の政治学の最も説得力ある例は、労働をめぐる論争に見ることができるだろう。労働者階級の有権者の多くが生活保護を蔑む理由の一つは、それにかかる費用を出し惜しんでいることではなく、その政策が伝える名誉と報酬に関するメッセージに憤慨していることだ。公平と権利の観点から生活保護を擁護するリベラル派は、ここを見逃していることが多い。収入とは、社会に役立つ努力やスキルを引き出すインセンティブである以上に、われわれが何を称賛するかの基準なのである。「ルールを守る働き者」である多くの人びとにしてみれば、家でぶらぶらしている人に報酬を与えるのは、自分たちが労働においてて費やす努力と受け取る誇りをないがしろにすることにつながる。生活保護に対する彼らの反感は、困窮者を見捨てる理由にはならない。だが、そうした反感からは次のことがわかる。公平と権利を擁護するリベラル派は、みずからの議論の根底にある美徳と名誉の観念を、もっと納得のいくように明確に表現する必要があるのだ。

第16章　アファーマティブ・アクションを論じる

アファーマティブ・アクションは一九七〇年代以降、政治的にも、合憲性をめぐっても、繰り返し論議の的となってきた。一九九六年、カリフォルニア州では住民投票により、公教育と雇用における優遇措置を禁じる州憲法修正提案二〇九号が可決された。二〇〇三年、連邦最高裁判所は、ポイント制を用いてマイノリティの志願者を優遇するミシガン大学の学部入学者選考基準を無効とした。ただし、同大学ロースクールが採用していた、より柔軟なアファーマティブ・アクションは支持し、人種を入学者選考の要素とみなしうるという判決を下した。

すべては言い回しの問題だという人もいる。一九九七年、ヒューストンでアファーマティブ・アクション廃止案が住民投票にかけられたが、有権者は廃止を認めなかった。カリフォルニア州では、人種に基づく優遇措置廃止に向けた州憲法修正提案二〇九号の住民投票で、有権者は提案を受け入れた。

政治論議の言葉を支配することは、議論に勝つための第一歩だ。とはいえ、アファーマティブ・アクションのケースでは、こうした異なる結論が反映するのは政治的操作だけではない。葛藤する世論をも反映しているのだ。そうした葛藤が生まれるのは、アファーマティブ・アクションを批判する人びとによれば、新たな差別によって過去の過ちを正すのをアメリカ人がよしとしないからだという。アファーマティブ・アクションを支持する人びとによれば、社会に根強く残る人種差別のせいだという。どちらも間違いである。アファーマティブ・アクションを人種とは無関係な理由で擁護するのは難しい。真の問題は、アファーマティブ・アクションを支持する最大の論拠によって、就職や入学はひとえに本人の努力に見合う報賞だというアメリカの神話が冒瀆されることである。大学への入学資格として人種を考慮することに賛成する主要な二つの議論を検討してみよう。一方は補償を、もう一方は多様性を主張するものだ。補償の議論は、アファーマティブ・アクションを過去の過ちへの償いと見る。マイノリティの学生は、彼らを不当に不利な立場に追いやった差別の歴史への補償として、現時点で優遇されるべきだという。この議論は、入学許可を主として受け手にとっての利益として扱い、過去の差別の補償となるようにその利益を分配しようとするものだ。

だが、二つのうちでは補償の議論のほうが説得力が弱い。アファーマティブ・アクションに反対する人びとが指摘するように、利益にあずかるのは必ずしも差別の被害者ではないし、補償をするのが過ちを正す責任を負う人びとであることもめったにない。アファーマティブ・アクションの受益者の多くは中産階級のマイノリティの学生で、スラム出身のアフリカ系アメリカ人やヒスパニックの若者がなめたような辛酸を知らない。また、アファーマティブ・アクションのおかげで損をする人たちも、それなりに苦労してきた可能性がある。

補償の議論に基づいてアファーマティブ・アクションを擁護する人びとは、この措置がなければ合格できた志願者が、マイノリティを苦しめてきた歴史的不正の責任をとるべき理由を説明できなくてはならない。補償を特定の差別行為を個別に償うものととらえるべきではないという議論もありうるが、アファーマティブ・アクションの名の下に進められたプログラムの広範さを正当化するには、補償という論拠はあまりにも幅が狭い。

多様性の議論にはもっと説得力がある。こんにち優遇されるマイノリティの学生が過去に差別の被害者だったかどうかを示さなくてもいいのだ。というのも、入学資格を受け手への報賞ではなく、社会的に価値ある目的を促進する手段として扱うからだ。多様性の議論では、学生のなかにさまざまな人種が混在することが望ましいとされる。似たような環境で育った学生ばかり揃うよりも、たがいに学ぶものが多いからだ。学生がある一地方の出身者ばかりだと知的な面で視野が限られてしまう。人種や階級や民族が同質である場合も同じである。さらに、不利な立場のマイノリティの資質を磨いて、社会的・職業的に重要な仕事において指導的地位に就けるようにするのは、大学の公民的目的を促進し、共通善に貢献することにもなる。

アファーマティブ・アクションを批判する人びとは、こうした目的は認めつつも、手段に疑問を呈するかもしれない。学生が多様化するのは望ましいにせよ、試験で立派な成績を収めた志願者が、本人の落ち度からではなく、入試担当者が価値ある目的の促進のために求める人種的・民族的出自を欠くせいで合格できないのは、不公平ではないだろうか？学業面できわめて優秀で将来性のある学生は合格する資格があるのではないだろうか？

この疑問に対する率直な答えは、「ノー」だ。ここに、多様性に基づくアファーマティブ・アクション擁護論がはらむ重大な前提がある。つまり、入学の許可は優れた美徳に授けられる名誉ではないという前提だ。試験の成績がよかった学生も、恵まれないマイノリティ出身の学生も、道徳的に合格に値するわけではない。入学基準が社会的に価値ある目的に正しく関連づけられているかぎり、そして、それに従って志願者が入学を許可されているかぎり、誰にも不平を言う権利はない。

多様性の議論のもつ道徳的な力は、入学許可を個人的要求から切り離し、共通善の配慮に結びつけている点にある。だが、そこが政治的弱点の源でもある。職や機会はそれに値する人への報賞であるという考えはアメリカ人の精神に深く根づいている。政治家たちは絶えず、「ルールを守る働き者」が勝つに値するのだとわれわれに思い出させ、アメリカン・ドリームの体現者が自分の成功を自分の美徳の尺度とみなすのはもっともだと力説する。

そうした神話の威力が弱まって、いつの日かアメリカ人が、世俗的成功は道徳的功績の反映だという信念を疑うようになれば、アファーマティブ・アクションをはじめとする社会的連帯の利点を説くのはより容易になるだろう。とはいえ、次のように説明する役割を果たせるのは、どんな政治家だろうか? ゲームのルールは、それが最善のものであっても美徳に報いることではなく、いかなるときも共通善を促進するために必要となる資質を生み出すことだけである、と。

第17章　被害者の言い分を量刑に反映させるべきか？

オクラホマシティ連邦政府ビル爆破事件の犯人、ティモシー・マクヴェイへの死刑判決言い渡しに先立ち、陪審員たちは、この事件の生存者と犠牲者の家族から胸が締めつけられるような証言を聞かされた。いかに情緒に訴えるものであろうと、そうした証言は法廷にはふさわしくないという意見もある。刑事被告人を死刑にすべきかどうかは、事実と法に基づく理性的な熟慮によって決められるべきで、被害者の家族が当然感じる怒りや憤りによるべきではないというのだ。一方、犯人が受ける刑罰に関して、被害者にも発言権があるという意見もある。刑罰は犯された罪に応じて与えられるべきだとすれば、陪審員は被害者が被った苦痛と損失の全容を知らなくてはいけないというのだ。

マクヴェイ裁判で裁判長を務めたリチャード・マーチ判事は、そうした二つの考え方の板挟みになっていたようだ。裁判長は量刑段階で一部の被害者に証言を許可した一方で、詩、結婚写真、この爆破事件で母親を亡くした九歳の少年の証言といった感情の込められた証拠を却下した。あえて「復讐心や……悲嘆への共感に関して陪審員の激情を刺激したり煽ったりするような」証言を回避したのだ。そうした感情は、彼に言わせれば「被告を死刑に処すべきかどうかを熟考して慎重な道徳的判断を下すのにふさわしくない」。裁判長のどっちつかずの姿勢には、刑罰の目的をめぐって対立する二つの観念が反映されている。刑事裁判で量刑を決める際、被害者に発言権を与えるべきだとする人たちは、ときには無意識に二つの異なる主張に頼りがちである。一つは治療論、もう一つは応報論だ。治療論では、懲罰は被害者にとって安堵感の源、カタルシスの体現、幕引きの機会であると考えられる。懲罰が被害者のためのものなら、被害者は懲罰の内容に発言権を持つべきだ。治療論が最もはっきりと表れている一部の州法では、被害者は法廷に招かれて自分の受けた痛みや苦しみを語るだけでなく、被告についての意見も述べるよう求められる。その結果、法廷は騒然とし、さながらテレビのトークショーのような光景が繰り広げられる。テキサス州の法律では、被害者あるいはその親族が、判決言い渡しのあと、公開法廷で被告に非難の言葉を浴びせることさえ許されている。

だが、被害者による証言を擁護する治療論的な根拠には、欠陥がある。刑罰の効果（被害者とその家族が結果に満足すること）と、刑罰を正当とする主たる根拠——犯人に相応の報いを与えること——を混同しているからだ。被害者影響陳述〔被害者が犯罪により被った害について陳述すること〕を許可する最も説得力ある理由は、応報論に基づくものだ。つまり、犯罪の道徳的重大性を陪審員に十分説明できるということである。われわれは、オクラホマシティの爆破事件で一六八人が亡くなったことを知っているかもしれない。だが、途方に暮れたままあわれな声で母親を呼ぶ幼子の痛ましい話を聞くまでは、この犯罪の道徳的な全容はわからない。

応報論によれば、被害者影響陳述の目的は、被害者に感情のはけ口を与えることではない。そうではなく、正義を行い、事件の道徳的真相を突き止めることなのだ。感情が犯罪の性質を明らかにするのではなくゆがめるとすれば、裁判官は量刑を決める際、感情に役割を与えるべきではない。

応報論は被害者による証言を擁護する最善の根拠ではあるものの、二つの明らかな反論から逃れられない。まず、特定の被害者の人柄や、家族やコミュニティにとって彼らがどれほど大切かを証拠として用いるのは、命の価値が大きい人とそうでない人がいることを意味する。そうでなければ、殺人の被害者が四人の子供の最愛の親であろうと、誰にも死を悼まれない独身の浮浪者であろうと、あるいはマーティン・ルーサー・キング・ジュニアのような人物であろうと、札付きの酔っぱらいであろうと、どこに道徳的な違いがあるというのだろうか？　この種の判断のための何らかの基準がないかぎり、特定の被害者の生活や人柄に関する証言の道徳的妥当性を説明するのは難しい。

次に、ある殺人がほかの殺人より道徳的に痛ましいということはあるにしても、その犯罪のさまざまな側面のうち、犯人が知りえなかった部分に対して罰が余分に加えられるのは不公平ではないだろうか？　加害者が見ず知らずの他人を殺した場合、のちに身元の判明した被害者が罪人だったか聖人だったかによって、科される罰は違ってくるのだろうか？　最高裁判所は一九八七年のブース対メリーランド州裁判〔一九八三年、メリーランド州でジョン・ブースが近所に住む老夫婦を殺害した強盗殺人事件の裁判〕でそうした反論を重視し、死刑裁判における被害者影響陳述を憲法違反と断じた。被害者の人柄や家庭状況を陪審員が斟酌できるようにするのは、「被告が把握していなかった要因、殺すという決断に無関係な要因のせいで死刑を科す結果を招きかねない」というのだ。

二番目の反論は、最初のものほど重要ではない。われわれが殺人者を罰するのは「殺す決断」に対してだけでなく、彼らが引き起こした被害に対してでもある。銃が不発だった暗殺未遂犯と暗殺に成功した犯人では、いずれも「殺す決断」をしたにもかかわらず、未遂犯の受ける刑罰のほうが軽い。飲酒運転で歩行者をひき殺したドライバーと、同じように飲酒運転をしたが幸運にも人をひき殺さなかったドライバーでは、いずれも「殺す決断」はしていないにもかかわらず、前者がより重い罰を科される。

一方、最初の反論は退けるのが容易ではない。被害者による証言を擁護する応報論に、殺人者（と、おそらく被害者）の道徳的序列づけという意味合いがあることは、否定できない。道徳的差別という観念は、中立を求める現代人の感覚と相容れない。しかし、だからといって道徳的差別に反対する論拠にはならない。犯罪と懲罰についての判断を理解するには、道徳的差別の観念が多少なりとも必要だ。

こうした対立する懲罰の理論と格闘しているのは、マーチ判事だけではない。被害者影響陳述の利用は近年、急増している。そのきっかけとなったのは、被害者の権利を求める運動と、一九九一年に最高裁判所で下されたペイン対テネシー州裁判〔一九八七年、テネシー州でパーヴィス・タイロン・ペインが暴行目的で知人女性宅に侵入し、彼女と二歳の娘を殺害、三歳の息子にケガを負わせた事件の裁判〕の判決だ。この判決はブース裁判の判断をくつがえし、死刑裁判での被害者証言を許可した。現在、大半の州で、被害者の発言権が認められている。議会でも、一九九四年の連邦犯罪法案で、被害者証言を認める条項が加えられた。今年三月、クリントン大統領が署名した法案によって、オクラホマシティ爆破事件の被害者は証言のために召喚されていても裁判に立ち会えるようになった。「事件の被害者は刑事裁判手続きの中心にあるべきで、外から中を覗きこむようであってはいけない」と大統領は述べた。

被害者の権利への配慮が重んじられつつあるのは、道徳的には吉とも凶とも受け取れる。そうした動きからうかがえるのは、アメリカ人の社会生活のなかで治療論への欲求が高まっている——ある被告側弁護人は被害者による証言を「判決手続きのトークショー化」と呼んだ——と同時に、応報の正義という伝統的な観念も力を増してきているということだ。治療論の倫理は道徳的責任からの逃避の表れであり、応報論の倫理は道徳的責任を取り戻したいという願望の表れである。課題は、後者の衝動を前者から切り離すことだ。被害者による証言は、正しくコントロールすれば、犯罪の道徳的な重大さに光を当てることによって正義に役立つ。だが、被害者を「刑事裁判手続きの中心」に置くことには危険も伴う。罰は罪に応じたものでなくてはならないという道徳的要請を被害者の心理的欲求が圧倒してしまう危険は、私的な仇討ちが行われていた時代から変わっていないのである。

第18章　クリントンとカント――嘘をつくことをめぐって

議論のための仮定として、クリントン大統領とモニカ・ルインスキーとのあいだに性的関係があったとしよう。大統領がそれを否定するのはいけないことだろうか？　すぐに浮かぶ答えは、イエスだ。妻のある身でホワイトハウスのインターンと火遊びをしただけでも十分悪いし、嘘をつくのは罪を重ねることになる。だが、私的な不品行に関する公の場での嘘は、道徳的に感心できることではないにせよ、それによって隠される行いの過ちを必ずしも拡大するわけではない。それどころか、そうした嘘が正当化されることさえあるかもしれない。

大統領による偽りの別の例として、国を戦争に向かわせる計画の隠蔽について考えてみよう。一九六四年の大統領選の期間中、リンドン・ジョンソンはヴェトナム戦争を拡大させる意図を隠した。また、フランクリン・ローズヴェルトは第二次世界大戦への参戦計画を否定していた。「これは以前も言いましたが、二度でも、三度でも、四度でも言います」と、ローズヴェルトは一九四〇年の大統領選の最中に明言した。「みなさんのご子息はいかなる対外戦争にも派遣されません」。どちらの大統領も国民を欺いた――ローズヴェルトは正当な大義のために、ジョンソンは正当でない大義のために。したがって、それぞれの偽りの道徳的地位も異なる。ジョンソンの嘘がローズヴェルトの嘘より正当化しにくいのは、誠実さが足りなかったからではなく、目的に価値がなかったからだ。クリントン大統領の件は、問題にされたのが公の場で行われた行為ではなく、私的な不品行とされていた点が異なる。たしかに、クリントンの行いには、ローズヴェルトが目指したような高邁な道徳的目的はなかった。だが、プライバシーと礼節を盾に取れば、たとえ真実でも、公的責任がからまない以上、不名誉な嫌疑を大統領が否定することには一理あるとも言える。ユダヤ教の律法集タルムードは「正直であれ」と説くが、例外を三つ認めている。知識と、もてなしと、セックスに関わる事柄だ。タルムードのある一節を知っているかと問われた学者は、知らないと嘘をついてもよい。知識のひけらかしを避けるためだ。また、ねんごろなもてなしを受けたかを問われたとき、嘘をついてもよい。もてなしてくれた人の家に客が殺到して迷惑がかからないようにするためだ。そして、夫婦生活の義務をどれだけ果たしているかといった立ち入った質問についても、嘘を言う権利が認められている（最後の免除例がクリントンの件に適用できるかどうかは微妙だ。まず、嘘をつく権利が生じるのは質問が不適切なためという含みがあるし、問題にされているのは夫婦関係についての問いであって不倫疑惑ではないからだ）。

欺瞞の道徳性を複雑にしているのは、実際に嘘をつかなくても誤解させることはできるという事実である。厄介な疑惑がもちあがるたびに慎重に言葉を選んで抜け穴だらけの否定をするクリントンの癖は、つとに知られている。一期目の大統領選期間中に、気晴らしのために麻薬を使ったことがあるかとたずねられたクリントンは、自分の国と州の麻薬取締法に違反したことは一度もないと答えた。のちに、イギリス留学中にマリファナを試したことはあると認めた。一九九二年に報道番組「シックスティ・ミニッツ」で行われた有名なインタビューを精読すれば、彼がジェニファー・フラワーズ〔アーカンソー州知事時代のクリントンとのあいだに不倫疑惑があったクラブ歌手〕と愛人関係にあったことを厳密には否定していないことがわかる。フラワーズがタブロイド紙に語った一二年間に及ぶ関係について たずねられ、クリントンは「その発言は間違っている」と答えた。この回答と、ポーラ・ジョーンズ訴訟〔クリントンのアーカンソー州知事時代の部下ポーラ・ジョーンズが一九九四年にクリントンのセクハラ行為を告訴した訴訟〕における非公開の宣誓証言でクリントンがフラワーズとの性的関係を認めたとされることとは、形の上では矛盾しない。

巧妙な言い逃れと真っ赤な嘘のあいだに道徳的な差異はあるだろうか？　クリントンを批判する人たちはノーと言うし、倫理学者の多くも同じだ。彼らに言わせれば、事実を誤解させるのは、あからさまに嘘をつくのと目的が同じだし、成功すれば嘘と同じ結果をもたらして相手を欺くことになる。ところが、史上最高の倫理学者の一人はそう考えなかった。一八世紀のドイツの哲学者、イマヌエル・カントは、嘘と、形の上では真実である言い逃れは、天と地ほども異なると力説した。

カントは嘘を決して認めず、その点では誰にも譲らなかった。カントに言わせれば、あなたが家に誰かをかくまっているとき、その人を探しに殺人者が戸口に来ても、嘘をつくのは道徳的に許されない。真実を告げる義務は、状況に関わらず存在する。あるとき、カントと同時代を生きたフランス人、バンジャマン・コンスタンがカントのかたくなな考えに反論した。コンスタンによれば、真実を告げる義務があるのは真実に値する人に対してだけであり、殺人者は間違いなくそれに値しない。カントは、殺人者に嘘をつくのは間違っていると答えた。嘘が害を与えるからではなく、嘘が正義の原理そのものに反し、嘘をつく人間の尊厳を損なうからだ。「したがって、あらゆる発言において真実を語る（正直である）ことは、常に例外なく適用される神聖な理性の法則であり、いっさいの方便は認められない」とカントは述べた。

定言的に嘘を禁じたにもかかわらず、あるいはそれゆえに、カントは嘘と、誤解を招くが厳密な意味では偽りでない言葉を明確に区別した。コンスタンとの応酬の数年前、カントはプロイセン国王フリードリヒ・ヴィルヘルム二世の不興を買ったことがあった。国王と検閲官たちは、キリスト教精神の歪曲あるいは軽視とみなされる講演や著作の発表をいっさい控えるよう、カントに求めた。宗教について発言や執筆を続けるつもりだったカントは注意深く言葉を選んだ声明で、以下のように約束した。「現国王陛下の忠実な僕《しもべ》として、今後、宗教に関する一般講演と論文の発表を完全に断念します」

数年後に国王が亡くなると、カントはこの約束にはもう縛られないと考えた。約束は「現国王陛下の忠実な僕」としてのみ、彼を拘束していたからだ。カントはのちに、言葉を選ぶ際「慎重に慎重を重ね、自由を奪われるのが……永遠ではなく、国王陛下の存命中だけとなるようにした」と説明している。こうした巧みな言い逃れによって、プロイセンの高潔の権化は嘘をつくことなく、まんまと検閲官たちを誤解させたのである。

クリントンもスキャンダルの初期には同様の作戦を用いたと多くの人は見ていた。過去の不適切な行為の嫌疑を否定するのに、たびたび現在時制を使って「性的関係はありません」と述べたのだ。ジャーナリストたちから言い逃れではないかと指摘されて、結局、より明確に否定するようになった。

もし大統領が（カント流の）誤解を招く真実から本当の嘘へと方向転換したとしても、まだ情状酌量の余地はある。われわれのうち最も品行方正な人でさえ、公人がさらされているような覗き趣味的でわいせつな身辺調査はごめんこうむりたいと思うだろう。再びタルムードに目を向けよう。そこには、ある賢明なラビ〔ユダヤ教の指導者〕についてのこんな話が出ている。彼はきわめて模範的な人物だったため、あるとき、弟子が彼のベッドの下に隠れ、妻の正しい愛し方を学ぼうとした。隠れている弟子に気づいたラビが部屋を出るよう促すと、弟子はこう答えた。「これもトーラー〔ユダヤ教の律法〕ですから、学ぶに値します」。クリントン大統領の人気は衰えていないが、それは彼が真実を語っているとアメリカ国民が信じているからではない。そうではなく、大統領の性生活はトーラーではないから学ぶに値しないと判断しているからなのである。

第19章　幇助自殺の権利はあるか？

この小論が書かれた当時、最高裁判所は、医師の幇助による自殺を禁止する州法をめぐる二つの訴訟を審議していた。最高裁は全員一致で州法を支持し、医師の幇助による自殺の権利を合憲とする考えを退けた。

最高裁判所はまもなく、死期の近い患者が、医師の幇助により自殺する憲法上の権利を持つか否かに判断を下す。十中八九、最高裁はノーと言うだろう。ほぼすべての州で幇助自殺は禁じられている。今年の早い時期に行われた口頭弁論でも、胸が痛む道徳的問題にかかわる多くの州法を無効とすることには、裁判官から疑問の声が上がっている。

最高裁が予想どおりの判断を下せば、自殺は憲法上の権利であるとした連邦裁判所の二つの判決をくつがえすだけではない。法廷助言書を提出した六人の著名な道徳哲学者の助言にも耳を貸さないことになる。助言書を書いたのは、ロナルド・ドゥウォーキン（オックスフォード大学、ニューヨーク大学）、トマス・ネーゲル（ニューヨーク大学）、ロバート・ノージック（ハーヴァード大学）、ジョン・ロールズ（ハーヴァード大学）、トマス・スキャンロン（ハーヴァード大学）、ジュディス・ジャーヴィス・トムソン（マサチューセッツ工科大学）というリベラル派政治哲学者のドリーム・チームだ。(1)

この哲学者チームの主張の中心にあるのが、政府は議論の分かれる道徳的・宗教的問題に中立であるべきだという、魅力的だが誤解されている原理だ。彼らの主張によれば、何が人生に意義と価値を与えるかは人によって異なるため、政府は法律によってそうした問題に特定の答えを押しつけるべきではないという。そうではなく、各人がみずからの生き甲斐についての信念にしたがって生きる（そして死ぬ）権利を尊重すべきだというのだ。哲学者たちは、裁判官が道徳論争の領域に踏み込みたがらないことを知っているため、裁判所は自殺そのものの道徳的地位について判断を示さなくとも幇助自殺の権利を認めることができると力説する。「この二つの訴訟は、人が死に近づいたり向き合ったりする方法や、みずから死を早めたりそのための助力を求めたりする倫理的に妥当な時期に関し、道徳的、倫理的、宗教的判断を最高裁判所に促すものでも求めるものでもない」と彼らは述べている。その代わり、最高裁判所は「法廷や立法府によって宗教的あるいは哲学的正論を押しつけられることなく、みずから重大な判断」をくだす権利を個人に認めるべきだというのである。

こうして中立性を求めているにもかかわらず、哲学者チームの主張は、人生を価値あるものとするのは何かについて、ある特定の見解を示している。その見解によれば、最もよい生き方と死に方は、意志をもって自律的に生き、死ぬことによって、人生を自分自身の創作物とみなせるようにすることである。最もよい生を生きるのは、大きな劇の出演者としてではなく、劇そのものの原作者として自分を見られる人たちだ。法廷助言書にはこう書かれている。「私たちの大半は、死を……人生という劇の終幕と見て、そこに自分の信念が反映されていることを望む」。哲学者たちが代弁しているのは、生きつづければ「これまで築いてきた人生の意義が高まるどころか台無しになってしまう」という結論にいたって人生を終えようとする人たちだ。最近の妊娠中絶裁判であるプランド・ペアレントフッド対ケイシー裁判（一九九二年）〔ペンシルヴェニア州法の中絶に関する条項の合憲性が争われ、最高裁は中絶権を合憲であると認めた〕での最高裁判所の言葉を引用して、哲学者チームは、「人間の尊厳と自律にとって重要な選択」をする個人の権利を強調する。そうした自由のなかにはまさに、「存在、意義、世界、人間の生命の神秘について、自分なりの概念を定義する権利」が含まれる。

哲学者チームが自律と選択を強調するのは、人生はそれを生きる人の所有物であるという考えからだ。この倫理観と対立するのが、人生は授かりものであり、われわれにはそれを守る義務が多少なりともあると見る、広範に及ぶさまざまな道徳観だ。そうした道徳観は、人の命はどんな使い方をしてもよいし、自分自身の命でさえ好きなようにできるという考え方とは相容れない。法廷助言書が引き合いに出した自律の倫理は、中立からはほど遠いし、さまざまな宗教の伝統からも、リベラルな政治哲学の祖であるジョン・ロックやイマヌエル・カントの思想からもかけ離れている。ロックもカントも自殺する権利には反対し、人間の生命は好きなように扱える所有物だという観念を否定している。

同意の哲学者であるロックは、小さな政府を支持した。ある種の権利は根源的にその人自身のものであり、本人が同意した行為によってさえ放棄できないというのがその根拠だ。ロックによれば、生命や自由に対する権利は不可譲であるから、わが身を奴隷として売ることも自殺することもできない。「自分が持つ権限より大きな権限を与えることは誰にもできない。人は自分自身の命を捨てられないのだから、命を支配する権限を誰かに与えることもできない」

カントにとっては、自律の尊重には他者のみならず自分自身への義務が、とりわけ人格そのものを究極の目的として扱う義務が伴う。この義務は、自分自身の扱い方を拘束する。カントによれば、殺人が間違っているのは、犠牲者を究極の目的として尊重せず手段として利用しているからだ。だが、自殺についても同じことが当てはまる。カントによれば、人が「苦しい状況から抜け出すために自分自身を葬り去る」なら、「耐えられる状況を人生の終わりまで維持するための単なる手段として人間を利用することになる。だが、人間は物ではない。手段として利用される物ではなく、どんな行為にあっても、常に自分自身が目的とみなされなければいけない」。カントは、人間には他人を殺す権利がないのと同様に、自分自身を殺す権利もないという結論に達している。

哲学者チームの法廷助言書はカントとは逆に、その人に判断能力があってあらゆる情報が与えられているかぎり、人の命の価値は本人が決めるものだとしている。「判断能力のある人が実際に死にたいと望むなら、その人の命を奪う行為を許容できない理由として患者の殺されない権利を持ち出しても、無意味である」と彼らは述べている。カントなら反論しただろう。人が死にたがっているからといって、その人を殺すことは道徳的に許容されない――たとえその人がまったく強制されず、情報も十分に与えられていたとしても。

哲学者チームはこんなふうに応じるかもしれない。幇助自殺を容認したからといって、道徳的見地からそれに反対する人に害が及ぶわけではない。みずからの人生を自律的創造というよりもいっそう大きな劇のなかのエピソードと見たがる人たちは、その見方を変えなくてもいっこうにかまわないのだ。

だが、この答えが見逃しているのは、われわれの自己理解の仕方が法律の変更によって変化する可能性だ。哲学者チームも指摘しているように、幇助自殺を禁止する現行法には、人生に意味を与えるものについての特定の考え方が反映され、染みついている。とはいえ、もし最高裁判所が自律の名の下に幇助自殺の権利を宣言しても、同じことだろう。新たな法制度は選択の幅を広げるだけでなく、生命を授かりものとしてというより所有物として見る傾向を助長するかもしれない。自律的で独立した人生の地位が高まり、独立していないと見られる人の言い分は軽視されるようになるかもしれない。そうした転換が高齢者、障害者、貧困層、弱者に向けた政策にどう影響を与えるか、あるいは衰弱している患者に対する医師の姿勢や、年老いた親に対する子供たちの姿勢をどう変えるかは、予断を許さない。

自律論を否定したからといって、すべての幇助自殺に反対することにはならない。命を神聖な信託と見る人でさえ、ときには思いやりの要求が命を守る義務を上回ることを認めるかもしれない。課題は、そうした要求も尊重しつつ、死を早めることの道徳的責任を負い、選択の対象ではなく慈しむべきものとして生命への崇敬を保持できるような道を探ることなのだ。

第20章　胚の倫理学――幹細胞研究の道徳的論理

一見すると、連邦政府がES細胞（胚性幹細胞）研究に補助金を出すことの正当性は明らかで、弁護の必要などなさそうに思える。パーキンソン病、糖尿病、脊髄損傷といった重大な疾患の治療に役立つと期待されている研究の支援を、政府が拒む理由などあるだろうか？　幹細胞研究を批判する人たちは、主に二つの反論を述べている。まず、目的が有用だとはいえ、幹細胞研究はヒトの胚の破壊を伴うから間違っているという意見がある。もう一つは、胚の研究そのものは間違っていないにしても、いったん道が開かれると、そこから坂道を転げ落ちるように、胚の培養場、クローン・ベビー、臓器移植のための胎児の利用、人間の命の商品化といった非人間的な行為にいたることが懸念されるという意見である。

どちらの反論にも決定的な説得力はないものの、幹細胞研究推進派が真剣に受け止めるべき問題を提起している。最初の反論について考えてみよう。こうした意見を述べる人は、当然ながら、生物医学倫理は目的だけでなく手段にも関わるという点から議論をはじめる。すばらしい成果を上げた研究であっても、基本的人権の侵害を代償として行われるならば正当化はできない。たとえば、ナチスの医師たちによるおぞましい人体実験は、人類の苦痛を軽減するような発見につながったとしても、道徳的には正当化できないのだ。

人間の尊厳を重んじれば、医学研究にある程度の道徳的制約が課せられるという考え方に、異議を唱える人はほとんどいないだろう。問題は、幹細胞研究におけるヒトの胚の破壊が人間を殺すことになるのかどうかだ。「胚の反論」は、殺すことになると主張する。この見解を支持する人にとって、幹細胞を胚盤胞〔卵割期の終わった胚〕から取り出すのは、他人の命を救うために赤ん坊から臓器を取り出すのと道徳的に同じことなのだ。

こうした結論の根拠を、魂は受胎と同時に宿るという宗教的信念に置く人もいる。宗教には頼らず、以下のような理由づけでこの結論を擁護しようとする人もいる。われわれはみな、胚として人生を始めた。人間の生命が、人間であることによってのみ尊重に値し、それゆえに侵してはいけないものであるとすれば、幼少期あるいは発達の初期段階では尊重に値しなかったと考えるのは誤りである。この主張によれば、受胎から誕生にいたる過程のいずれかの時点を人格の発現の決定的瞬間として特定できないのなら、胚には一人前に成長した人間と同じ不可侵性があるとみなすべきなのだ。

だが、この主張には欠陥がある。誰でも胚として人生を始めるという事実によって、胚に人格があると証明できるわけではない。たとえ話で考えてみよう。どのオークの木もかつてはドングリだったが、だからといってドングリがオークの木であることにはならないし、庭でリスに食べられてしまったドングリと、嵐で倒れて枯れてしまったオークの木を同じ損失として扱うことはできない。発達過程が連続しているとはいえ、ドングリとオークの木は別種のものだ。人間の胚と人間も同様である。知覚力のある生き物は私たちに訴えかけるが、知覚力のない生き物はそうしない。経験し、意識することのできる生き物は、より高いレベルで訴えかけてくる。人間の生は段階を追って発達するのである。

胚を人間とみなす人たちは、そうしなければ胚は道徳性もなしに無造作に扱われると考えがちだ。だが、胚を必ずしも一人前の人間とみなさなくとも、ある程度は尊重できる。胚を単なる物とみなし、気の向くままに、あるいは手を加えて、どんな使い方をしてもよいと考えるのは、いずれ人間となる命の重要性を見落としているように私には思える。化粧品の新製品の開発のために、胚を好き勝手に破壊したり利用したりすることに賛成する人はまずいないだろう。人間であることだけが、尊重される理由ではない。たとえば、ハイキング中にセコイアの古木にイニシャルを刻みつけるのは敬意を欠いた行いとみなされるが、それはセコイアを人とみなしているからではなく、称賛と畏敬に値する自然の驚異と見ているからだ。原生林を尊重するからといって、人間が使うための伐採は金輪際いけないということではない。森を尊重することと森を利用することは必ずしも矛盾しない。ただし、その目的は有意義でなければならないし、森が体現する自然の驚異にふさわしくなければならない。

シャーレのなかの胚が人間並みの道徳的地位を持つという考えに対しては、さらに根拠を挙げて反論することもできる。こうした考えの受け入れがたさを知るには、その帰結をすべて明らかにするのが一番いいだろう。第一に、幹細胞を胚盤胞から取り出すのが赤ん坊から臓器を摘出するのと本当に同じだとすれば、道徳的責任を果たす政策は、連邦政府からの補助金を止めるだけではなく、研究を禁止することだ。仮に、子供を殺して移植用の臓器を手に入れている医師がいた場合、子殺しは政府の補助金を受けるに値しない行為だが、民間では続けてもかまわないという立場をとる人はいないだろう。ES細胞研究は子殺しに等しいと信じているなら、研究を禁じるだけでなく、残忍な形の殺人として扱い、そのような行為におよんだ科学者を刑事罰に処すべきだ。

第二に、胚を人間とみなせば、幹細胞研究だけでなく、余分な胚をつくったり廃棄したりする不妊治療もすべて禁じられることになる。体外受精を行うほとんどの病院では、妊娠率を高め、女性の負担となる治療の回数を減らすため、最終的に着床させるよりも多くの受精卵をつくる。余分な胚は漫然と冷凍保存されるか、廃棄されるのが普通だ（ごく少数が幹細胞研究のために提供される）。だが、重篤な病気の手当や治療のために胚を犠牲にするのが不道徳だとすれば、不妊治療のために犠牲にするのもまた不道徳である。

第三に、体外受精推進派は、生殖補助医療で胚が失われる頻度は自然妊娠の場合より低いと指摘する。自然妊娠の場合、受精卵の半分以上が、着床しそこなうなどして失われるというのだ。この事実によって、胚と人を同一視するのがいっそう難しいことが浮き彫りになる。自然の生殖において、一人の子供が無事に生まれるたびにそれより多くの胚が失われるならば、体外受精と幹細胞研究で胚が失われることをそんなに心配する必要はないかもしれない。胚を人と見る人は、乳幼児死亡率が高いからといって子殺しは正当化されないではないかと反論するかもしれない。だが、自然に起こった胚の喪失に対するわれわれの反応の仕方からは、この出来事を道徳的・宗教的に子供の死と同等には見ていないことがわかる。生まれようとする人間の命を最も尊ぶ宗教の伝統ですら、胚の喪失と子供の死について、同じ埋葬の儀式や葬式をするように定めてはいない。そのうえ、自然の生殖に伴う胚の喪失が道徳的に子供の死に等しいとすれば、妊娠は公衆衛生上の危機を蔓延させるとみなさねばならないだろう。そうなると、妊娠中絶、体外受精、幹細胞研究を一まとめにして考えても、自然に起こる胚の喪失を減らすほうが道徳的目標として緊急性が高いはずである。

幹細胞研究を批判する人たちでさえ、「胚の反論」の帰結をすべてすんなりと受け入れるわけではない。ジョージ・W・ブッシュ大統領は、二〇〇一年八月九日以降に取り出された胚性幹細胞株の研究に連邦政府が補助金を出すのを禁じたが、その研究を禁止しようとはしなかったし、科学者たちに研究を控えるよう求めもしなかった。議会では幹細胞論議が熱を帯びているが、胚研究に対して声高に異議を唱える人たちでさえ、体外受精の禁止や、不妊治療施設による余分な胚の生産と廃棄の禁止運動を全国的に展開するにはいたっていない。だからといって、彼らの姿勢に信念が欠けているとは言えない。ただ、胚は神聖なものだという信念を貫けないだけだ。

幹細胞研究への連邦政府による補助金の抑制を正当化できる根拠はほかにあるだろうか？　それは、胚研究が坂道を転げ落ちるように搾取と乱用に向かうのではないかという不安かもしれない。そうした反論によって提起される懸念はもっともだが、幹細胞研究の抑制は正しい対処法ではない。議会が合理的な規制を定めれば、坂道を転がり落ちるのは避けられる。手はじめに、人間の生殖型クローニングを全面的に禁止するといい。さらに、議会はイギリスが採用した方法にならい、研究用の胚を一四日以上培養することの禁止を求め、胚と配偶子（卵子と精子）の商品化を規制し、所有権による幹細胞株の独占利用を防ぐために幹細胞バンクを設置してもいい。そうした規制をつくれば、現代の生物医学の夢を実現しようとした挙げ句、とんでもない未来へと突き進むのは避けられるかもしれない。

第21章　道徳的議論とリベラルな寛容――妊娠中絶と同性愛

妊娠中絶や同性愛行為を禁じる法律を擁護する人びとには、二つの異なる立場がある。一方に、妊娠中絶や同性愛は道徳的に許されないから禁止すべきだとする人びとがいる。他方に、そうした行為の道徳性を判断するのを避け、代わりに、民主主義社会では政治的多数派がみずからの道徳的信念を法制化する権利を持つという人びとがいる。同様に、妊娠中絶禁止法や反異常性行為《ソドミー》法への反対意見にも二つのタイプがある。一方に、それらの法律が禁じる行為は道徳的に許されるし、望ましい場合さえあるので、禁止法は間違っているという人びとがいる。他方に、問題とされる行為の道徳的地位とは無関係にそれらの法律に反対し、そうした行為をするかどうかを選ぶ権利は各人にあるという人びとがいる。

この二つのタイプの主張は、それぞれ「素朴」派と「洗練」派と呼べるかもしれない。素朴派の考えでは、法の正義は、その法が禁止または保護する行為の道徳的価値によって決まる。洗練派の考えでは、そうした法の正義は、争点となる行為をめぐる本質的な道徳的判断によって決まるのではない。そうではなく、多数決の原理や個人の権利――一方の自由と他方の民主主義——という、それぞれの主張に関するより一般的な理論によって決まるのである。

この小論で私は、素朴派の見解が含む真理を明らかにしようと思う。私の見るところ、その見解は次のようなものだ。妊娠中絶や同性愛行為を禁じる法律の正義（あるいは不正義）は、少なくとも部分的に、そうした行為の道徳性（あるいは不道徳性）にかかっている(1)。これは、洗練派が否定する見解である。彼らの考え方は、多数決型であれリベラル型であれ、議論の分かれる道徳的・宗教的構想を正義のために保留、すなわち「カッコに入れ」ようとするものだ。法律を正当化するには、善き生についての対立する見方のあいだで中立を保つべきだというのである。

実際には、もちろん、この二種類の主張を区別するのは難しい。ロウ対ウェイド裁判(2)〔女性が中絶する権利はプライバシー権に含まれるとした一九七三年の裁判〕やバウアーズ対ハードウィック裁判(3)〔反ソドミー法は合憲との判決が下された一九八六年の裁判〕といった訴訟をめぐる論争では、両派とも洗練派の衣の下で素朴派の見解を提示しがちだ（それは洗練派の論法の特権である）。たとえば、嫌悪感から妊娠中絶やゲイ、レズビアンの性行為を禁じたがる人たちの主張は、民主主義の尊重と法による規制を大義名分とすることが多い。同様に、妊娠中絶や同性愛を肯定するがゆえに、そうした行為を認める法律を求める人たちの主張は、リベラルな寛容を大義名分とする。

だからといって、洗練派の議論のすべての例が、本質的な道徳的信念をひそかに推進しようとするものだと言いたいわけではない。法は善き生をめぐって対立する構想に中立であるべきだと主張する人たちは、その持論のさまざまな根拠を挙げているが、そのなかで最も目立つのは以下のものである。

(1)「主意主義」の見解によると、政府が善き生の構想について中立であるべきなのは、人びとが自由な市民あるいは自律的行為者として、自分の考えを自分で選ぶ能力を尊重するためだという。(2)「最小主義者《ミニマリスト》の」あるいは実用《プラグマティック》的な見解によると、道徳性と宗教に関して人びとの意見が食い違うのは避けられないから、政府は政治的合意と社会的協同のために、そうした論争をカッコに入れるべきだという。

素朴派の論法が含む真理を明らかにするため、妊娠中絶や同性愛を扱った最近の裁判で、判事や評論家が実際に展開した議論に目を向けてみよう。間違いなく洗練派である彼らの議論には、法のために道徳的判断をカッコに入れる難しさがよく表れている。私の議論の大部分はリベラルな寛容の有力説への批判だが、それが多数決主義にとって安心材料になるとは思わない。リベラリズムを矯正する手段は多数決主義ではなく、政治と憲法をめぐる議論において、本質的な道徳論議の役割をより積極的に評価することなのだ。

プライバシー権——私的な事柄と自律性

憲法上のプライバシー権においては、中立な州と人格の主意主義的な考え方が結びついていることが多い。たとえば妊娠中絶の場合、いかなる州も「生命をめぐる一つの説を採用することで」[4]、「みずからの妊娠を終わらせるか否か」を決める女性の権利を踏みにじってはならないのだ。[5] 政府は特定の道徳的見解を、それがいかに広く支持されていようと強要することはできない。なぜなら、「いかなる個人も、自分の『価値選択』が多数派と異なるからというだけで、妊娠についてみずから決定する自由の放棄を強いられるべきではない」[6]からである。

宗教の自由や言論の自由と同様、プライバシーに関しても、中立の理想は人間の営為をめぐる主意主義的な考え方を反映していることが多い。政府が善き生をめぐるさまざまな考え方に中立であらねばならないのは、価値観や人間関係をみずから選ぶ個人の能力を尊重するためなのだ。プライバシー権と主意主義的な自己概念のつながりは非常に緊密なので、評論家たちは往々にして、プライバシーと自律という価値観を同一視してしまう。つまり、プライバシー権が「個人の自律という観念に依拠する」のは、「人びとがみずからの個性や人格を表現できるような生活様式を自由に選べなければ、憲法の保証する人間の尊厳がいちじるしく損なわれてしまう」からだというのだ。[7] 最高裁は「憲法上のプライバシー権を認める」ことで、「人間には自律的に生きる能力と、その能力を行使する権利がある」という見解を実効あるものとしてきた。[8] 避妊具を禁止する法律を無効とした最高裁の判決は「出産しないことを選ぶ個人のみならず、カップルの結合の自律性をも保護する」ものだ。[9] 最高裁判決は、望まない子供に対する「選択していない責任」や「親という社会的役割の押しつけ」から男女を守るのである。[10]

最高裁の判決でも反対意見でも、裁判官はプライバシー権と主意主義的な前提を結びつけることが多い。したがって最高裁は、避妊具の使用を禁じる法律を「出産に関する個人の自律の憲法による保護」に違反するものとみなしてきた。[11] 最高裁が妊娠中絶の権利を擁護してきた根拠は、「みずからの妊娠を終わらせるかどうかの……女性自身による決定ほど、きわめて私的で個人の尊厳と自律の基礎となる」決定はほとんどないということだ。[12] ダグラス判事はある妊娠中絶裁判の判決に賛成し、プライバシーの権利が以下のような自由を守ることを強調した。つまり、「個人の知性、興味、嗜好、人格などの発展と表現の自律的支配」のみならず、「人生の基本的な決断——結婚、離婚、出産、避妊、子供の教育やしつけなどにかかわるもの——における選択の自由」である。[13] さらに四人の裁判官が、プライバシーの保護を合意のうえでの同性愛行為にまで広げたと思われる根拠は、「人間関係の豊かさの大部分は、そうしたきわめて私的な絆の形式や性質を個人が選択できる自由から生まれる」ということだった。[14]

プライバシーと自律の結びつきは、いまではあまりにも身近であり、当然というより必然とさえ感じられるほどだ。しかし、プライバシーの権利は必ずしも主意主義的な人間の概念を前提としてはいない。実際、アメリカの法制史の大半を通じて、プライバシー権には、中立な州という理想も、目的や愛着を自由に選択する自己という理想も含まれていなかった。

現代のプライバシー権は政府に規制されずに何らかの行為をする権利のことだが、伝統的なプライバシー権は何らかの個人的な情報を公にしないでおく権利である。新しいプライバシーは人間の「ある種の重要な決定を下す際の独立性」を守るが、古いプライバシーは「私的な事柄の公開を避ける」ことで個人の利益を守る。(15)

プライバシーと自律を同一視する傾向によって、こうしたプライバシーの理解の変化が見えにくくなるだけではない。プライバシーを保護する理由の範囲も制限されてしまう。新しいプライバシーは主意主義的な論拠に依存する場合が多いが、その他の論法によっても正当化できるからだ。たとえば、結婚のことで政府に干渉されない権利は、個人の選択の名において擁護されるだけでなく、その権利が保護する行為の本質的価値や社会的重要性の名においても擁護されるのだ。

古いプライバシーから新しいプライバシーへ

プライバシーの権利がアメリカで最初に法的に認められたのは、憲法ではなく不法行為法の法理としてだった。一八九〇年に書かれた重要な論文のなかで、当時ボストンの弁護士だったルイス・ブランダイスと、法律事務所の元同僚、サミュエル・ウォーレンは、民法は「プライバシー権」を保護すべきだと主張した。[16] ブランダイスとウォーレンのプライバシーは、性の自由に対する現代の懸念からはかけ離れたかなり古風なもので、上流階級のゴシップをめぐるセンセーショナルな記事や、広告における肖像の無断使用にかかわっていた。[17] こうしたプライバシー権は、当初は徐々に、一九三〇年代に入ってからは次々と認められ、最終的には大半の州の民法で承認されるにいたった。[18] とはいえ、一九六〇年代以前には、プライバシー権は憲法との関係ではあまり注目されていなかった。

最高裁判所がその種のプライバシー権に初めて取り組んだのは、一九六一年、コネティカット州のある薬剤師が避妊具の使用を禁じる州法に異議を申し立てたときのことだった(ポウ対ウルマン裁判)。[19] 多数派は法を厳密に解釈して訴えを却下したものの、[20] ダグラス判事とハーラン判事はこれに反対し、州法はプライバシー権を侵害していると論じた。彼らが擁護したプライバシー権は伝統的な意味のプライバシーだった。問題とされた権利は避妊具を使う権利ではなく、法の執行に必要な監視から自由になる権利だった。ダグラス判事はこう記している。「法が完璧に執行される体制を想像してみよう。捜査令状が発行され、警察官が寝室に現れて、そこで何が行われているか調べるというところまでいくだろう。……［州が］そうした法律をつくれるということは、それを執行できるということだ。そして、その法に違反したことを証明するためには、必然的に、取り調べが夫婦生活に及ぶことになる」[21]。避妊具の販売の禁止は、使用の禁止とは異なるとダグラス判事は述べた。販売の禁止によって、避妊具の入手は制限されるが、私的な関係は公的な捜査にさらされない。法の執行のために警察が薬局に立ち入ることはあっても、寝室にまでは立ち入らない。したがって、伝統的な意味でのプライバシーは侵害されないのだ[22]。

ハーラン判事がこの法律に反対した根拠もまた、新しいプライバシーとは異なる古いプライバシーによるものだった。彼が反対したのは、避妊を禁じる法律が、対立するさまざまな道徳観に中立でないからではなかった。ハーランはこの法律の根底に、避妊はそれ自体不道徳であり、「悲惨な結果」を最小限に抑えることによって密通や不貞といった「ふしだらな行為[23]」を助長するという考えがあると認めたが、こうした中立性の欠如が憲法に違反するとは考えなかった。ハーラン判事は中立性による批判とは明らかに対立する声明のなかで、政府が道徳に関して懸念を抱くのは正当なことだと主張した。

社会とは、コミュニティのメンバーの肉体的健康だけを目的とするものではなく、人びとの道徳的健全さにも昔から関心を寄せてきた。実のところ、公的な行為と、純然たる合意や単独の意志による行為のあいだに一線を引こうとすれば、文明化した時代のあらゆる社会で取り組みの必要が認められている多くの問題が、コミュニティの関心の埒外になってしまうだろう。[24]

ハーラン判事は中立な州という理想は退けたものの、コネティカット州が夫婦に避妊具の使用を禁止できるという結論は下さなかった。ダグラス判事と同じように、この法律を執行すれば、結婚という尊い制度の本質をなすプライバシーが踏みにじられると判断したのだ。彼が反対したのは伝統的な意味でのプライバシーの侵害だった。つまり、「この刑事法の手続き全体が結婚のプライバシーのまさに中核に侵入し、刑事法廷で夫と妻にその愛情関係の利用について申し開きを求めること」に反対したのである。[25] ハーラン判事によれば、州は避妊を不道徳だとする考えを州法により具体化する権限を持つが、「その政策の実施のために選んだ破廉恥なまでに差し出がましい手段」[27]に訴える権限は持たない。[26]

それから四年後、グリスウォルド対コネティカット裁判では、州法に反対する人びとが勝利を収めた。最高裁は避妊具の使用を禁止するコネティカット州法を無効とし、憲法上のプライバシー権を初めて明白に認めた。プライバシー権は不法行為法ではなく憲法に位置づけられたものの、依然として私事の一般公開を避ける権利という古いプライバシー観と結びついたままだった。プライバシーが侵害されるのは、法の執行に必要な干渉によってであり、避妊具を使う自由の制限によってではない。「われわれは、避妊具を使用した痕跡を求めて警察が夫婦の寝室という聖域を捜索するのを許可するだろうか？」とダグラス判事は最高裁を支持して書いた。「まさにそうした発想こそ、婚姻関係を取り巻くプライバシーの観念と対立するものである」(28)

プライバシー権を正当とする論拠は、主意主義ではなく、本質的な道徳判断に基づくものだった。最高裁判所が正当性を立証したプライバシーは、人びとに好き勝手な性生活を送らせることではなく、結婚という社会制度を肯定し、保護することを目的としていたのだ。

結婚とは、良いときも悪いときも、望むらくは永遠に、神聖なまでに親密に結びつくことだ。それは、生き方を、……人生における調和を、……双方の忠誠を前進させる結びつきであり……これまでわれわれが下してきた決定におけるどんな目的よりも高貴な目的のための結びつきである。(29)

評論家や裁判官は、グリスウォルド判決を憲法解釈の劇的な転換点と見ることが多い。だが、この裁判で示されたプライバシー権は、二〇世紀初頭にまでさかのぼる伝統的なプライバシー観に沿ったものだった。プライバシー概念の変化という視点からすると、より決定的な転機が訪れたのは、七年後のアイゼンスタット対ベアード裁判[30]においてである。これは一見似たような裁判だった。グリスウォルド裁判と同じく、避妊具を規制する州法をめぐる裁判だったからだ。ただし、アイゼンスタット裁判では、避妊具の使用ではなく配布を規制する州法に異議が唱えられたのである。したがって、この州法のせいで避妊具が入手しにくくなるとはいえ、それを執行しても性行為に対する政府の監視が必要になるとは言えない。この州法は伝統的な意味でのプライバシーを侵害してはいなかったのだ[31]。しかも、避妊具の配布禁止の対象は結婚していない人に限られていたから、コネティカットの州法のように結婚制度に負担をかけることもなかった。

こうした違いにもかかわらず、最高裁判所はこの州法を違憲とした。反対意見を述べた裁判官は一人だけだった。この判決には二つの革新が含まれていた。一つは目に見える革新、もう一つは目に見えない革新である。目に見える革新は、プライバシー権の持ち主を、結婚という社会制度への参加者としての人間から、役割や愛情から独立した個人としての人間へと定義し直したことだ。最高裁判所はこう説明している。「グリスウォルド裁判では、問題となったプライバシー権が婚姻関係に付随していたことは間違いない。しかし、夫婦はそれ自体の精神と心を持つ独立した存在ではなく、それぞれが別個の知性と感性を持つ二人の個人が結びついた存在である[32]」

アイゼンスタット裁判の、目立たないながら同じくらい重大なもう一つの変化は、古いプライバシーから新しいプライバシーへの転換である。最高裁判所はプライバシーを、私事を監視されたり公開されたりすることからの自由とはみなさなかった。そうではなく、プライバシー権とはいまや、政府の規制を受けずに何らかの活動に携わる自由を守ることだと判断したのだ。グリスウォルド裁判のプライバシーは「夫婦の寝室という聖域」[33]への侵入を阻んだが、アイゼンスタット裁判のプライバシーはある種の決定への介入を阻んだのである。さらに、プライバシーの意味が変わるとともに、正当化の論拠も変わった。アイゼンスタット裁判で最高裁判所がプライバシーを擁護したのは、裁判所が推奨する社会的実践のためでなく、保証する個人的選択のためだった。「プライバシーの権利が何かを意味するとすれば、それは、既婚者か独身者かにかかわらず、個人の持つ次のような自由の権利だ。つまり、子供をつくるかどうかといった、ある人に根本的な影響を与える問題について政府の不当な介入を受けずにすむ権利である」[34]

一年後、ロウ対ウェイド裁判[35]で、最高裁判所はこの新しいプライバシーの適用をめぐる最大の論争を引き起こした。妊娠中絶を禁止するテキサス州法を無効とし、プライバシーを「みずからの妊娠を終わらせるか否かについての女性の決断を含む」[36]範囲にまで拡大したのだ。避妊に続いて妊娠中絶に関しても、プライバシー権は州の介入を受けずにある種の選択をする権利となった。

一九七七年のある裁判では、新しいプライバシーの主意主義的な論拠がはっきりと述べられ、一六歳未満の未成年者への避妊具の販売を禁止するニューヨーク州法が無効とされた[37]。最高裁判所はこのとき初めて、自律という言葉を使ってプライバシーが保護する利益を表現し、古いプライバシーから新しいプライバシーへの転換を公然と主張した。ブレナン判事は、ケアリー対ポピュレーション・サーヴィシズ・インターナショナル裁判の判決文でグリスウォルド裁判に触れ、そこでの争点が、避妊具の使用を禁止する法律によって警察が夫婦の寝室に立ち入りかねないという事実にあったことを認めた[38]。「しかしその後、複数の判決によって、出産に関する個人の自律の憲法による保護は、そうした要素には左右されないことが明白に示された[39]」。それ以前の判例を顧みて、判事はアイゼンスタット裁判の判決が「子供をつくるか否かについての決定権[40]」を保護し、ロウ裁判の判決は「みずからの妊娠を終えるか否かについての女性の決定権[41]」を保護したと強調した。そして、「グリスウォルド裁判から得られた教訓は、憲法は出産にまつわる個人の決定権を州の不当な介入から守っているということだった[42]」と締めくくった。

　プライバシーの主意主義的解釈からすれば、避妊具の販売の規制は、使用の禁止に劣らずひどいプライバシーの侵害である。いずれも選択の自由を制限することは確かだからだ。「現実には、販売の全面禁止はいっそう容易で抵抗感も与えずに実施できるため、避妊を選ぶ自由に与える影響はさらに甚大である[43]」とブレナン判事は述べている。皮肉にも、販売の禁止は、古いプライバシーにとって脅威ではないというまさにその事実によって、新しいプライバシーにとっていっそう大きな脅威となるのだ。

妊娠中絶の権利を認めるその後の複数の判決でも、争点であるプライバシーの利益を表現するのに自律という言葉が使われた。そうした裁判の一つにおいて最高裁判所は以下のような見解を示している。「女性がみずからの妊娠を終えるか否かの決定ほど……真に私的で、個人の尊厳と自律にとって根源的な決定は……ほとんどない。そのような選択を自由にできる女性の権利は、間違いなく根本的なものだ」[44]。プライバシーを自律性ととらえる考え方が最もよく表れているのが、一九九二年にサンドラ・デイ・オコナー判事、アンソニー・ケネディ判事、デイヴィッド・スーター判事が執筆した中絶権についての意見だろう。プライバシー権は「人が人生のなかでとりうる最も私的で個人的な選択、個人の尊厳と自律の核となる選択」を保護するものだと、判事たちは述べている。さらに、自律性としてのプライバシーと、主意主義的な人間の概念との明らかな関連に言及している。「自由の中心にあるのは、存在、意義、世界、人間の生命の神秘について、自分なりの概念を定義する権利だ。こうした事柄についての信念は、もし州に強いられて形成されるとすれば、人間の個性を定義するものではなくなってしまう[45]」

プライバシーを自律性と同一視する傾向を強めていたにもかかわらず、最高裁判所は、プライバシーの保護を合意のうえの同性愛行為にまで拡大することを、五対四の反対多数で否決した。多数意見のなかでホワイト判事が強調したのは、最高裁による従来のプライバシー裁判では、育児や教育、家族関係、出産、結婚、避妊、妊娠中絶に関してのみ、選択の自由が保護されたということだった。「われわれの考えでは、そうした裁判で示されてきた権利はどれも、合憲性が主張された同性愛者のソドミーを行う権利に似ていないのは明らかである」[46]。判事はまた、ジョージア州民は「同性愛的ソドミーは不道徳で受け入れがたい」[47]という信念を法制化すべきでないとする訴えも却下した。中立性とは裏腹に、「法律は……常に道徳性の観念に基づいており、本質的に道徳的な選択を意味するあらゆる法律が、法の適正手続きを定めた憲法の条項〔合衆国憲法修正第五条・第一四条〕の下に無効とされれば、法廷は多忙を極めることになるだろう」[48]

反対した四人の判事を代表し、ブラックマン判事はこう主張した。最高裁判所のプライバシー裁判の判例が根拠とするのは、保護する行為の美徳ではなく、私事における個人の選択の自由という原則だ。「われわれがそうした権利を擁護するのは、それらが……一般市民の幸福に役立つからではなく、個人の人生の核心をなすものだからだ。『プライバシーの概念は《人間はその人自身のものであり、他者のものでも社会全体のものでもないという道徳的事実》を具現しているのである』[49]」

ブラックマン判事は、同性愛行為に対して従来のプライバシー判決を適用することを支持するため、最高裁が伝統的な家族の絆を気遣っていることを個人主義的な言葉で表現した。「われわれが子供を持つか否かの決定権を擁護するのは、親になることは個人の自己認識を劇的に変えるからだ……われわれが家族を擁護するのは、それが個人の幸福に大きく寄与するからであって、型にはまった家庭像を好むからではない」[50]。性的関係におけるプライバシー権とは「そうしたきわめて個人的な絆の形と性質を選ぶ個人の自由」[51]を保護するものであるから、ほかの性的選択と同じく、同性愛行為も保護するのである。

ブラックマン判事は中立な州という理想を擁護しつつ、宗教が伝統的に同性愛を非難してきたからといって「州がみずからの判断を住民全体に押しつける資格を持つわけではない」[52]とつけ加えた。それに反して、州が同性愛に反対する宗教教育を要請したのは、法律を「宗教とは無関係な強制力を正当に行使するもの」[53]とする州の主張と矛盾している。

最高裁判所がプライバシー権を同性愛にまで広げるのに及び腰であるにもかかわらず、過去二五年間のプライバシー裁判は、リベラルな人間観からさまざまな前提が引き出されている証拠を示している。それらの裁判はまた、そこに現れているリベラリズムに関して二つの疑問を呼び起こす。一つ目は、議論の分かれる道徳的問題をカッコに入れることが、果たして可能なのかという疑問。二つ目は、主意主義的なプライバシーの概念は、プライバシーを保護する理由の範囲を制限するのか否かという疑問である。

最小主義者の寛容論——妊娠中絶

中立な州を支持する主意主義的な論拠とは異なり、最小主義的リベラリズムが追求する正義の概念は哲学的ではなく政治的であり、自律的であれ何であれいかなる特定の人格概念をも前提としない。このリベラリズムが提案するのは、議論の分かれる道徳的・宗教的問題をカッコに入れることだ。それは、目的に関して意見が一致しないなかで社会的協同を実現するためであり、自律性や個性といった「包括的な」リベラルの理想のためではない。[54]最小主義的リベラリズムに対する反論の一つは、特定の道徳的・宗教的論争をカッコに入れるべきだという主張が、カッコに入れるはずの論争への暗黙の答えに左右されるのではないかというものだ。たとえば妊娠中絶の場合、胎児は——適切な道徳感覚からして——赤ん坊とは違うという信念を強く持てば持つほど、胎児の道徳的地位に関する問題を政治的目的のためにカッコに入れることにも、強い信念を持てるようになる。

ロウ対ウェイド裁判における最高裁判所の主張[55]は、議論の分かれる道徳的・宗教的問題をカッコに入れて合憲性を判断することの難しさを浮き彫りにしている。最高裁は、生命がいつ始まるかという問題に関しては中立の立場を主張したものの、判決はこの問題に対する特定の答えを前提としている。最高裁はまず、妊娠中絶を禁止するテキサス州法は、生命が始まる時期について特定の説に基づいていると述べている。「テキサス州が訴えているのは……生命は受胎と同時に始まり、妊娠期間を通じて存在し、したがって、州は受胎以後の生命の保護に強い関心を持つということだ[56]」

次に、最高裁判所はこの問題に中立だと宣言した。「生命の始まりはいつかという難問をわれわれが解決する必要はない。医学、哲学、神学の各分野で研鑽を積んだ学者でもまったく合意にいたることができないとすれば、司法機関はその答えを検討する立場にはない[57]」。そして、「この最も微妙で難しい問題に関する考え方の幅広い相違」が西洋の伝統全般にも、アメリカのさまざまな州法にも見られると指摘した[58]。

こうした概説から、最高裁判所は「法律上、胎児が完全な意味で人と認められたことはいまだかつてない[59]」と結論づけた。したがって、テキサス州が生命について特定の理論を法律化したのは誤りだと論じた。どの理論も決定的ではない以上、テキサス州が「争点である妊娠中の女性の権利を蹂躙するような……生命理論を採択した[60]」のは間違いだったというのだ。

ところが、中立を公言したにもかかわらず、最高裁判所の決定はカッコに入れると宣言した問題への特定の答えを前提としている。

誕生前の生命に州が寄せる重要かつ正当な関心について、「説得力を持つ」論点は生育力にある。というのも、生育力があれば、胎児は母親の子宮の外で有意義に生きられると考えられているからだ。したがって、生育力が備わる時期から胎児を保護する州の法令には、論理的にも生物学的にも正当な根拠がある。(61)

ロウ裁判の判決で、最高裁判所はみずからカッコに入れると宣言した問題に特定の答えを与えているというのは、この判決への反論ではない。生命はいつ始まるかという議論の分かれる問題をカッコに入れたという裁判所の言い分に反論しているにすぎない。この判決は、テキサス州の生命論を中立的な立場から退けているのではなく、別の独自の生命論を主張しているのだ。

最小主義者による中立擁護論は、さらなる困難にぶつかる。議論の分かれる道徳的・宗教的問題を社会的協同のためにカッコに入れるという合意があったとしても、カッコに入れるとはどういうことかをめぐって議論が分かれるかもしれない。そして、その議論に答えるには、争点である事柄の本質的な評価か、最小主義リベラリズムが退けようとする自律的な行為概念のいずれかが必要だ。ロウ裁判の判決が支持された一九八六年の妊娠中絶裁判、ソーンバーグ対アメリカ産婦人科学会裁判(62)に、そうした困難の一例が見られる。

反対意見を書いたホワイト判事は、最高裁判所はソーンバーグ裁判でロウ対ウェイド裁判の判決をくつがえし、「この問題を一般の人びとに返す(63)」べきだと主張した。ホワイト判事は妊娠中絶が議論の分かれる道徳的問題であることは認めつつ、最高裁がこの議論をカッコに入れる最善の方法は、それぞれの州に独自に答えを出させることだと述べた。中絶をめぐる厄介な議論を実際にカッコに入れるよう提案したわけだ。かつてスティーヴン・ダグラス〔一八一三―六一。アメリカの政治家〕が奴隷制度をめぐる厄介な議論をカッコに入れるよう提案し、全国一律の答えの押しつけを拒んだのと同じである。ホワイトはこう書いている。「妊娠中絶は熱い論争を呼んでいる道徳的・政治的問題である。そうした問題は、われわれの社会では人びとの意志によって解決すべきだ。人びとの意志とは、法律や、彼らが採択した憲法に組み込まれた一般原則を通じて表明される」[64]。最高裁が別の方法をとれば中立性が失われ、「議論の分かれる独自の価値選択を人びとに押しつけることになる」[65]

スティーヴンズ判事はホワイト判事の意見に対し、別のやり方でカッコに入れることを主張した。議論の分かれる道徳的問題が争点である以上、立法府ではなく女性の一人ひとりがこの問題について自分で判断すべきだというのだ。最高裁が女性の選択の自由を強調するのは、裁判所の価値観を押しつけているのではなく、州内の多数派が彼らの価値観を個人に押しつけるのを防いでいるにすぎない。「いかなる個人も、単に自分の『価値観の傾向』が多数派と異なるからというだけで、妊娠についてみずから決定する自由の放棄を強いられるべきではない」[66]。スティーヴンズ判事にとって基本的な問題は、どの生命論が真実かではない。「『妊娠中絶の決定』を個人が下すべきか、『憲法に含まれない独自の価値観を勝手に押しつける』多数派が下すべきか(67)」が問題なのだ。

目を引くのは、このどちらの方法も、原理としては最小主義リベラリズムに一致するということだ。善に関する合意のない状況で、社会的協同への実際的関心を抱いたとしても、どちらかの方法を選ぶ根拠は手に入らないのである。仮に、社会的協同のために厄介な道徳的・宗教的論争をカッコに入れるという合意があったところで、カッコに入れるとはどういうことかは依然としてはっきりしないかもしれない。そのうえ、この問題の解決――ホワイト判事とスティーヴンズ判事のどちらの立場をとるかを決めること――には、争点である道徳的・宗教的問題をめぐる本質的な見解か、主意主義的な考え方が是認する自律的な人格概念が必要になる。とはいえ、いずれの解決法をとっても、最小主義リベラリズムの最小主義は否定される。どちらの場合も、まさにそれぞれが避けようとしている道徳的・哲学的な関与をすることで、政治的な正義概念と思われるものを巻き込んでしまうからである。

主意主義の寛容論――同性愛

バウアーズ対ハードウィック裁判(68)で反対意見を述べた判事たちの寛容論は、寛容を自律の権利のみに結びつけるタイプのリベラリズムに伴う困難をよく示している。バウアーズ裁判の多数意見は、プライバシー権を同性愛にまで広げるのを拒否した。従来のプライバシー裁判で示されたどんな権利も、同性愛者が求める権利と類似していないと断じたのである。「一方の家族、結婚、出産と、他方の同性愛行為のあいだの関連性は、まったく証明されていない」[69]。最高裁の見解に反論するには、すでにプライバシー権が保護されている行為と、いまだ保護されていない同性愛行為とのあいだに何らかの関連性を示さなければならない。では、異性愛による愛情行為と同性愛による愛情行為のあいだに、ともに憲法上のプライバシー権が認められるような類似点があるとすれば、それはどんなものだろうか？

この問題への答え方は少なくとも二つある――一つは主意主義的な、もう一つは本質的な答え方だ。前者がそうした行為に反映される自律性を論拠とするのに対し、後者はそうした行為が実現する人間的善に訴える。主意主義的な答えによれば、人はみずからの親密な交際関係を自由に選ぶべきであり、選んだ行為が他人に害を及ぼさないかぎり、その行為の美徳や評判にとらわれる必要はないという。この考え方にしたがえば、すべては自律的な自己の選択の反映であるという点で、同性愛の関係は最高裁がすでに保護している異性愛の関係に似ていることになる。

一方、本質的な答えによれば、従来の結婚の有意義な面の多くは同性愛による結びつきにも存在するという。この見解においては、異性愛による関係と同性愛による関係に一貫しているのは、どちらも個人の選択の結果だということではなく、ともに重要な人間的善を実現しているということだ。この二つ目の答えは、自律性だけに依拠しているのではない。同性愛による愛情行為に特有の美徳に加え、それが異性愛による愛情行為と共有する美徳を明確に述べているのだ。この二つ目の答えは、グリスウォルド裁判が結婚のプライバシーを擁護したのと同じように、同性愛のプライバシーを擁護し、こう主張する。結婚と同様、同性愛による結びつきは「神聖なまでに親密なもの……人生における調和……相互の忠誠」であって、「高貴な……目的」のための結びつきである、と。(70)

こうした二つの答え方が可能なわけだが、バウアーズ裁判における反対意見は全面的に一つ目の答えに依拠していた。ブラックマン判事は同性愛による愛情行為を、そこに含まれる人間的善——最高裁がすでに保護している愛情行為と共有するもの——のために保護しようとしたのではない。そうではなく、最高裁の過去の判例を個人主義の言葉で表現してみて、そうした解釈が同性愛にも等しく当てはまることに気づいたのだ。というのも、「人間関係の豊かさの大部分は、これらのきわめて個人的な絆の形式と性質を選択する自由から生じる」(71)からだ。争点は同性愛そのものではなく、どう生きるかを決めるにあたり「異なる個人は異なる選択をする」という事実を尊重することなのである。(72)

スティーヴンズ判事もまた、別の反対意見のなかで、同性愛が異性愛と共有するかもしれない価値に言及するのを避けた。代わりに「ある種のきわめて重要な決定をする個人の権利」と「個人の選択の尊厳に対する敬意」(73)について大まかに述べ、そうした自由は異性愛にしか認められないという考え方を退けた。「個人の観点からすれば、自分の人生をどう生きるか、より狭い言い方をすれば、個人的かつ自発的な交友関係においてどう行動するかを決めるに際しては、同性愛者も異性愛者も同じ権利を持っている」[74]

バウアーズ裁判の反対意見では主意主義の主張があまりに優勢で、本質的な見解が司法によって表現されているとは考えにくい。だが、そうした見解が、同じ裁判の上訴裁判所の意見にはわずかに見られる[75]。連邦上訴裁判所の判決ではハードウィックが勝訴し、それまで彼が有罪である根拠とされてきた法律が無効とされた。ブラックマン判事とスティーヴンズ判事と同様に、上訴裁判所は結婚と同性愛関係には類似性があるとした。だが、最高裁の反対意見とは異なり、上訴裁判所はその類似性の論拠を主意主義にのみ置いたのではない。代わりに、いずれの行為も重要な人間的善を実現しうると論じたのである。

上訴裁判所の判決文によれば、婚姻関係が重要である理由は、生殖という目的が果たされることだけではなく、「結婚を通じて相互支援と自己表現の最高の機会が得られる」ことでもあるという[76]。グリスウォルド裁判で最高裁が「結婚とは、良いときも悪いときも、望むらくは永続的に、神聖なまでに親密に結びつくことだ」[77]と述べたことを上訴裁判所は引用した。そして、グリスウォルド裁判で最高裁が非常に貴重だと評した性質は同性愛の結びつきにも存在しうると示唆している。「一部の人にとって、ここで問われている性行為は、結婚における肉体関係と同じ目的を果たす」[78]

皮肉なことに、プライバシー権を同性愛にまで広げるこうしたやり方は、グリスウォルド判決の「古めかしい」解釈のうえに立っている。結婚により実現される人間の善を保護するという古い解釈は、個人主義的解釈を好む最高裁が長年、退けてきたものだ。[79]同性愛者のプライバシー権を擁護する本質論は、グリスウォルド判決において特定の価値観と目的が認められている点を根拠とすることによって、中立性に固執するリベラリズム論を攻撃する。本質論は、プライバシー権の根拠をその権利が守る行為の善に置くため、さまざまな善の概念に対して中立ではなくなる。

同性愛の権利にかかわる先例としてより頻繁に用いられるのは、グリスウォルド裁判ではなく、スタンリー対ジョージア州裁判〔一九六九年、自宅にポルノフィルムを所有していたスタンリー氏を有罪とした州裁判所の判決を連邦最高裁判所が覆した裁判〕である。[80]この裁判では、わいせつ物を自宅に隠し持つ権利が認められた。スタンリー裁判では、被告の寝室で発見されたわいせつなフィルムが「高貴な目的」に役立ったわけではないが、被告には隠れてそれを見る権利があるとされた。スタンリー判決が擁護した寛容は、許容される事柄の価値や重要性にまったくかかわりがなかった。[81]

一九八〇年の検察対オノフレ裁判[82]で、ニューヨーク州上訴裁判所は、まさしくそうした論拠のうえに、同性愛者の権利の正当性を立証した。裁判所は、スタンリー判決に基づいて「わいせつと非難される資料を利用して性的欲望を満たす」権利があるとすれば、合意のうえで人目に触れないかぎり、「少なくともかつては『逸脱した』行為と一般にみなされていた行為によって性的満足を得ようとする」権利もあるはずだとの判断を下した。(83)同裁判所は、みずからが保護する行為に対して中立であることを、以下のように強調した。「われわれは、合意によるソドミーに関するいかなる神学的・道徳的・心理的評価に対しても意見を表明しない。この問題のそうした側面に関しては、知識と能力ある当局および個人によって見解が異なる可能性があり、実際に異なっている」(84)。裁判所の役割は、州はそうした対立する道徳的意見のどれか一つを法制化するのではなく、まとめてカッコに入れることだけだった。(85)

同性愛の道徳性をカッコに入れる寛容論には、大きな魅力がある。価値観をめぐる深い溝に直面したとき、対立し合う各派に求められるものが最も少ないのが寛容論であるように思える。それがもたらす社会の平和と権利の尊重には、道徳的転向の必要がない。ソドミーを罪悪と考える人たちはその意見を変える必要がなく、ただ、そうした行為をひそかに行う人を許容するよう求められるだけだ。みずから選んだ人生を生きる他人の自由を各人が尊重すること。それだけを訴えるこうした寛容論は、道徳観の共有を待つことのない政治的合意の基盤を約束するのである。

ところが、その約束とは裏腹に、中立的寛容論には二つの困難がつきものだ。一つ目は、実際問題として、問題となる行為が道徳的に許されるかどうかについて何らかの合意の尺度がなければ、自律の権利だけを根拠に社会的協同が確保できるとはかぎらないことだ。プライバシー権を必要とする最初の行為が、結婚や出産の神聖さを論拠として憲法の保護を認められたのは偶然ではないかもしれない。その後ようやく、最高裁判所はそうした行為からプライバシー権を切り離し、人間の善に言及することなく保護した。だが、かつては人間の善によってプライバシーが可能となると考えられていたのだ。このことが示唆するのは、プライバシー権を正当化する主意主義的な論拠は、政治的にも哲学的にも、保護される行為が道徳的に許されるという合意の尺度に依存しているということだ。

主意主義的な寛容論に伴う二つ目の困難は、許容によって生まれる敬意の質に関するものだ。ニューヨーク州上訴裁判所の見解が示すとおり、スタンリー判決との類似点は、卑下を代償として同性愛を許容するところにある。同性愛関係はわいせつ行為と同等に置かれ、卑しい行為ではあるが人目につかずに行われるかぎりは許容される事柄とみなされる。グリスウォルド判決よりもスタンリー判決に類似点があるのだとすれば、争点となる関心事は、ニューヨーク州上訴裁判所が言うように、「性的満足」に要約されるだろう(スタンリー判決で問題とされた親密な関係は、一人の男性と彼が所持するポルノ作品との関係だけだった)。

バウアーズ裁判の多数意見はこうした前提のもとに、「同性愛的なソドミーを行う基本的権利[86]」という考え方を冷笑している。これに対するもっともな反論は、グリスウォルド裁判の争点が異性間の性交の権利ではないのと同様に、バウアーズ裁判では同性間のソドミーが争点ではないという意見だ。だが、同性愛と異性愛の結びつきに共通するかもしれない人間の善を明らかにするのを拒めば、主意主義的寛容論はグリスウォルド裁判との類似性を失い、冷笑をはねつけるのも難しくなる。

中立的寛容論の問題点は、その魅力の裏側にある。同性愛そのものに反対する意見にまったく反論していないのだ。同性愛への反対意見に有効な反論ができなければ、たとえ最高裁が同性愛に有利な判決を出しても、同性愛者は浅薄かつ脆弱な寛容しか勝ち取ることができないだろう。賛美とまではいかなくとも、もっと尊重されるためには、同性愛者が生きる人生が少なくともある程度は評価される必要がある。だが、自律権のみを語る法的・政治的言説によって、そうした評価が促されることはなさそうだ。

リベラル派は、裁判所が自律論を唱えても、別の場所でのより本質的で肯定的な議論をやめる必要はないと応じるかもしれない。合憲性のために道徳的議論をカッコに入れるということは、道徳的議論を全面的にカッコに入れることではない。性行為を選ぶ自由がいったん保証されれば、同性愛者は、主張し、実例を示すことで、自律論から生まれる敬意より深い敬意を同胞から勝ち取ろうとすることができる。

だが、リベラル派がそのような反応をするのは、アメリカ人の公共生活において、憲法をめぐる言説が政治的言説の言葉を形成してきた度合いを低く見すぎているからだ。現代リベラリズムの主なテーマである「切り札としての権利」や、中立な州や、負荷なき自己は、憲法との相性がきわめてよいと同時に、われわれの道徳的・政治的文化においてますます存在感を増している。憲法にまつわる言説から引き出された前提が政治論争全般の言葉を決める傾向は、ますます強まっている。

当然ながら、本質的な道徳の問題をカッコに入れる傾向のせいで、善を語る言葉で寛容を主張するのはよけいに難しくなる。プライバシーに保護される行為を擁護することによってプライバシー権を定義するのは、無謀な、あるいは古風なやり方に見える。無謀に見えるのは、道徳的議論に大きく依存しているからであり、古風に見えるのは、プライバシー擁護論をプライバシーが保護する行為の利点に結びつける伝統的な見解を思い出させるからだ。だが、妊娠中絶やソドミーの裁判を見ればわかるように、道徳問題をカッコに入れようとする試みもそれなりの困難につきあたる。そこでわかるのは、「素朴な」見解に含まれる次のような真理だ。つまり、妊娠中絶や同性愛行為を禁止する法の正義あるいは不正義は結局、そうした行為の道徳性あるいは不道徳性に関連しているかもしれないのである。

エピローグ

この小論が書かれたあと、連邦最高裁判所は、ローレンス対テキサス州裁判(87)(二〇〇三年）で、バウアーズ対ハードウィック裁判の判例をくつがえし、同性間のいわゆる「性的な逸脱行為」を犯罪とする法律を無効とした。アンソニー・ケネディ判事が執筆した最高裁判所の意見は、私が批判してきた自律に基づく中立の論法にいくらか近づいていた。「自由は自己の自律を前提とする。自律には思想、信条、表現、ある種の私的行為の自由が含まれる(88)」。そして、ケイシー裁判で示された主意主義的な人格概念の大仰な表現を支持しつつ、引用している。「自由の中心にあるのは、存在、意義、宇宙、人間の生命の神秘について自分なりの概念を定義する権利だ。こうした事柄についての信念は、もし州に強いられて形成されるとすれば、人間の個性を定義するものではなくなってしまう(89)」

だが、自律と選択をうたう美辞麗句にもかかわらず、ケネディ判事の意見は、テキサス州法を無効とするもう一つのより本質的な理由にも目を向けている。同州法が、道徳的に正当な生き方を不当に貶めているという理由だ。第一に、この意見の指摘によれば、グリスウォルド裁判の争点が異性間の性交の権利でなかったのと同様に、バウアーズ裁判の争点は、もはや同性間のソドミーの権利ではなかった。「バウアーズ裁判で争われたのは単にある種の性的行為を行う権利だったというのは、原告の訴えを貶めることになる。結婚とは単に性交の権利を持つためのものだといえば、結婚している夫婦を貶めることになるのと同じである」。プライバシー権は、ゲイとそうでない人たちの性的関係を等しく保護すべきで、その理由は性が自律と選択の反映であるからではなく、重要な人間の善を表現しているからだ。「他者との親密な行為において性的特質《セクシャリティー》が明白に表現されるとき、その行為はより永続的な人間の絆の一要素にすぎなくなる」(90)

第二に、最高裁は、判決をより狭い範囲にとどめ、平等な保護という論拠に立ってテキサス州法を無効にすることもできたのに、バウアーズ判決をくつがえすことに固執した(バウアーズ裁判で争われた法律〔ジョージア州法〕とは異なり、ローレンス裁判で争われた法律〔テキサス州法〕は同性間のソドミーを禁じただけで、異性間のそれは禁じていなかった)。「もし保護される行為が犯罪とみなされ、そうみなす法律の本質的な妥当性が検証されないままであれば、たとえ平等な保護のために執行できないにしても、その法が与える汚名は残るだろう」。反ソドミー法によってゲイの性関係に着せられる汚名をそそぐために、最高裁はリベラルの寛容を超えて同性愛の道徳的合法性を認めた。バウアーズ判決を先例法理としつづければ、「同性愛の人びとの生を貶めることになる」(91)

アントニン・スカリア判事には、道徳的争点がはっきりと見えていた。痛烈な反対意見のなかで、判事は最高裁判所が「伝統的に同性愛行為に向けられてきた道徳的軽蔑の排除を目指す同性愛活動家が進める計画」に署名し、「文化戦争において一方の側についた」と非難した(92)。ローレンス裁判の道徳的論理を把握したうえで、スカリア判事は、刑法の目的を達するための州の正当な権利としての「同性愛行為の道徳的不承認」を最高裁が却下すれば、同性婚の禁止を正当化するのは難しくなるだろうと憂慮した(93)。

スカリアは同性愛の道徳的不承認の維持をあからさまには主張しなかった。彼は、みずからは文化戦争のどちら側にも与しないと宣言した。反ソドミー法をその価値に基づいて擁護するのではなく、多数決主義の名において支持したのだ。「多数派の性道徳の奨励」は州の正当な権利であり、最高裁判所の役割は「中立的傍観者として、民主的な行動規則」が順守されるようにすることにすぎない。[94] だが、同性愛行為に汚名を着せるのは正当な州の権利だというスカリアの信念は、中立な価値観に従う多数決主義だけによるのではなさそうだ（テキサス州の反ソドミー法と、獣姦や近親相姦を禁じる法律との類似点を引き合いに出していることから、彼自身の道徳的見解がうかがえる）。少なくとも、多数派に同性愛関係を禁じさせる論拠は、同性愛が不道徳である場合のほうが、道徳的に容認される場合よりもはるかに強力である。

皮肉なことに、ローレンス裁判においてリベラル派が、プライバシー権は保護される行為の道徳的地位にかかわりなく決定されるという前提から解放されたと思ったら、今度は保守派がその前提を受け入れようとしていたわけだ。だが、リベラルな寛容も、多数決主義の尊重も、道徳をめぐる本質的議論の必要性からは逃れられない。ローレンス裁判におけるスカリア判事の反対意見と、ロウ対ウェイド裁判におけるブラックマン判事の意見には共通点がある。道徳的判断をカッコに入れることは、個人の選択の尊重のためであれ、多数派の感情の尊重のためであれ、いずれにしても難しいことを両者の意見が物語っているのである。

第3部　リベラリズム、多元主義、コミュニティ

第3部に収めた小論では、現代の政治哲学において大きな存在であるリベラリズムのさまざまなタイプについて、またリベラリズムとその批判者の対決について論じる。リベラリズム批判には二つの路線がある。第一に、リベラリズムは個人の選択を強調するため、コミュニティ、連帯、成員資格を適切に説明していないとするもの。第二に、リベラリズムは、多元的社会に生きる人びとは善き生について意見が一致しないことが多いという事実を強調するあまり、市民は道徳的・宗教的信条を私的な領域に追いやるか、少なくとも政治的目的を達するには棚上げすべきだと主張するが、それは誤っているとするものだ。

第22章（「道徳性とリベラルの理想」）と第23章（「手続き的共和国と負荷なき自己」）では、イマヌエル・カントとジョン・ロールズのリベラリズムは、彼らの拒否する功利主義より説得力を持つことを論じる。自由に選択できる独立した自己というカントとロールズの人格概念は、人間は嗜好と欲望の総和にすぎないとする功利主義の考えに強く修正を迫る。だが、カントとロールズの自己も、それ自体の問題を抱えている。みずからを「負荷なき自己」と考えれば、われわれを世界のなかに位置づけ、われわれの生に道徳的独自性を与えてくれる忠誠と伝統が犠牲になってしまうのである。

第24章から第26章では、カント派以外のリベラリズムをいくつか取り上げる。第24章「成員資格としての正義」では、マイケル・ウォルツァー〔一九三五―〕。アメリカの政治哲学者〕著『正義の領分』について論じる。これは、いわゆる共同体主義者《コミュニタリアン》によるリベラリズム批判に大きく寄与した著作である。第25章「絶滅の危機」では、核戦争の道徳的危険は個人の権利を脅かすことだとするジョージ・ケイティブ〔一九三一―。アメリカの政治学者〕の熱烈な個人主義に対して意見を述べる。第26章「デューイのリベラリズムとわれわれのリベラリズム」では、二〇世紀前半のアメリカを代表する公共哲学者、ジョン・デューイ〔一八五九―一九五二〕のリベラリズムを振り返る。リチャード・ローティ〔一九三一―二〇〇七。アメリカの哲学者〕はデューイを、善に対する正の優先を唱えるリベラリズムの信奉者と位置づけようとした。だが、デューイはカント派でも、権利を土台とするリベラル派でもなかった。それどころか、市民の道徳的・精神的エネルギーに依拠する公共領域の育成に関心を寄せたことから、実際にはこんにちのコミュニタリアンの盟友だと考えるほうが自然である。

リベラル派が政治に現れる宗教について懸念するのは、宗教から不寛容を連想するからだ。宗教戦争を回避するという決意が、リベラル派の政治思想のかなりの部分を形づくってきた。近年、キリスト教、ユダヤ教、イスラム教の神学者は、それぞれの信仰の教義と伝統に見られる不寛容の源泉と格闘してきた。第27章「ユダヤ教の支配と傲慢」で検証するのは、現代を代表するユダヤ思想家の一人にしてラビでもあるデイヴィッド・ハートマン〔一九三一―〕が取り組む、多元主義の倫理を伝統的ユダヤ教のなかに探る研究である。この小論を収録したのは、宗教的・神学的考察が、その考察の元となった信仰を共有しない人に対しても、現代の道徳的・政治的問いを照らし出してくれるよう願ってのことである。

一九九〇年代に入る頃には、功利主義とカント主義リベラル派の論争は、おおむね「リベラル対コミュニタリアン」論争に移行していた。一九九三年、ジョン・ロールズは『政治的リベラリズム』を発表し、みずからの古典的著作『正義論』（一九七一年）で提示したリベラリズムを構築し直した。第28章「政治的リベラリズム」では、ロールズの修正された見解を検証する。第29章「ロールズを偲んで」は、二〇〇二年にロールズが死去した際の追悼文である。第30章「コミュニタリアニズムの限界」では、リベラル‐コミュニタリアン論争を振り返り、「コミュニタリアン」とレッテルを貼られた人たちのなかに（私も含めて）この呼称をすんなり受け入れようとしない人がいる理由を説明する。

第22章　道徳性とリベラルの理想

リベラル派は往々にして、自分たちが反対するもの——たとえば、ポルノグラフィや少数意見など——を擁護することを誇りにしている。国家は市民に望ましい生き方を押しつけず、できるだけ自由に価値観や目的を選べるようにすべきだというのだ（他人にも同じ自由を認めるかぎり）。こうして選択の自由に肩入れするせいで、リベラル派は絶えず、許容と称賛、ある行為を許可することと支持することを区別する必要に迫られる。リベラル派によれば、ポルノグラフィを許可することと、肯定することは違うのだ。

保守派はときに、そうした区別を無視することによって利用する。彼らは、妊娠中絶を認める者は妊娠中絶に賛成なのであり、学校での祈りに異議を唱える者は祈りに反対しており、共産主義者の権利を擁護する者はその大義に共鳴しているのだといって非難する。われわれの政治によく見られる議論のパターンでは、リベラル派はより高等な原理を持ち出して反論する。つまり、ポルノグラフィを嫌うことでは引けをとらないけれども、寛容や、選択の自由や、公平な手続きのほうに大きな価値を置くと主張するのだ。

だが、現代の論争においては、リベラル派の返答はますます説得力を失い、道徳的基盤が不明瞭になっているように思える。ほかの重要な価値観も争点となっているのに、なぜ寛容と選択の自由を優先すべきなのだろうか？　その答えには、何らかの形の道徳的相対主義が含まれていることが多い。つまり、あらゆる道徳は主観にすぎないから、「道徳を法制化する」のは間違っているという考え方だ。「何が文学で、何がわいせつ文書かを誰が決められるのだろうか？　それは一つの価値判断だが、誰の価値観によって決めるべきだろうか？」

相対主義は、主張ではなく疑問として表されるのが普通だ。「誰が判断するのか？」と。だが、この疑問はリベラル派が擁護する価値観にも向けられる。寛容、自由、公平もまた価値観であり、いかなる価値観も擁護できないという主張によって擁護するのは難しい。したがって、あらゆる価値観は主観にすぎないという論拠によって、リベラル派の価値観を肯定するのは誤りである。相対主義者によるリベラリズムの擁護は、まったく擁護になっていないのだ。

では、リベラル派が持ち出すより高等な原理の道徳的基盤になりうるものは何だろうか？　最近の政治哲学は主に二つの選択肢を提示している。一つは功利主義、もう一つはカント哲学だ。功利主義の考え方は、ジョン・スチュアート・ミルにならい、全体の幸福の最大化を訴えてリベラルの原理を擁護する。国家は国民に、たとえそれが彼ら自身のためであっても、望ましい生き方を押しつけてはならない。そういうやり方は、少なくとも長い目で見れば、人間の幸福の総量を減らすからだ。ときに間違いを犯すにしても、人びとがみずから選ぶほうがいいのである。ミルは『自由論』にこう記している。「自由と呼ぶに値する唯一のものは、他者の善を奪おうとしたり、他者が善を得ようとする努力を妨げたりしない範囲内で、自分なりのやり方で自分なりの善を追求する自由である」。ミルは、自分の主張が抽象的な権利のどんな概念にも依拠せず、最大多数の最大幸福の原理のみに依拠するとつけ加えている。「私は、あらゆる倫理上の問題の最終的な拠り所は効用だと考えている。だが、その効用は、進歩する存在としての人間の恒久的利益に基づく、最も広い意味での効用でなければならない」

道徳哲学の普遍的原理としての功利主義には多くの反論が出されてきた。効用の概念や、人間のあらゆる善が原則として同じ尺度で測れるという前提に疑問を呈した者もいる。功利主義者はあらゆる価値観を嗜好と欲求に集約してしまうため、価値の質的な違いを認めることも、高貴な欲求と下劣な欲求を区別することもできないと反論した者もいる。だが、最近の論争では、功利主義が個人の権利の尊重といったリベラルな原理に説得力ある基盤を提供するかどうかが焦点となっている。

ある点で、功利主義はリベラリズムの目的に適っているように思えることだろう。全体の幸福の最大化を追求するには、人びとの価値観を判断する必要はなく、それらを合計するだけでいいのだ。嗜好を判断せずに合計しようという意図には、寛容の精神、民主的な精神さえうかがえる。人びとが選挙に行くとき、投票の内容に関係なく、われわれは票数を数えるのである。

しかし、功利主義の計算は、一見して思われるほどリベラルなものとはかぎらない。もし、コロセウムに詰めかけた大勢のローマ人が、ライオンがキリスト教徒をむさぼり食う様子を見物して歓声をあげているとすれば、キリスト教徒の苦痛がいくら大きくても、ローマ人全体の快楽がその苦痛を上回るのは確実である。あるいは、大多数の人びとがある小宗教を忌み嫌い、それを禁止したがっているとすれば、嗜好のバランスは寛容ではなく抑圧を促すことになるだろう。ときに功利主義は、個人の権利を擁護するのに次のような根拠を挙げることがある。現時点で個人の権利を尊重しておくことが、長期的には効用の増大につながるというのだ。だが、こうした計算はあやふやであり、一部の人に他人の価値観を押しつけないというリベラル派の約束を守れるものではない。多数派の意志がリベラルな政治の手段にふさわしくない——それ自体では個人の権利を保証しない——とすれば、功利主義の哲学はリベラルの原理の基盤にふさわしくないのである。

功利主義に対して最も強く反論したのが、イマヌエル・カントである。効用のような経験的原理は、道徳律の基盤とするのに適さないとカントは主張した。役に立つからという理由だけで自由と権利を擁護するのであれば、権利が脆弱なものとなるばかりか、人間に固有の尊厳に敬意が払われなくなる。功利主義の計算法は、人間を他人の幸福のための手段として扱うものであり、人間自身を尊敬に値する目的として扱うものではないのだ。

現代のリベラル派はカントの主張を拡大し、功利主義はそれぞれの人間の違いを重視しないと主張する。何よりも全体の幸福の最大化を目指すことで、功利主義は社会全体を一人の人間であるかのように扱う。多くのさまざまな欲求を、たった一つの欲求の体系にまとめてしまう。全体の合計に影響しないかぎり、一人ひとりに対する満足度の分配には無頓着なのだ。だが、それでは、われわれの多元性と個性が尊重されない。一部の人間を全体の幸福の手段として利用するため、一人ひとりの人間そのものを目的として尊重できないのである。

現代のカント哲学者の見方によれば、ある種の権利はあまりに根源的なので、全体の幸福でさえ、そうした権利を踏みにじることはできない。ジョン・ロールズが主著『正義論』で述べたように、「一人ひとりが正義に基づく不可侵性を持っているため、社会全体の幸福ですら、それを踏みつけることはできない……。正義によって確保された権利は政治的取引や社会的利益の計算には左右されない」

だとすれば、カント主義リベラル派は、功利主義的な考え方に頼らずに権利について説明する必要がある。それだけでなく、善についての特定の概念に頼らずに、またある生き方がほかの生き方より優れていると仮定せずに、説明する必要がある。目的に関して中立な正当化だけが、リベラルの決意を、つまり特定の目的に肩入れせず、望ましい生き方を市民に押しつけないという決意を守ることができる。だが、そうした正当化とはどんなものだろうか？　いったいどうすれば、善き生について何の構想も抱かず、一定の目的をほかの目的より支持することもないまま、ある種の自由や権利は根本的なものだと主張できるのだろうか？　こう考えると、特定の目的を持たずにリベラルの原理を主張するという、相対主義の苦境に引き戻されてしまうように思える。

カント主義リベラル派が提案する解決策は、「正」と「善」を区別することだ。つまり、基本的な権利や自由の枠組みと、その枠組みの内部で人びとが追求しようとする善の概念を区別するのである。国家が公正な枠組みを支持することと、ある特定の目的を肯定することは違うと、彼らは主張する。たとえば、人びとが自由に意見を形成したり目的を選んだりできるように言論の自由を擁護することと、以下のような理由でそれを支持することは違うのである。つまり、政治的議論に携わる生活のほうが公共の事柄にかかわらない生活よりも本質的に価値があるとか、言論の自由は社会全体の幸福を増大させるといった理由だ。カント的な考え方で可能なのは前者の擁護だけである。それが、中立的な枠組みという理想のうえに立っているからだ。

さて、目的に中立な枠組みをつくろうというのは一種の価値観と考えられる。その意味で、カント主義リベラル派は相対主義ではない。だが、その価値観とはまさに、望ましい生き方や善の概念をそれが肯定しないところにある。すると、カント主義リベラル派にとっては、二つの意味で正［権利］が善より優先されることになる。第一に、個人の権利は全体の善のために犠牲にされてはならない。第二に、そうした権利を規定する正義の原理は、善き生に関する特定の見解を前提にしてはならない。権利が正当化されるのは、それが全体の幸福を最大化したり、善を促進したりするからではない。そうではなく、公正な枠組みを形成するからなのだ。この枠組みの内部で個人や集団は、他人にも同じ自由を認めるかぎり、みずからの価値観や目的を選べるのである。

もちろん、根本的な権利とは何か、中立的枠組みの理想が求めるのはどんな政治制度かについて、権利に基づく倫理の提唱者のあいだで意見が一致しないのは周知の通りだ。平等主義的リベラル派は社会保障制度を支持し、ある種の社会的・経済的権利——福祉、教育、医療などへの権利——を伴う市民的自由の構想に賛成する。リバタリアン的リベラル派は市場経済を擁護し、再分配政策は国民の権利を侵害するものだと主張する。リバタリアン派は徹底した私有財産権と結びついた市民的自由の構想に賛成する。だが、平等主義であれリバタリアニズムであれ、権利に基づくリベラリズムの出発点には、次のような主張がある。すなわち、われわれはばらばらの独立した個人であり、それぞれが自分なりの目的、関心、善の概念を持っているという主張だ。こうしたリベラリズムが追求するのは、われわれが他人にも同じ自由を認めるかぎり、自由な道徳的行為者として能力を発揮できるようにしてくれる権利の枠組みなのである。

学術的な哲学の分野では、ここ一〇年ほどのあいだに、功利主義的な倫理よりも権利に基づく倫理が優勢になっている。これはロールズの『正義論』の影響によるところが大きい。法哲学者のH・L・A・ハートは最近、「何らかの形の功利主義によって政治道徳の本質を捉えなければならないという古い信念」が「真理は基本的人権の原則にあるから、個人の特定の基本的自由と利益を守らねばならない」という新しい信念へ移行したと述べている。「……少し前まで、何らかの形の功利主義を機能させるべく、多くの哲学者が多大なエネルギーと創意を注いだものだが、最近では、基本的権利の論理を明確化すべくそうしたエネルギーと創意が注がれている」

だが、人生と同じく哲学においても、新しい信念はやがて古い通説となる。権利に基づく倫理は功利主義というライバルを圧倒するようになったものの、最近は別の方向から現れて勢いを増しつつある反論に直面している。つまり、リベラル派の考え方とくらべ、市民性とコミュニティの要求をより十全に表現する考え方からの反論である。こうした批判者であるコミュニタリアンは、現代のリベラル派と異なり、共通善の政治に賛成の論陣を張る。カントに対するヘーゲルの反論を振り返りながら、コミュニタリアンは正が善に優先するというリベラル派の主張と、その主張によって具体化される自由に選択する個人というイメージに疑問を呈する。彼らはアリストテレスにならってこう主張する。われわれは、共通の目標や目的に言及しなければ政治制度を正当化できないし、市民としての、共同生活への参加者としての自分の役割に言及しなければ、自分自身を思い描くことができないのだ、と。

この論争には、二つの対照的な自己イメージが反映されている。権利に基づく倫理とそれによって具体化される人間の概念は、大部分が功利主義との対決によって形づくられてきた。功利主義者がわれわれの多くの欲求をたった一つの欲求の体系にまとめてしまうのに対し、カント主義者は人間の個別性を強調する。功利主義的な自己が欲求の総計と定義されるだけなのに対して、カント主義的な自己は選択する自己であり、それがつねに持っている欲求や目的からは独立した存在である。ロールズはこう書いている。「自己はみずからが主張する目的に先立つ。最優先の目的でさえ、多くの可能性のなかから選ばれなければならないからだ」

自己が目的に先立つとすれば、私がみずからの目的や愛着によって定義されることは決してない。そうではなく、つねに一歩引いてそれらを眺め、評価し、場合によっては改めることができるのだ。これが、自由で独立した、選択できる自己の意味するものだ。これはまた、中立な枠組みとしての国家という理想のなかで表現される自己のビジョンでもある。権利に基づく倫理においては、われわれは本質的にばらばらで独立した自己であるがゆえに、中立の枠組みを必要とする。つまり、こうした権利の枠組みは、対立する目的や目標のなかから何かを選ぶことを拒否するのだ。自己がその目的に先立つとすれば、正［権利］は善に先立たねばならないのである。

権利に基づくリベラリズムを批判するコミュニタリアンに言わせれば、われわれは自分をそうした独立した存在、目的や愛着から完全に切り離された自己の担い手と考えることはできない。われわれの役割のいくつかは、われわれの人格の一部を——ある国の国民、ある団体のメンバー、ある運動の支持者としての人格を——構成しているというのだ。だが、われわれが自分の住むコミュニティによって部分的に定義されるとすれば、われわれはそうしたコミュニティ特有の目的や目標に組み込まれざるをえない。アラスデア・マッキンタイアが著書『美徳なき時代』で述べているように、「私にとって善であることは、そうした役割を生きる人にとっての善でなければならない」。結末はわからないにしても、私の人生の物語はつねに、私のアイデンティティの源であるコミュニティ——家族や町、部族や国家、政党や運動——の物語に埋め込まれている。コミュニタリアンの見解によれば、こうした物語は心理的差異のみならず道徳的差異をも生み出す。こうした物語はわれわれを世界のなかに位置づけ、われわれの人生に道徳的独自性を与えるのである。

負荷なき自己と位置ある自己の論争は、政治にとってどんな意味があるだろうか？　権利の政治と共通善の政治の実質的な違いは何だろうか？　問題によっては、同じ政策に賛成するにしても、二つの理論が異なる主張を展開することがある。たとえば、一九六〇年代の公民権運動について、リベラル派は人間の威厳と人格の尊重の名の下にそれを正当化し、コミュニタリアンは国民の共同生活から不当に排除された同胞に全面的な成員資格を認めるという名目でそれを正当化するかもしれない。公教育については、リベラル派が学生に自律的個人となるための素養を与え、自分なりの目的を効率的に追求できるようになってほしいとの願いからそれを支援するのに対し、コミュニタリアンは学生に善き市民となるための素養を与え、公共の討議と営為に有意義な貢献ができるようになってほしいと願ってそれを支援するのかもしれない。

問題によっては、二つの倫理から異なる政策が引き出されることもある。コミュニタリアンはリベラル派とくらべ、ポルノ専門書店の自治体による出店禁止を認める可能性が高いだろう。ポルノはコミュニティの生活様式とそれを支える価値観を傷つけるというのが、その論拠だ。とはいえ、市民道徳の政治は、保守的な政策を好むリベラリズムと必ずしも袂を分かつわけではない。たとえば、コミュニタリアンは一部の権利志向のリベラル派とくらべ、工場閉鎖を規制する州法の制定を認めようとする場合が多い。そうした法律の目的は、資本の流動性と産業界の激変による破壊的影響からコミュニティを守ることにあるからだ。もっと一般的に考えると、リベラル派が個人の権利の拡大を無条件の道徳的・政治的進歩とみなすのに対し、コミュニタリアンはリベラル派の企てが持つ、政治の場を比較的小さな連合体からより包括的な連合体へと移行させようとする傾向を嫌う。リバタリアン的リベラル派は民間経済を、平等主義的リベラル派は社会保障制度を擁護するが、これに対してコミュニタリアンは、企業経済と官僚国家への力の集中について、また、より活気ある公共生活を折にふれて支えてきた中間的なコミュニティの衰退について憂慮するのである。

リベラル派がしばしば主張するのは、共通善の政治は、特定の忠誠、義務、伝統に頼らざるをえないため、偏見と不寛容への道を開くということだ。現代の国民国家はアテネの都市国家《ポリス》ではないと彼らは指摘する。現代の生活の規模と多様性のせいで、アリストテレスの政治倫理は、よくて郷愁をそそるもの、悪くすれば危険なものになってしまった。どんなやり方にせよ、善の構想によって統治を行おうとすれば、坂道を転げ落ちるように全体主義へと誘い込まれる可能性が高いのである。

コミュニタリアンの反論は次のようなものだが、私はこの意見が正しいと思う。すなわち、不寛容が蔓延するのは、生活様式が混乱し、社会への帰属意識がゆらぎ、伝統が廃れるときだというのだ。現代において、全体主義の衝動は、確固とした位置ある自己の信念から生じているわけではない。そうではなく、ばらばらにされ、居場所を失い、フラストレーションを抱えた自己の困惑から生じているのだ。こうした自己は、共通の意味が力を失った世界で途方に暮れているのである。ハンナ・アーレントはこう述べている。「大衆社会の存立がこれほど難しいのは、そこに含まれる人びとの数が多いからではない。あるいは少なくとも、それが主要な原因ではない。人びとのあいだを埋める世界が、彼らをまとめ、結びつけ、また引き離す力を失ってしまったという事実が原因なのだ」。公共生活が衰退するかぎり、われわれは共通の充足感を徐々に失い、全体主義を解決策とする大衆政治に陥りやすくなる。共通善派の権利派に対する反論は以上のようなものだ。共通善派が正しいとすれば、われわれにとって喫緊の道徳的・政治的課題は、わが国の伝統に内在するが現代では姿を消しつつある、市民共和制の可能性を蘇らせることである。

第23章　手続き的共和国と負荷なき自己

政治哲学はしばしば、世間からはかけ離れているように見える。原理と政治は別もので、たとえ理想を「実行に移す」ことに最大限の努力を傾けたところで、理論と実践のあいだの溝に足を取られるのが関の山だ(1)。

だが、政治哲学は、ある意味では実現不能であるにせよ、別の意味では回避不能だ。そもそも、それがこの世に哲学が存在する意味なのだ。われわれの営みと制度は、理論を具体化したものである。政治的営みに携わるということは、すでに理論に関わっているということだ(2)。政治哲学の最終的な問い――正義、価値、善き生の性質――についてはなことだらけだが、一つだけわかっているのは、われわれはつねに何らかの答えを生きているということである。

この小論では、われわれがいま、現代アメリカでどんな答えを生きているかを探ってみたい。われわれの営みと制度の内にある政治哲学はどんなものだろうか？　それは哲学としてどんな立場なのだろうか？　哲学のなかの対立は、こんにちの政治状況にどう表れているだろうか？

たった一つの哲学を求めるのは間違っているとか、われわれが生きているのは一つの「答え」ではなく複数の答えだという反論もあるかもしれない。だが、答えは複数あるということ自体が、一種の答えになっている。この多元性を肯定する政治理論こそ、私が探求を提案する理論なのである。

正と善

手はじめに、ある道徳的・政治的ビジョンについて考えてみよう。それはリベラル的ビジョンの一つで、大半のリベラル的ビジョンと同じく、正義、公正、個人の権利を最も高い位置に据える。このビジョンの核となる主題は以下のようなものだ。正義にかなう社会は特定の目的の促進を目指すのではなく、市民がそれぞれの目的を追求し、かつ全員が同じ自由を享受できることを可能にする。すなわち、特定の善の概念を前提としない原則によって統治されなくてはならない。こうした規制的原理が正当である何よりの根拠は、全体の幸福を最大化するとか、美徳を涵養するとか、そのほかの方法で善を促進するからではなく、正の概念に適合するからだ。正は善よりも先に与えられ、かつ善から独立した道徳の範疇である。

言い換えれば、このリベラリズムが説くのは、こういうことだ。正義にかなう社会を正義にかなうものとするのは、その社会が目指す「テロス」すなわち目的や目標ではなく、競合する目的や目標から前もって何かを選ぶことをまさに拒否することなのである。正義にかなう社会は、市民がそれぞれの価値や目標を追求し、かつ他者にも同様の自由を認めることができるような枠組みを、憲法や法律という形で提供しようとする。

以上のような理想は、正は二つの意味で善に優先するという主張に要約されるかもしれない。正が優先するということは、まず、個人の権利を全体の善のために犠牲にしてはいけないという意味であり（この意味では功利主義と対立する）、次に、そうした権利を規定する正義の原理は善き生についての特定のビジョンを前提としてはいけないという意味である（この意味では目的論的構想全般と対立する）。

これが現代の道徳・政治哲学の大半がとるリベラリズムだ。この理論はロールズが練り上げて完成させたものであり、哲学的基盤をカントに負っている。[3]だが、このビジョンについて私が関心を抱くのは、その来歴よりも、私にとっては意外な三つの事実だ。

一つ目は、リベラリズムが深く強い哲学的魅力を持つこと。二つ目は、その哲学的な力にもかかわらず、正を善より優先させよという主張が最終的には破綻すること。三つ目は、哲学としての破綻にもかかわらず、このリベラル的ビジョンのなかでわれわれが生きていること。二〇世紀後半のアメリカに生きるわれわれにとって、リベラリズムは自分たちのビジョンであり、公共の生活の最も中心的な営みと制度に最も完全に体現されている理論だ。その理論が哲学としてなぜ間違っているかを理解することは、現在の政治状況の診断に役立つかもしれない。そこで、リベラリズムについて、まずその哲学的魅力を、つぎに哲学的破綻を、最後に、手短にではあるが、現実世界での容易ならざる具体化について見ていきたい。

だが、この三点に取り組むまえに、それらを結びつける中心的テーマは押さえておく価値がある。それは人間についてのある構想であり、道徳的行為者であるとはどういうことかをめぐる構想だ。あらゆる政治理論の例に漏れず、私が述べてきたリベラルの理論も、一まとまりの規制的原理以上の意味を持つ。それはまた、世界のあり方と、そのなかでのわれわれの行動様式についての見方でもある。この倫理の中心にあるのは、この倫理の推進力になると同時に足かせにもなる人間観だ。これから論じるように、この倫理にこれほど説得力を与えながら、最終的には弱みとなるのは、負荷なき自己の約束と破綻である。

カント哲学の基盤

リベラルの倫理は正の優先を唱え、特定の善の概念を前提としない正義の原理を求める。[4]そのような原理を、カントは道徳法則の優位によって表現し、ロールズは「正義は社会制度の第一の美徳である」という言葉で表現した。[5]正義は単なる価値観以上のものだ。競合する価値観や目的のあいだの対立を規制する枠組みを与えてくれる。それゆえに、正義はそうした目的から独立した是認を必要とする。しかし、そうした是認がどこで見つけられるかは、明らかではない。

正義の理論は、さらに言えば倫理学も、人間の目的や目標をめぐる何らかの構想を主張の基盤とするのが常だった。それゆえ、アリストテレスは都市国家《ポリス》の尺度はそれが目指す善だと述べたし、ジョン・スチュアート・ミルでさえ、「正義は道徳全体の主要部分であり、比類なく強い拘束力を持つ部分である」と一九世紀に述べて、正義を功利主義的な目的の道具にした[6]。

これはカント哲学の倫理が拒む解決法だ。欲求と目的は人によって異なるのが普通だから、そうした欲求や目的から生まれた原理は偶発的であるにすぎない。だが、道徳法則は偶発的ではなく定言的な基盤を必要とする。幸福のようにきわめて普遍的な欲求でさえ、不適格だ。何が幸福かについては人によって考えが異なるし、ある特定の構想を規則として定めるのは、ある人の考えをほかの人に押しつけることになり、自分なりの構想を選択する自由を少なくとも一部の人に認めないことになる。いずれにしても、欲求や傾向が自然や環境によって決まることを考慮すれば、それらに従って自己を統治するのは、真の自己統治にはまったくなりえない。それはむしろ自由を拒絶することであり、外部でなされる決定への降伏だ。

カントによれば、正は「もっぱら人間の外的関係における自由の概念に由来するものであり、あらゆる人間が生来持っている目的［たとえば、幸福の達成という目的］やその目標に到達する手段として認められた方法とは、まったく関係がない[7]」。そのようなものとして、正はあらゆる経験的目的に優先する基盤を持たなくてはいけない。私は特定の目的を前提としない原理に統治されるときのみ、自由に自分なりの目的を追求し、かつすべての人に同じ自由を認めることができる。

だが、それでもなお、正の基礎はどんなものかという問いは残る。正があらゆる目的や目標に優先しなければならず、カントの言う「人間本性の特別な状況[8]」さえ条件にできないとすれば、そのような基礎はいったいどこで見つかるのだろうか？　カント的倫理の厳しい要求を考えると、道徳法則の基盤はほとんどどこにも求められないように見える。どんなものであれ、経験的前提条件は正の優先性を損なうからだ。「義務よ！」とカントは精いっぱいの情熱を込めて呼びかける。「汝にふさわしい起源は何なのか？　そして、傾向性とのあらゆる関係を誇り高く拒む汝の高貴な系統の根源は、いずこに見いだされるのか[9]？」

カントは、道徳法則の基礎は主体に見いだされるはずだと答えた。実践理性の客体ではなく、自律的意志を持つことのできる主体にあるというのだ。経験的目的ではなく、むしろ「目的の主体、すなわち理性的な存在そのものが、あらゆる格律［行為の根拠となる主観的原則］の根拠とされなければならない[10]」。カントが「あらゆる可能な目的の主体そのもの」と呼んだものこそが、正を生じさせることができる。その主体だけが自律的意志の主体でもあるからだ。その主体だけが「人間を感性界の一部としての自分自身から引き上げるもの」になりうるし、人間を社会的・心理的傾向性から完全に独立した理想的で無条件の領域に入らせることができる。そして、この徹底的な独立だけが、予測不能な状況に左右されない自由な自己選択に必要な超然的態度を与えてくれる。[11]

この主体とは、いったい誰、あるいは何であるのか？　それはある意味で、われわれだ。道徳法則はつまるところ、われわれがわれわれ自身に与える法則だ。われわれはそれを見つけるのではなく、望むのだ。こうして、道徳法則（およびわれわれ）は、自然と環境と単なる経験的目的の領域から抜け出す。だが、重要なのは、望む「われわれ」は特定の人格、つまり君と僕とか、われわれ一人ひとりとしてではなく――道徳法則は個人としてのわれわれには左右されない――、カントの言う「純粋な実践理性」の当事者としての「われわれ」、超越論的主体の当事者としての「われわれ」である点を理解することだ。

さて、私がそういう種類の主体であり、純粋な実践理性を行使できると保証するものは何だろうか？　実は、厳密に言えば、保証はない。超越論的主体は可能性にすぎない。だが、私が自分自身を自由な道徳的行為者と考えるなら、前提としなければならない可能性だ。もし私がまったく経験的な存在だとすれば、私は自由を手にすることはできないだろう。意志を行使するたびに、何らかの客体への欲望に条件づけられるからだ。あらゆる選択は、何らかの目的の追求に支配された他律的選択となるだろう。私の意志は決して第一原因にはなりえず、優先する何らかの原因の結果であり、いずれかの衝動や傾向性の道具であるにすぎない。カントはこう記している。「われわれが自分自身を自由であると考えるとき、われわれは自分自身をその一員として英知界に移し、意志の自律性を認識する[12]」。それゆえに、カントの倫理が求めるような、経験に優先し、経験から独立した主体という観念は可能なだけでなく不可欠であり、自由の可能性に必要な前提であるように思われる。

こうしたすべてのことは、政治にどのような帰結をもたらすだろうか？　主体は目的に優先するから、正は善に優先する。社会が最もよい仕組みを持つのは、特定の善の概念を前提としない原理によって統治されるときだ。なぜなら、ほかの仕組みでは、人間を選択できる存在として尊重せず、主体ではなく客体として、彼ら自身を目的ではなく手段として扱うことになるからだ。

このように見てくると、カントの主体の概念が正の優先の要求とどう結びついているかがわかる。だが、英米の伝統に身を置く者にとって、超越論的主体は、なじみのある倫理の基盤にしては奇妙なものに思える。たしかに、『純粋理性批判』を受け入れなくとも、権利を重んじて正義の卓越性を肯定することはできると考えられるかもしれない。いずれにしても、それがロールズの企てだ。

ロールズは正の優先性を、超越論的主体のあいまいさから救おうとする。カントの観念論的な形而上学は道徳的・政治的利点にも富むが、超越的なものに譲歩しすぎ、正義の人間的状況を否定することによってのみ正義の卓越性を勝ちとる。ロールズは「カント的な正義の概念を有効に発展させるためには、カント学説の力と内容を超越論的観念論の背景から切り離し、理にかなった経験論の規範」にはめ込んで鋳直《い》さなくてはいけないと述べている。[13] したがって、ロールズの企ては、カントの道徳的・政治的教義を保持しつつ、ドイツ的あいまいさを、英米人の気質に合ったなじみ深い形而上学に置き換えることだ。その役割を果たすのが原初状態である。

超越論的主体から負荷なき自己へ

原初状態は、カントの超越論的主張では得られないものを提供しようとする。それは善に優先しながらも、世界のなかに位置づけられる正の基盤だ。要点だけをかいつまんで言えば、原初状態の機能は以下のようなものだ。原初状態はわれわれを想像に誘う。自分がどんな人間であるか——金持ちか貧乏か、強いか弱いか、幸運か不運か——を知らず、みずからの興味も目的も、善の概念さえ知らないときに、社会を支配する原理としてわれわれがどんな原理を選ぶかを想像させるのだ。そうした原理——そのような想像上の状況でわれわれが選ぶであろう原理——が正義の原理だ。しかも、原初状態が有効に機能すれば、それはいかなる特定の目的をも前提としない原理である。

そうした原理が前提とする人間像は、正義を第一の美徳とする場合にわれわれがあるべき姿だ。それが負荷なき自己の姿であり、目的や目標に優先し、それらから独立していると理解される自己である。

さて、負荷なき自己が表すのは、何よりもまず、自分が持つもの、欲するもの、求めるものに対するわれわれのあり方である。自分が持つ価値観と自分がそうである人格がつねに区別されることになるのだ。何らかの特質を私の目的、希望、欲求などとして同定するということは、それらの背後の少し距離のある場所に、何らかの主体としての「私」がつねに必要だということであり、その「私」の形は、私が持つどんな目的や属性よりも先に与えられなければならない。この距離のもたらす一つの結果は、自己そのものを経験の埒外に置き、アイデンティティを恒久的に保証することだ。別の言い方をすれば、いわゆる構成的目的の可能性を排除することだ。どんな役割も関与も、それなしでは私を定義できないというほど完全に、私を定義することはできない。どんな企ても、それに背を向ければ私の人格を疑うことになるというほど、本質的ではありえない。

負荷なき自己にとって何よりも重要で、われわれの人間性にとって最も本質的なのは、みずから選ぶ目的ではなく、目的を選ぶことのできる能力だ。原初状態は、われわれに関するこの中心的な主張を要約したものだ。「われわれの本性を第一に表すのはみずからの目的ではなく、そうした目的が形成される背景条件を支配するものとしてわれわれが認める原理だ……それゆえに、われわれは目的論的学説で提示された正と善の関係を逆転させ、正を優先して見るべきなのである」[14]と、ロールズは書いている。自己がその目的に優先して初めて、正は善に優先できる。私のアイデンティティが、私がいつ抱くとも知れない目的や興味に決して縛られない場合にかぎり、私は自分自身を、自由で独立し、選択能力を持つ行為者と考えることができる。

こうした独立概念の帰結として、われわれがどんなコミュニティを許容できるかが決まる。負荷なき自己と理解されるわれわれは、もちろん、自由にみずからの意志で他者と結びつくことができるし、協同的な意味でのコミュニティを持つこともできる。負荷なき自己に閉ざされているのは、選択に先行する道徳的絆で結ばれたコミュニティの成員となる可能性だ。負荷なき自己は、自己そのものが危険にさらされるようなどんなコミュニティにも属することはできない。そのようなコミュニティ——単に協同的であるものと対比させるため、構成的と呼ぼう——は、当事者の利益だけでなくアイデンティティにもかかわりを持つため、その成員は、負荷なき自己には知りえないところまで徹底した市民性のなかに組み込まれる。

すると、正義が優先されるためには、われわれはある特定の種類の生き物でなければならず、人間をとりまく状況と特定のやり方で関係しなければならなくなる。われわれはカントの説く超越論的主体であるにしても、ロールズの説く負荷なき自己であるにしても、周囲の状況に常にある距離を置いて対峙しなければならない。こうしたやり方をして初めて、自分自身を経験の客体としてのみならず主体として、追求する目的の単なる道具ではなく行為者として見ることができるのである。

負荷なき自己とそこから引き出される倫理をひとまとめにして考えてみると、解放的なビジョンが手に入る。自然の命令や社会的役割の拘束から解放されて、人間の主体が支配者の座に据えられ、唯一の道徳的意味を決める者の役を与えられる。純粋な実践理性の当事者として、あるいは原初状態にある者として、われわれは前もって与えられた価値秩序に拘束されずに、自由に正義の原理を構築する。そして、現実的かつ個人的な自己として、そうした秩序、習慣、伝統、受け継いだ地位に拘束されずに、みずからの目的と目標を選ぶ自由を持つ。不正なものでないかぎり、われわれの善の概念はどんなものであれ、みずから選んだというだけの理由で重みを持つ。ロールズの言葉を借りれば、われわれは「正当な根拠のある主張がひとりでに発生する源泉」なのだ[15]。

これは気分を明るくする展望であり、それによって活性化されるリベラリズムは、自己定義する主体を求める啓蒙主義的探求を余すところなく表現していると言えるかもしれない。だが、それは本当だろうか？　われわれは自分の道徳的・政治的生活を、ここで求められている自己像に照らして理解できるのだろうか？　私はできるとは思わない。その理由を、まずリベラルの企図の内部で、次にそれを超えて示してみたい。

正義とコミュニティ

ここまでは、リベラルなビジョンの基盤と、そのビジョンが擁護する原理を引き出す方法に焦点を絞ってきた。そこで、ロールズを例にとり、そうした原理の本質をざっと見てみよう。いま一度、要点だけをかいつまんでみると、ロールズの正義の原理は次の二つである。一つ目は、あらゆる者にとって平等な基本的自由。二つ目は、社会的・経済的不平等は社会の最も不利な成員を利するものにかぎられるということ(格差原理)。

これらの原理を主張しながら、ロールズはなじみ深い別の二つの選択肢——功利主義とリバタリアニズム——に異議を唱える。功利主義に対しては、人間一人ひとりの区別を重んじていないとして反対する。全体の幸福の最大化を求めることによって、功利主義は社会全体を一人の人間であるかのように扱う。人間のあまたある多様な欲求を一つの欲求の体系にまとめ、最大化しようとする。人びとに満足を分配することには無頓着だが、それが全体の総計に影響しそうな場合は別だ。だが、そのせいで、われわれの多様性と個性は尊重されない。一部の人を全体の幸福の手段として利用するため、各人そのものを目的として尊重することができない。功利主義者も個人の権利を擁護することはあるものの、その擁護は、個人の権利の尊重が長い目で見れば効用となるという計算に基づかなくてはならない。だが、その計算は偶然的で不確実だ。ミルの述べたとおり効用が「あらゆる倫理問題の最終的な拠り所[16]」であるかぎり、個人の権利は決して保証されない。したがって、原初状態にある人びとは、みずからの生存可能性がいつか他者のより大きな善の犠牲になるかもしれないという危険を避けるため、全員にある程度の基本的自由を与え、その自由を優先することに固執する。

功利主義者が一人ひとりの個性を重んじないのに対し、リバタリアンは運の恣意性を認めないという点で間違っている。リバタリアンは、効率的市場経済による分配の結果なら何でも正しいと定義し、あらゆる再分配に反対する。その根拠は、ごまかしや盗みなどで他人の権利を侵害しないかぎり、人は何であれみずから手に入れたものを持つ資格があるというものだ。ロールズはこの原理に反対する。才能、財産、そして努力でさえ、ある人は多く持ち、ある人は少ししか持たないという分配のあり方は、道徳的観点からは恣意的であり運次第だというのがその根拠だ。そうした違いに基づいて人生の善なるものを分配するのは、正義を行うことにはならず、ただ人間の取り決めに社会的・自然的偶然の恣意性を持ち込むことにすぎない。個人としてのわれわれは、幸運によって恵まれたのかもしれない才能にも、それから生じる利益にもふさわしくない。したがって、われわれはそうした才能を共有の資産と考え、それらがもたらす報賞の共同受益者としておたがいを見るべきだ。「天分に恵まれた人たちは、誰であろうと、みずからの幸運から利益を得てもよい。ただし、恵まれない人たちの状況を改善するという条件がつく……公正としての正義においては、人間はたがいの運命を分かち合うことに同意するのである」[17]

これが格差原理を導く論法だ。例によって姿を変えてはいるものの、負荷なき自己の論理がここにも顔を出していることに注目してほしい。私は、たとえば、立派な体格やハンサムな顔立ちから生じる利益を受けるにふさわしいとは言ってもらえない。それらはたまたま恵まれた特色にすぎず、私に関する本質的な事実ではないからだ。それらは私が持つ属性を表現するが、私である人間を表現するのではないし、したがって、功績を主張する根拠にはできない。負荷なき自己であること、それは私についてのすべてに当てはまる。それゆえに私は個人としては、あらゆることにいっさいふさわしくないのである。

この主張が一般的な理解といかに食い違っていようとも、その構図はここまでは無傷だ。正の優先と、功績の否定と、負荷なき自己は、すべて見事につじつまが合っている。

だが、格差原理はさらに多くを求め、そのせいでこの主張は破綻にいたる。格差原理の出発点となるのは、私が持つ資産はたまたま私のものであるにすぎないという、負荷なき自己と相性のよい考えだ。だが、その終着点は、よってその資産は共有資産で、それを行使して得たものについては社会が優先権を持つという仮定である。だが、この仮定には正当な理由がない。たまたま「ここ」にある資産について私が個人として特権を持たないからといって、世界中のみなが集団として特権を持つことにはならない。なぜなら、社会の領域、ついでに言えば人類の領域のなかにその資産が占める位置は、道徳的観点から見て恣意性が低いと考える理由はどこにもないからだ。そして、その資産が私のなかの恣意性のせいで私の目的に役立てるのに適さないとすれば、特定の社会のなかの恣意性のせいで、その社会の目的に役立てるのに適するという明白な理由もないように思われる。

　この点を別の言い方で表現すれば、格差原理は功利主義と同様、分かち合いの原理だといえる。そうした原理の前提として、この原理によってみずからの資産が配分される人びとや、みずからの尽力が集団の努力に組み入れられる人びとのあいだには、あらかじめ何らかの道徳的絆がなければならないはずだ。さもなければ、格差原理はある人びとをほかの人びとの目的達成の手段として利用するための方法、つまり、こうしたリベラリズムが躍起になって拒否する方法にすぎなくなる。

　だが、コミュニティの協同的ビジョンだけを土台としたのでは、このような分かち合いの道徳的基盤が何なのかは、はっきりしない。構成的概念がなければ、個人の資産を共通善のために配分するのは、このリベラリズムが何よりも大切にする個人の「多様性と個性」の侵害だと思われるだろう。

　もし、私が実際に運命を共有せざるをえない人たちが、道徳的に言えば他者であって、私のアイデンティティと結びついた生き方を共有する仲間でないとすれば、格差原理は功利主義と同じ反論に屈してしまう。格差原理が私に要求するのは、愛着を感じられる構成的コミュニティの要求ではなく、その混乱を目の当たりにしている集団の要求なのである。

格差原理が必要としながら提供できないものは、私の持つ資産を共有するのがふさわしいと思える人びとを見分ける方法であり、そもそもわれわれ自身が相互に恩を受け、道徳的にかかわっていることを理解する方法である。だがこれまで見てきたように、格差原理を救い、地位を与えるはずの構成的な目的や愛着は、まさにリベラルな自己から奪われているものだ。それらに含まれる道徳的負担や先行する義務が、正の優越性を傷つけるからである。

だが、そうした負担がどうだというのだろうか？　ここまでの要点は次のようになる。われわれは正義を第一義とする人間ではありえないし、格差原理を正義の原理とする人間でもありえない、と。だが、それではいけないのだろうか？　われわれは自分自身を独立した自己とみなせるだろうか？　自分のアイデンティティが目的や愛着と結びついていないという意味で、独立していると言うことができるだろうか？

私はできるとは思わない。少なくとも、忠誠や信念を犠牲にしなくては無理だろう。こうした忠誠や信念に宿る道徳的力の一部は、次のような事実のなかにある。つまり、それらに従って生きることは、自分自身を特定の人間——この家族、コミュニティ、国家、民族の一員、あの歴史を担う者、この共和国の国民——として理解することと不可分だという事実である。こうした忠義は、私がたまたま、やや距離を置いて保有する価値観以上のものだ。それは、私が自発的に引き受ける責務や人類そのものに対して負う「自然的義務」を超えている。この忠義のために、私はある人びとに対し、正義が要求したり許可したりするものよりも多くを負っている。その理由は私が同意したことではなく、多かれ少なかれ持続的な愛着と関与を持っていることにある。こうしたものが合わさって、私という人間の一部を定義するのである。

このような構成的愛着を持てない人間を想像しても、自由で理性的な行為者の理想像を描くことにはならない。そうではなく、人格や道徳的深みをまったく欠いた人間を想像することになるのだ。なぜなら、人格を持つということは、自分が一つの歴史のなかで行動していると知ることだからである。その歴史は私がみずから招いたのでも支配しているのでもないが、私の選択や行為に影響を与える。その歴史は私をある人たちに近づけ、別の人たちからは遠ざける。また、ある目的をほかの目的よりも妥当なものとする。私は自己解釈する存在として、自分の属する歴史について考察できるし、その意味で歴史から距離を置くこともできるが、この距離は常に不安定で暫定的であり、考察の観点が最終的に歴史そのものの外に確保されることはありえない。ところが、リベラル派の倫理は、自己をその経験を超えた位置、熟議と反省を超えた位置に置く。共通の生を形成できる広範な自己理解を拒まれたリベラルな自己は、一方の孤立と他方のもつれ合いのあいだを揺れ動く。負荷なき自己とそれが約束する解放がたどる運命は、こういうものなのだ。

手続き的共和国

だが、私の持論を締めくくる前に、一つの強力な反論について考察しておかなくてはいけない。これはリベラル派の方向から発せられるのだが、その精神は哲学的というより実践的なものだ。要約すれば、私が多くを求めすぎているというのだ。私生活で構成的な愛着を追求するのは、なるほど一つの見識だろう。家族や友人、結束の固いグループのなかに共通善が見つかって、正義や権利の差し迫った必要性は薄らぐことになるかもしれない。だが、公共の生については話が別である——少なくとも現在は、またおそらく永遠に。国民国家が政治共同体の主要な形態であるかぎり、構成的コミュニティについて語ることが、明るい政治ではなく暗い政治を連想させるのはあまりにも容易だ。モラル・マジョリティの声がこだまするなかでは、正を優先することは、哲学的に欠陥を抱えていようともより安全な希望に思えるのである。

これは手強い反論で、二〇世紀の政治共同体を語るときには、真剣に受け止める必要がある。手強い理由は、とりわけ、政治哲学の地位やその世界との関係が問われているからだ。私の主張が正しく、また、これまで考察してきたリベラルのビジョンが道徳的に自己完結しておらず、表向きは拒否しているコミュニティの観念に依存しているとすれば、われわれには次のことを予期すべきである。つまり、このビジョンを実現する政治的実践は実際的にも自己完結していないということ――このビジョンが提供できない、それどころか傷つけかねないコミュニティの感覚に依存せざるをえないということを。だが、それはわれわれが現在直面している状況からそんなにかけ離れているだろうか？　原初状態という視点から、無知のベールの向こうにぼんやりと、われわれはみずからの苦境を暗示するものを、われわれ自身の屈折したビジョンを垣間見ることになるのだろうか？

　リベラルのビジョン――およびその破綻――は、われわれの公共生活とその苦境を理解するのにどう役立つだろうか？　まず、現代の社会保障制度と市民の関係の以下のようなパラドックスを考えてみよう。われわれは多くの点で、ニューディールから「偉大な社会」を経て現在にいたるリベラルの計画の達成段階に近づいている。けれども、ここ数十年の選挙権の拡大と、個人の権利と資格の伸長にもかかわらず、生活を支配する勢力をコントロールするわれわれの力は個人としても集団としても、強まるどころか弱まりつつあるという感覚が広まっている。この感覚は、国民国家の力強さであると同時に無力さにも見えるものによって、いっそう深まっている。一方ではますます多くの市民が、国家は過剰な干渉をする存在であり、自分たちの目的を促進するどころか挫折させかねないとみなしている。そのうえ、経済と社会において前例のない役割を担っているにもかかわらず、近代国家自体が権限を奪われて、国内経済の管理も、蔓延する社会の病への対処もできず、アメリカの意志を世界で実現する力も持たないように見える。

このパラドックスは、（カーターやレーガンをはじめとする）近年の政治家の統治の試みを妨げてきたにもかかわらず、彼らに魅力を与えてもきた。このパラドックスを解決するために、われわれは政治的営みのなかに隠された公共哲学を明らかにし、立て直して再生させなくてはならない。手続き的共和国の誕生の経緯をたどらなければならない。手続き的共和国とは、これまで考察してきたリベラルのビジョンと自己像によって活性化される公共生活のことである。

手続き的共和国の物語はいくつかの点で共和国の建国にまでさかのぼるが、中心となるドラマは二〇世紀初頭前後に始まる。国内市場と大企業が分権経済を一掃するとともに、共和国初期の分権政治の形態も時代遅れになった。民主主義が生き延びるためには、経済力の集中に、同じような政治力の集中が伴わなければならなかった。だが、進歩党は、というよりその党員の一部は、民主主義の成功に必要なのは統治の集中だけではないとわかっていた。政治の全国化も必要だったのだ。初期の形の政治共同体を国家的規模で鋳《い》直す必要があった。ハーバート・クローリーの一九〇九年の記述によれば、「アメリカの政治的・経済的・社会的生活の全国化」は「本質的に形成的かつ啓発的な政治変革」だった。われわれがより民主的になるには、とにかく「国としてもっとまとまることだ……発想においても、制度においても、精神においても[18]」

この全国化計画はニューディールで完成するわけだが、アメリカの民主主義の伝統にとって、国家の受け入れは決定的な進展だった。ジェファソンから人民党員まで、アメリカの政治論争における民主派は、大雑把に言えば、地方派、分権派、小さな町派、小規模なアメリカ派だった。そして、それに対峙したのは国家派——最初は連邦党、次にホイッグ党、それからリンカーンの共和党——、つまり連邦の連帯を唱える党派だった。このように、ニューディールの歴史的業績は、サミュエル・ビアー〔一九一一—二〇〇九。アメリカの政治学者〕が「リベラリズムと国家の観念」と呼んだものを一つの党派と政治プログラムにまとめたことだった。[19]

われわれの目的にとって重要なのは、二〇世紀にリベラリズムが中央集権と和解したことだ。だが、最初からわかっていたことだが、この和解の条件として必要とされたのは、国家共同体を強く意識し、現代の産業秩序との広範なかかわりを道徳的にも政治的にも引き受けることだった。小規模で民主的なコミュニティからなる有徳な共和国がもはや実現不能だとすれば、国家的共和国が民主主義にとっての次善の希望に見えた。それは依然として、少なくとも原理上は共通善の政治だった。国家は対立する利益を追求するための中立的な枠組みとしてではなく、現代の社会的・経済的形態の規模に適した共通の生を形づくろうとする形成的なコミュニティと理解されていたのだ。

だが、この企ては失敗する。二〇世紀半ばから後半にかけて、国家的共和国は自然な成り行きをたどった。戦争のような非常事態を除けば、国家は規模が大きすぎるため、形成的・構成的な意味でのコミュニティに必要な共通の自己理解を全体として培うのは無理であることが判明したのだ。そして、われわれの営みと制度において、共通の目的の公共哲学から公正な手続きの公共哲学へ、善の政治から正の政治へ、国家的共和国から手続き的共和国へという転換が徐々に進んだのである。

現在のわれわれの苦境

この推移を余すところなく説明するには、政治制度と、憲法の解釈と、広い意味での政治的言説の言葉について、変貌ぶりを詳しく見ていかなくてはならないだろう。だが、手続き的共和国の営みには、その哲学によって暗示される二つの大きな傾向が見られるように思われる。まず、民主主義の可能性を閉め出す傾向。次に、みずからが依存するタイプのコミュニティの価値を、依存するにもかかわらず低下させる傾向である。

初期の共和国における自由は、民主的機関の一機能や分散した権力として理解されていたが[20]、手続き的共和国の自由は、民主主義とは裏腹に、多数派の意向に対する個人の保障と定義される。権利が切り札だとすれば、私は権利の持ち主であるかぎり自由だ[21]。初期の共和国の自由とは異なり、現代の自由は権力の集中を許し、実のところ要求さえする。これは権利を普遍化する論理と関係がある。言論の自由にしても最低限の収入にしても、私にその権利があるかぎり、権利は各地方の気まぐれな選択に左右されることなく、政治共同体の最も包括的なレベルで確保されなければならない。ニューヨーク州とアラバマ州で異なってはいけないのだ。権利と資格の拡大とともに、政治は小さな形のコミュニティから最も普遍的な形——わが国の場合、国家——へ移行した。たとえ政治が国家へ向かおうと、権力は民主主義的機関（立法府や政党など）から離れる。そして、民主主義の圧力を遮断するためにつくられ、結果的に個人の権利の分配と擁護により適した機関（ことに司法組織と官僚組織）へと向かう。

機関にかかわるこうした推移が無力感の原因となりつつある。社会保障制度が対処しきれないその無力感は、ある面では間違いなく深まっている。しかし、われわれの置かれた状況を示す別の手がかりから、負荷なき自己の苦境がさらに直接的に想起されるように思う。われわれは負荷なき自己を孤立ともつれ合いのあいだに置き去りにし、揺れ動くままにしている。社会保障制度の意外な特徴は、個人の権利を力強く約束するとともに、国民にがなり高いレベルのかかわり合いを求めることだからだ。だが、権利に付随する自己像はそうしたかかわり合いには耐えられない。

権利の持ち主としてのわれわれは、権利が切り札であるかぎり、自分は自由に選択できる個人であって、権利やみずからの同意に先行する義務には縛られないと考える。それでもなお、そうした権利を保障する手続き的共和国の国民として、われわれはいやおうなしに、おびただしい依存や期待に巻き込まれているのに気づく。そうした依存や期待はわれわれわれが選んだものではないため、それらを拒む傾向は強まるばかりだ。われわれは公共生活においてかつてないほどもつれ合っているのに、愛着は弱まっている。あたかもリベラル派の倫理が前提とする負荷なき自己が実現しはじめているかのようだが、その自己は解放されているというより権限を奪われ、義務や関与のネットワークに絡めとられている。そうした義務や関与は自分の意志による行為と無関係だし、それらを受け入れ易くする共通のアイデンティティや拡大した自己認識の仲立ちもない。社会的・政治的組織の規模がいっそう拡大するにつれ、われわれの集団的アイデンティティの条件は崩壊し、政治生活の形態は、それを支えるのに必要な共通の目的からはみ出してしまった。

以上のようなことが、過去半世紀ほどのあいだにアメリカで起こったように、私には思える。これまで述べてきたことが、少なくともより完全な形の物語を示唆するのに十分であってくれればと。また、いずれにしても、政治と哲学および両者の関係について一定の見解が伝わっていればと思う――われわれの営みや制度はそれ自体が理論の体現であり、それらの苦境を打開するには、少なくともある面で時代の自己像を追求することが必要であるという見解が。

第24章　成員資格としての正義

　金で買えないものはあるし、買おうとしても、買うべきでないものもある――たとえば選挙や、昔なら魂の救済だ。だが、選挙での買収は免罪符の販売と同様、是正を求められるのが普通である。そうしたものを買うことのどこがいけないのだろうか？　金の力で支配してはいけない領域はほかにあるだろうか？　人生における善なるものをどう分配すべきかが、マイケル・ウォルツァーの著書『正義の領分』の主題だ。この本では、分配の正義をめぐって続いている論争に対し、創意に富む選択肢が示されている。

　この論争はたいがいリバタリアンと平等主義者のあいだで行われる。リバタリアンの主張によれば、金銭は自由な交換の媒体だから、保有する人の欲するものを何でも買えて当然であり、人には自分の金を自分の選んだように使う自由がある。平等主義者は、金銭が公平な分配の道具となるのは全員が同じ分量を持っているときだけだと応じる。たくさん持つ人と少ししか持たない人がいるかぎり、強い立場から取引する人と、弱い立場から取引する人が出てくるため、いわゆる自由市場は公平からはほど遠いものになる。だが平等主義的アプローチを批判する人たちに言わせれば、たとえあらゆる富が等しく分配されたにしても、取引が始まったとたん、平等は終わる。運や状況に恵まれた人は得をし、恵まれない人は損をする。人びとが異なる能力と欲求を持つかぎり、完璧な平等による支配は決して長続きしない。

ウォルツァーは、リバタリアン対平等主義者の論争の土台を変えることによって、平等擁護論を反対派からも賛成派からも救う。彼の解決策の鍵は、金銭の分配よりも、金銭で買えるものの制限に心を砕くところにある。これが正義の領分について語る際の要点である。ウォルツァーの主張によれば、異なる善は異なる領分を持ち、それらは異なる原理によって適切に統治される——困窮者には福祉を、ふさわしい者には名誉を、説得する力を持つ者には政治力を、適任者には地位を、支払う能力と意志のある者には贅沢を、敬虔な者には恩寵を、というわけだ。

ウォルツァーにとって、富の不平等の不正義とは、金で手に入れられるヨットや豪勢な食事に存在するわけではない。そうではなく、たとえば金の力で政治的影響力を買うように、みずからが属さない領分を支配する金の力にあるのだ。金銭は最悪の越境者かもしれないが、相応の領分を超えて不当に君臨する通貨はほかにもある。たとえば、地位が能力ではなく血筋によって与えられるのは、縁者びいきだ。縁者びいきや賄賂は、それぞれの領分とは無縁の原理で善が分配される結果を招くため、非難されやすい。

だが、ウォルツァーも認めるように、領分という考え方だけで、この善やあの善を分配する方法がわかるわけではない。われわれの政治的議論の大半は、まさに、どの善がどの領分に属するかをめぐって生じる。たとえば、医療や住宅や教育はどんな種類の善だろうか？　それらを、要求に応じて公的に供給される基本的ニーズと見るのが正しいのか、それとも市場で売られるべき財やサービスと見るのが正しいのか？　別の例を挙げよう。セックスはどの領分に属するだろうか？　性的快楽は愛情と敬慕にのみ基づいて「分配」されるべきだろうか、それとも現金あるいはほかの財と交換されるべきだろうか？

論じるのが福祉制度であれ性道徳であれ、どの善がどの分配原理に適しているかを決める何らかの方法が必要だ。最もなじみがありそうな一つの決定方法は、ある種の普遍的な自然権や人権を特定し、派生する個別的権利を何であれそこから引き出そうとする方法だ——住宅や医療の権利であれ、場合によっては売春をする権利であれ。

ウォルツァーは権利に訴えることを拒み、代わりにコミュニティの成員資格という概念を採用する。この概念は、権利を第一に置く政治理論に強く異議を突きつける。彼にとって、分配の正義はそのような成員資格とともに始まるべきなのだ。なぜなら、われわれはみな、権利の持ち主である前に、政治共同体の成員だからだ。われわれが特定の善に権利を持つかどうかは、その善がコミュニティの生活に果たす役割と、成員としての自分にとって持つ重要性によって決まる。

ウォルツァーは医療の公的供給を増やすべきだという主張を通じて、この点を明らかにしている。それは、一律の「治療の権利」ではなく、現代アメリカ人の生活の特徴と、それを定義する共通の理解を拠り所とする主張だ。ウォルツァーによれば、中世のキリスト教徒にとって魂の癒しが意味したものは、われわれにとって肉体の治癒が意味するものと同じだ。彼らにとっては永遠性が社会的に認識されたニーズだった――「そのために、各教区に教会が置かれ、定例礼拝、子供の教理教育、義務化された聖体拝領などが行われた」。われわれにとっては健康で長生きすることが社会的に認識されたニーズだ――「そのために、各地区に医師と病院が置かれ、定期健診、子供の保健教育、義務化された予防接種などが行われる」。医療が社会の成員資格にかかわる要素となるわけだ。医療から切り捨てられることは「危険なだけでなく降格であり」、一種の破門となる。

つまり、ウォルツァーの考え方では、平等擁護論は成員資格擁護論と結びついている。異なるコミュニティは、異なる善に異なる意味と価値を与え、そこから、今度は成員資格についての異なる理解が生まれる。たとえば、異なる時代と異なる場所において、パンが「命の糧、キリストの肉、安息日の象徴、歓待の手段など」となってきたことをウォルツァーは指摘する。肝心なのは、各コミュニティが共有された理解に忠実であり、そうした理解が要求するものについての政治的論争を受け入れられるということだ。

これは人間味あふれる希望に満ちたビジョンであり、ウォルツァーはこれを、皮肉っぽく、かつ丁重に提示する。彼の著書には、具体例と歴史的事例が織り込まれている。ほかの文化や伝統と比較することによって、地位と名誉、安全と福祉、労働と余暇、学校教育と男女交際、所有と権力といった社会的善に関するわれわれ自身の理解を浮き彫りにすることを狙っているのだ。そうしたアプローチはときに体系的というより感情に訴えるものであるにせよ、彼の目的に適っている。つまり、哲学の普遍化への衝動に抵抗し、われわれの道徳生活の豊かな個別性を肯定するという目的である。

本質的に保守的で批判精神に欠けるとして、この目的に異議を唱える向きもあるかもしれない。成員が共有する理解に忠実な社会が公正な社会になるとはかぎらず、単に一貫性のある社会にすぎないという意見もあるかもしれない。さらに、正義という観念が何らかの批判的な力を持つならば、特定の社会とかかわりのない基準に基づくべきで、さもなければ正義はまさにみずからが判断すべき価値にとらわれてしまうという反論もありうる。ウォルツァーがこの反論に屈しそうに見えるのは、自分たち以外のコミュニティの意味を判断できるかどうかを彼が疑うときだ。

だが、彼の多元主義がその種の道徳的相対主義を必要としているとは、私は思わない。ウォルツァーの相対主義的見解は、彼の言い分に道徳的力を与えるもっと積極的な見解と結びついている。彼の主張には、コミュニティについての特定の構想が内包されている。それは、われわれが成員として共有する共通の生を育むようなコミュニティの構想だ。

この種のコミュニティの一つの表現としてウォルツァーの念頭にあるのは、公的な祝日だ。彼はこの制度を現代の休日と対比している。休日が私的な機会で、義務から解放され、いつもの場所から「立ち去る」ときであるのに対し、祝日はみなが共に祝う公的な（ときには宗教的な、ときには市民的な）機会である。いまなお残るそうした祝日は、週末という私的休日に連結され、連休の一部となる傾向が強まっている。

ウォルツァーは「休日（vacation）」という言葉の由来を利用して、われわれがコミュニティの生活からいかにかけ離れてしまったかを示している。「古代ローマでは、宗教上の祭りや公式の競技がない日をディエース・ヴァカンテス（dies vacantes）すなわち『空っぽの日』と呼んだ。対照的に、祝日はさまざまなものに満ちていた——義務で満ちていただけでなく、祝賀でも満ち、宴会や踊り、儀式や芝居など、すべきことで満ちていた。荘厳さと歓楽の共有という社会的善が生まれる機が熟すときだった。そうした日々を捨て去ろうとする人がいるだろうか？　だが、われわれはそうした充満感を失ってしまった。そして、われわれが切望するのは空っぽの日、自分で好きなように満たすことのできる日だ」

どちらの形態の休息がより豊かな公共の生をつくるかについて、ウォルツァーはほとんど疑いを残していないものの、それでも（彼らしい相対主義的なもの言いで）祝日と休日のどちらかを選ぶのではなく、いずれの形態にしろ主流となっているほうに公的援助を求めるのが正義だと結論を出している。だが、この結論は、彼の見解のより奥深くにある示唆と矛盾する。それは、祝日よりも休日に価値を置くコミュニティはある種の充足感を欠くだけでなく、コミュニティがそうした祝日を提供するのに必要な帰属意識を支えることもできないだろうというものだ。

コミュニティに公的祝賀の費用を分かち合うことを期待するのと、私的休日への助成を求めるのは、同じではない。祝日が休日に浸食されたことからうかがえるのは、道徳的絆の弱まりだ。公的支援の提供をどのように擁護するにしても、それを前提にしなければならない。私には、これがウォルツァーの訴えの持つさらに大きな力であるように思える。正義が成員資格とともに始まるとすれば、それは分配のみにかかわるのではなく、成員資格を培う道徳的条件にも配慮しなければならないのだ。

第25章　絶滅の危機

人類を滅ぼすことには、多くの不正が伴う。失われる命、痛みと苦しみ、閉ざされた未来といった不正だ。だが、そうした悲惨な事態は、種《しゅ》を脅かさない戦争にも伴う不正である。核の悪夢が特異なのは、被害の規模や死者数のためだけではなく、人類の歴史を終わらせてしまう可能性があるからだ。ほかの破壊手段とは異なり、核戦争は絶滅の可能性に通じ、その可能性が道徳的差異を生む。だが、その差異とはどんなものだろうか？　人命の損失と人類の終末の道徳的差異は何だろうか？

こうした考察は陰鬱であると同時に馬鹿げて見えるかもしれない。だが、ジョージ・ケイティブも力説するとおり、政策は哲学への答えでなければならない。たとえ核による抑止のように、軍事的・技術的必要性にきわめて強く支配される政策であっても、同じことだ。意外なのは、彼の企図ではなく結論のほうだ。ケイティブによれば、核の危険の道徳的核心は、核戦争が個人の権利を侵害するという事実にある。これほど破滅的な出来事への不満としてはちっぽけなことに思えるかもしれないが、ケイティブの主張によれば、個人主義の原理は核時代に「最も適した理念」であり、「核のもたらす窮状を真に理解し、その永続性に抗議し抵抗する」のに最もふさわしい道徳哲学だという[1]。

ケイティブの考えでは、個人主義の原理は「どんな大きさの、どんな目的のための、どんな国による、どんな核兵器」の使用も認めない。彼はこれを「不使用原則」と呼ぶ。合法的政府の唯一の目的は個人の権利の保護であるゆえに、そして、核戦争がそうした権利を侵害するゆえに、核兵器の不使用は道徳的に許容できる。核兵器を使用する者は統治権を放棄しているのだから、必要とあらば暴力によってでも、同胞市民あるいはほかの人間の手によって打倒することが正当化される。実際、抑止原理に内在する核兵器使用の脅威ですら、合法的政府にはふさわしくなく、抵抗権の行使を招くのである。

核戦争に対するケイティブの強硬な姿勢は、核の危険にふさわしい決意の固さを示しているようにも見える。ケイティブが喚起するように、核の世界が「きわめて特異」なのは絶滅の危機をはらむからだ。だが、個人主義の立場から見て、人類の滅亡が生命の損失を超えた損失であるのはなぜだろうか？　世界を構成する何億もの人間の生存について心配しなければならない理由とは別に、世界の存続を心配すべきなのはなぜだろうか？　ケイティブはみずからの主張を個人主義の倫理に結びつけることによって、対峙すべき危機の特異性をぼやけさせている。絶滅がいわば死より悪い運命になりうることを見えにくくしているのだ。

絶滅という特殊な損失がどのようなものかを説明するには少なくとも二つの方法がある

が、いずれも、ケイティブが擁護する個人主義とは相性が悪い。最初の説明が依拠するのは、われわれが人類として分かち合う共通世界だ。ハンナ・アーレントは以下のように述べている。

共通世界とは、私たちが生まれたときにそのなかに入り、死ぬときにあとに残していくものである。同時代を共に生きる人たちとのみ共有するのではなく、ここに以前いた人たち、私たちのあとに来る人たちとも共有するものである。

アーレントによれば、共通世界の永続性は人間的意味の可能性にとって必要不可欠である。有意義な行為に携わることによってのみ、死すべき存在にすぎない人間は「地上における不滅」を希求することができる。だが、時とともに廃れるのを避けるため、そうした行為は記憶されなければならない。意味は記憶に依存しているのだ。共通世界が記憶を伝える手段であるがゆえに、人間的意味の可能性もまた、共通世界の存続に依存している。そういった視点から、ジョナサン・シェル〔一九四三―。アメリカの作家〕は核のもたらす窮状を「共通世界における命の危機」と表現した。

絶滅に対する二番目の異議が依拠するのは、民族や国民、文化やコミュニティによって定義される個別の共通世界だ。そうした世界が担う記憶は、土地の伝承や歴史によって呼び起こされる。記憶が喚起する出来事は、たとえ普遍的な意味には欠けても、個々の世界の成員にとって意味を持つ。コミュニティの運命に心を砕くことは、個人の人生よりも長く続くが人類全般ほど幅広くはない生のあり方に心を砕くことである。

これは、ジェノサイド（集団虐殺）がそれに付随するあまたの殺人よりも非道な犯罪である理由を説明している。個人を殺すのみならず民族を滅ぼすのは、言語や文化、特有の生き方を消滅させることだ。人類の世界よりは一回り狭いとはいえ、一つの世界を破壊することにより、ジェノサイドは究極的な抹殺を暗示する。ジェノサイドは人間性の独特の表現を一つ消し去ることによって、われわれの人間性を狭める。

みずからの生きる共通世界を大切にすべきだという考えは、ケイティブの声高な非難の的となる。「民族をそのように見る見方は、アメリカ人の経験に応じたものではない」。それは異質な「旧世界」、「民俗的神秘主義」であり、一つの迷信だ。文化や民族は保存に値するという確信は、全滅反対論どころか「絶滅の可能性を生み出す源となる」。民族は時代にかかわらずその構成員である個人よりも長く続くと思い込んでしまうと、われわれはみずからの人種を好み、抽象的概念のために戦い、集団的破滅への道をたどるようになる。「民族という考えは悪しき先祖返り」であり、現代の個人主義はまさにそれを正そうとしているのだ。

コミュニティの絆を尊重する人びとは、誇りが狂信的な愛国主義に堕してしまわないよう警戒する必要がある。ときに起こりうるように、そのコミュニティが国家権力を支配する場合にはなおさらである。だが、連帯そのものが国家統制主義へと滑り落ちる下り坂だというのは、針小棒大な戯画化だ。ケイティブは個人主義的な選択肢について十分に語ってはいないため、社会契約を超えた共同体意識に依拠しない権利の枠組みの保持といった、おなじみの難題を克服できるかどうかを示すにはいたっていない。だが、政治理論におけるその手の広範な問いを別にすれば、残る問いは、保存に値する共通世界の観念をすべて否定しながら、ケイティブがどのようにして絶滅を特殊な種類の危機と定義できるかだ。もし、個人主義がわれわれにあらゆる連帯から脱却せよと説くなら、世界を愛する理由として何が残されるだろうか？　もし理由が一つもなければ、絶滅をそんなに心配する必要があるだろうか？

核の危険が特異なのは、人類全体を脅かすからだ。核の危険は、われわれをこの世界に位置づける連続性を脅かす。個人主義的見解では、種の絶滅は殺人の大規模な一事例にすぎない。以下のケイティブの記述にも同様の譲歩がうかがえる。「強調されるべきなのは、何億という個人の死だ」。だが、この言い方では、世界の損失は生命の損失以上のものだというわれわれの感覚が否定されてしまう。個人の権利を語る言葉は、核戦争の何が不正なのかを語る助けにはならない。何らかのコミュニティの言葉がなければ、核時代の特異性は言い表わせないように思われる。

第26章　デューイのリベラリズムとわれわれのリベラリズム

1

二〇世紀前半、ジョン・デューイ（一八五九―一九五二）はアメリカで最も有名な哲学者だった。哲学者というだけではない。政治や教育、科学や信仰について、学問の世界にとどまらず一般読者に向けて作品を書いた公の知識人でもあった。デューイが一九五二年に九三歳でこの世を去ったとき、歴史家のヘンリー・コマジャーはデューイをこう評している。「アメリカの指導者であり、師であり、良心だった。ある世代にとって、デューイが口を開くまでどんな問題も明確にならなかったと言っても過言ではない」

とはいえ、亡くなってから数十年間、デューイの業績はほとんど省みられることがなかった。学問としての哲学は次第に専門的になり、デューイの幅広い考察は曖昧で時代遅れだとみなされた。倫理学者や政治哲学者ですら、功利主義的倫理対カント的倫理の論争に巻き込まれ、デューイに関心を向ける理由をほとんど持っていなかった。デューイの影響が残っている教育学部を除いて、彼の著作を読む学生は数えるほどだった。一方、当時の主要な政治論争——権利や資格の範囲をめぐる論争や、政府と経済の関係をめぐる論争——は、デューイの政治的な教えとほとんど関係がなかった。あるいはそう思えた。

ところが近年、デューイが再び脚光を浴びている。なぜだろうか？　デューイの復興は、現代の哲学と政治学に希望が持てる証だろうか？　これは、アラン・ライアンが『ジョン・デューイとアメリカのリベラリズムの絶頂』（一九九五年）で提起している問題の一部である。このライアンの著作自体、それが描くデューイ復興の表れなのだ。この作品に先立つこと数年前、ロバート・ウェストブルックが『ジョン・デューイとアメリカの民主主義』（一九九一年）というすぐれた伝記を上梓しているし、ライアンの著作と時を同じくして、デューイの思想に関する本や記事も登場している[1]。オックスフォード大学教授にして政治理論家のライアンは、デューイの人生と思想についての熱心で好意的な案内役だ。彼は自著を評して、本格的な伝記というよりは「当時のアメリカの教養人をがっちりとつかんだデューイの思想を親しみやすく、しかし批評精神を失わずに紹介するもの」と述べている。この目的に関しては、ライアンの本は見事に成功を収めている。

ときに語り口がだれるのは、著者が悪いというよりはむしろ主題であるデューイのせいだろう。これほど地味な人物がこれほど多事な人生を送った例も珍しい。彼の時代でも現在でも哲学者としては珍しく、デューイは公共の仕事に携わりながら一生を送った。革新主義改革の指導者だったデューイは、シカゴに実験学校を設立し、ハルハウス〔アメリカ最初期の福祉施設〕で社会改革家のジェーン・アダムズに協力し、女性参政権やマーガレット・サンガーによる産児制限運動を支持した。のちに言うところの進歩主義教育を唱道するわが国第一の人物となり、学校教師の英雄となった。アメリカ大学教員協会、ニュースクール・フォー・ソーシャルリサーチ、アメリカ自由人権協会の設立に力を貸した。日本、中国、トルコ、メキシコ、ソ連を旅し、教育改革について講演し、助言を与えた。社会民主主義の原則に基づく新しい政党を結成しようとしたが、これは失敗に終わった。七八歳のときに、スターリンがレフ・トロツキーにかけた嫌疑を晴らした委員会の委員長を務めた。一九三六年にモスクワで行われた裁判で、トロツキーはソビエト政権に対して破壊行動をはたらき、反逆を企てたとされていたのである。こうした驚くほど多彩な活動にもかかわらず、時間を見つけては一〇〇〇以上にのぼる書物や論文を著した。その多くは一般読者向けで、最近三七巻の著作集にまとめられた(2)。

だがデューイ本人は、その活動や影響力から想像されるような堂々たる人物とは言い難かった。内気で淡々とした性格で、著述家にしては文章がぎごちなく、講演も下手だった。一般読者に向けて書くときも、複雑な概念をわかりやすくすることがうまかったわけではない。シドニー・フック〔一九〇二―八九。プラグマティズムを擁護したアメリカの哲学者〕はデューイの熱烈な信奉者だが、その彼ですら、アメリカ最高の教育哲学者が教師としてはぱっとしなかったことを認めている。

彼は、聞き手の興味をかき立てようとか引きつけようとかいう努力を一切しなかった。問題を聞き手の経験に結びつけて説明しようとも、抽象的で難解な主張の要点を示すためにわかりやすい図解を使おうともしなかった。学生が熱心に授業に参加して活発に発言することはめったになかった……デューイはしゃがれ声で淡々と話した……彼の話しぶりは立て板に水とはとても言えなかった。説明が途切れたり、ときに長い沈黙が続いたりしたかと思うと、彼は窓の外や学生の頭上をじっと見つめているのだった。

書き手としても話し手としても、はたまた人間としても存在感が薄いのに、デューイが大衆に人気があるのはちょっとした謎である。彼の政治的な立場が伝統的な考え方と合わないことも多かったという事実があるだけに、この謎はなおさら深まる。非マルクス主義の資本主義批判者だったデューイは、一九一二年の大統領選ではウッドロー・ウィルソンではなく社会党のユージーン・デブズに投票した。産業資本主義の危機への対策としてはあまりに生ぬるいとして、ニューディールに反対した。また、フランクリン・ローズヴェルトではなく社会党のノーマン・トーマスに投票するのが常だった。それにもかかわらず、半世紀にわたってデューイがあれほど広範な層を引きつけたのはなぜだろうか?

ライアンが説得力ある答えを提示している。デューイの哲学は、アメリカ人が現代社会との関係を修復する手助けをしたから、というのだ。アメリカ人が二〇世紀初めに直面した、一見どうにもならない選択肢の対立を和らげたのだ。科学と信仰、個人主義とコミュニティ、民主主義と専門家任せ主義。デューイの哲学はなじみ深いこれらの対比を曖昧にした。彼に言わせれば、科学は必ずしも信仰と対立するものではなく、われわれが経験する世界を理解するもう一つの方法なのだ。きちんと理解すれば、個人主義は闇雲に私利私欲を追求することではなく、各人の能力を引き出す「共同生活」でその能力を発揮することだとわかる。民主主義とは、人びとの好みをどんな理不尽なものでも数え上げるというだけではなく、「知性的な行動」のできる市民を育てる生活様式なのだ。

要するにデューイは、アメリカ人が何より大切にしている忠誠心を捨てなくても、現代社会を受け入れられると主張したのである。ヴァーモント州の会衆派信者の家に育ち、大学で教える非聖職者の哲学教師の第一世代として、デューイが度を越して世俗的になることはなかった。信仰や、道徳的・宗教的向上の語彙を持ちつづけ、それを民主主義や教育に当てはめた。こうした姿勢が、道徳や宗教の理想と、その理想を世俗社会の前提と矛盾しないように表現する方法を追い求めていた人びとにアピールしたのだと、ライアンは主張する。戦争、社会や経済の大きな変化、そうした事態をめぐる不安に覆われていた世紀に、デューイは安心できる、励ましとさえなるメッセージを送ったのである。

さまざまな対比を曖昧にしようとするデューイの傾向は、彼の批判者にとって大きな頭痛の種だった。デューイは読者の不安を和らげたいという思いだけからそうしたわけではない。こうした傾向は、彼の哲学の中心をなす二つの教義、つまりプラグマティズムとリベラリズムを反映していたのである。デューイの業績をめぐる近年の議論では、この二つの教義とそれらの関係が焦点となっている。プラグマティズムとリベラリズムは、往々にしてデューイの意味とは反対の使われ方をするため、デューイがこの二つをどう理解していたかを知るのが大事である。

一般的な用法では、実用主義《プラグマティズム》とは、道徳原理に支配されないご都合主義的アプローチを指すにすぎない。だが、デューイが言わんとしたのはそういうものではない。彼にとってプラグマティズムとは、真理の探求をめぐる哲学者の理解に異を唱えるものだったのだ。ギリシャ時代以来、哲学者たちはこう想定してきた。真理の探求とは、人間の知覚や信念とは無関係な究極の実在、すなわち形而上学的秩序の探求であると。この究極の実在の意味はわれわれが与えるものなのか、それともわれわれが見つけるものなのかという点では、哲学者のあいだでも意見が分かれた。同じように、精神と肉体、主観と客観、理想と現実といったものの関係の本質についても意見は一致しなかった。だが哲学者たちは、真理の試金石となるのは、世界についてのわれわれの思想と、ありのままの世界が一致している彼の想定を共有していた。デューイが否定したのはこの想定である。彼のプラグマティズムの中核をなすのは、次のような考え方である。ある言明や信念が真理かどうかを決めるのは、経験の意味を理解したり行動を導いたりする際に役立つかどうかであり、人間の経験の外や先に存在する究極の実在と一致するかどうかではない。デューイによれば、哲学は「究極の実在に特別に携わるのだというぬぼれを一切捨て去り」、「一般的な（Überhaupt）実在の理論は、可能でもなければ必要でもない」というプラグマティックな考え方を受け入れるべきなのである。(3)

デューイが正しいとすれば、哲学者にとって重大な結果が待ち受けている。哲学に特有の主題がないのなら、信念の妥当性を判断するには経験によってテストするしかないのなら、また、思考と行為、知ることと行うことの伝統的区別を再考せざるをえなくなる。知ることのプロセスは、外側から何かを正確に把握することではない。目的を持って合理的に事態に関与することなのだ。哲学者は一般的な知識の条件を探求するのをあきらめ、日常生活で生じる、思考と行為にまつわる個別の問題に注目すべきである。デューイはこう書いている。「哲学は、哲学者の問題を扱う道具であることをやめ、人間の問題を扱うための――哲学者によって育まれる――手段となるとき、みずからを取り戻すのである」(4)

哲学が実際的かつ実験的であるのは避けられないという考え方は、哲学者は自分の生きる時代の出来事に、関心ある市民としてだけでなく、一人の哲学者としても対応しなければならないことを示唆している。したがって、哲学と民主主義の関係は、大半の哲学者が認める以上に深いことになる。ライアンが述べるように、「デューイは、哲学のあらゆる側面は、現代の民主主義社会を理解することの一つの側面だと考えるようになった」。哲学と民主主義のつながりがそれほど緊密だとすれば、哲学（真理の探求とみなされる）と民主主義（意見や利害関係を表明する方法とみなされる）というおなじみの対比に反する。だがデューイは、このおなじみの対比で想定されている以上に、哲学は身近なものであり、民主主義は高潔なものだと考えていた。デューイにとって、民主主義は多数決原理の制度というだけでなく、市民のあいだにコミュニケーションと討議を育む生活様式のことだった。こうした討議は知性的な集団行動に帰結する。

デューイは熱烈な民主主義者だったものの、合意や一般意志に基づくものとして民主主義を擁護したわけではなかった。そうではなく、民主主義を、世界に対する実験的でプラグマティックな態度の政治的表現とみなしていたのだ。プラグマティズムを信奉するデューイは、科学を称えるのとほぼ同じ理由から民主主義を称えた。ライアンはデューイの思想における民主主義と科学の類似性を次のように説明する。

科学者の観察や実験を正当化する真理は存在しないし、民主的な意思決定を正当化する意志も存在しない……［デューイは］「民主主義」が独自に正当化されるのは、それが一般意志による統治だからとか、真理を発見するのにうってつけだからなどと示唆するのをいっさい避けていた。民主主義の長所をめぐる彼の唯一の説明に最も近いのは、それが科学の長所に似ているということだった。つまり科学は、最少の選択肢を除外し、あらゆる考え方を公平に検討し、進歩を促し、権威に頼らなかったのである。

デューイのプラグマティズムは、彼のリベラリズムに独特の、ある意味で馴染みのない特徴を与えた。リベラルな政治理論の大半は、デューイのプラグマティズムと相容れない道徳的・形而上学的前提に基づいている。ジョン・ロックは、正当な政府は不可譲の自然権によって制約されると考えていた。イマヌエル・カントは、いかに人気があり効用を高める政策であっても、正義と権利の原理を侵してはならないと主張した。こうした原理は経験から引き出されるのではなく、経験に先立つのだ。正義と権利の基礎を「効用」に置いたジョン・スチュアート・ミルでさえ、公的な行動領域と私的な行動領域の明確な区別に依拠していたものと、一般に考えられている。

デューイはこの種のリベラリズムをすべて否定した。いずれも、政治や経験に先立つとされる道徳的・形而上学的根拠に基づいているからだ。これらの古典的リベラル派や多くの現代的リベラル派と異なり、デューイは基本的権利や社会契約の存在を政治理論の土台とはしなかった。市民的自由は支持したものの、多数決原理を制限する権利を定義することに主な関心があったわけではない。また、社会の基本構造を律する正義の原理を導こうとも、政府の干渉を受けないプライバシーの領域を特定しようともしなかった。

デューイのリベラリズムの中心となるのは、次のような考え方だった。自由とは共同生活に参加するところにあり、そうした共同生活を通じて個人は持ち前の能力を発揮できるのだ。自由の課題は、個人の権利とコミュニティの要求のバランスをいかに取るかではなく、デューイの表現を借りれば、いかにして「個人の外面だけでなく内面の生活を育て導く精神的権威のある社会秩序全体」を確立するかなのだ[5]。こうした社会に市民的自由が欠かせないのは、それによって個人がみずからの目的を追求できるからではなく、民主的な生活に必要な社会的コミュニケーション、つまり自由な問いかけと議論が可能となるからである。

デューイにとって民主主義が何より大切なのは、それがあらゆる人の好みを平等に評価する仕組みを提供するからではなく、「生活の領域やあり方のすべてにかかわる社会機構の形」を提供するからである。そうした社会では、個人の最大の能力が「養われ、維持され、導かれる[6]」。デューイにとって、「復興するリベラリズムの第一の目的」は正義でも権利でもなく、教育だった。教育とは「精神や人格、知性や道徳のパターンを形成する[7]」作業であり、それらによって市民は共同の公共生活における相互責任を負うようになる。この種の民主主義教育は学校教育の問題というだけでなく、リベラルな社会的・政治的制度の重要な課題でもあると、デューイは強調した。学校は小さなコミュニティであり、子供に民主的な公共生活に参加する準備をさせるはずだ。そして民主的な公共生活は、共通善を促進するよう市民を教育することだろう。

2

デューイの人生と思想は「アメリカのリベラリズムの絶頂」を示しているというライアンの見解は、デューイにどこまで現代性があるか、という問いを投げかける。主張や強調される点において、デューイのリベラリズムとわれわれのリベラリズムが大きく異なるのは、彼のリベラリズムが時代遅れだからなのか、それともわれわれのリベラリズムに欠陥があるからなのか。ライアン本人は、この問いについて態度を決めかねているようだ。一方では、自由はコミュニティに属していることと密接な関係にあるという、ヘーゲルの流れを汲んだデューイの見方に警戒を示している。「われわれが自分自身のために願うことと、他人のために願うことの溝を埋めようとする〔デューイの〕情熱には、哲学的理論において妥当とされる以上に希望的観測が込められている」とライアンは述べている。他方で彼は、デューイのリベラリズムは、権利への執着を正す望ましい手段だとも評している。こうした執着は、こんにちのリベラルな政治論とその実践の大きな特徴となっているものだ。「権利に執着したリベラリズムは、リベラリズムの一つでしかなく、最も説得力のあるものとは言えない」とライアンは書いている。

結局のところライアンは、権利に基づくリベラリズムと、よりコミュニタリアン的なデューイのリベラリズムは、理論はともかく実践ではそれほど違わないと示唆している。たとえばデューイは自然権を否定するものの、ほかの根拠からリベラルな伝統的権利を認めている――コミュニケーション、理性的な行動、人間の能力の完全な開花に適した民主的コミュニティに必要な条件として。ライアンの見るところ、デューイのリベラリズムには「伝統的な政治的自由がしっかりと根づいている」

> というのは、そうした政治的自由が「自然権」だからではないし――そもそも自然権などというものはない――民主社会に住む個人を多数派の潜在的な悪意から守るという慢性的な問題があるからでもない。それらの自由は真の民主的社会を育てる仕組みの一部としてしっかりと根づいているのだ……権利主義にすっかり毒されたリベラル派はこの意見に納得しないだろうが、デューイもリベラル派の意見に納得しないはずだ。また、この問題は見かけほど重要でもない。デューイは、リベラル派が昔から要求している一連の法的な権利は民主的コミュニティの基本原理を制度化するのに不可欠な手段であることを喜んで認めていたのである。

デューイのリベラリズムと、ジョン・ロールズやロナルド・ドゥウォーキンといった理論家とゆかりの深い現代のリベラリズムが、ともに馴染み深い一連の権利を支持しているのは間違いない。その一方で、両者の違いが政治に影響を及ぼすことも否定できない。これは、リチャード・ローティが、デューイのプラグマティズムを自分自身の現代的リベラリズムに利用しようとしていることからもわかる。ローティのリベラリズムは、政治の議論は道徳や宗教の議論とは切り離されるべきだとするものだ。ローティは影響力のある多くの著作で、認識論を脇へ置き、哲学は知識の源泉を提供できるとの考え方を捨てようとするデューイの試みを称賛している[8]。

さらに最近、「哲学に対する民主主義の優位」という論文で、ローティはデューイのプラグマティズムが自分の擁護するリベラリズムを支持することを示そうとしている。哲学が経験を超越した究極の実在の探求を脇に置くべきであるのと同じように、政治は道徳や宗教にまつわる対立するビジョンを脇に置くべきだと、ローティは述べる。政治は善き生の特定の概念を目的にするのではなく、公的な場面では人びとがたがいに寛容であり、私的な場面ではみずからの道徳や宗教の理想を追求するという社会でよしとすべきなのである。リベラルな民主主義は道徳の法制化を避けるべきであるだけではない、とローティは言う。政治的な議論から道徳や宗教の議論を追い出すべきなのだ。「そのような社会なら、社会政策に必要なのは権威ではなく、個人間の折り合いをうまくつけることだという考え方に慣れていくだろう」

ローティは、政治上の目的から道徳的信念を脇へ置くよう市民を促せば、彼らが哲学的に「軽薄」になり、公共生活について精神的に「幻滅」するだろうとも認めている。人びとは、道徳や宗教の理想を表現するのに政治は最適の媒体であるという見方を次第にしなくなる。しかしローティは、このような帰結こそまさしく自分が、そしてたぶんデューイも支持するプラグマティックなリベラリズムの英知なのだと主張する。「デューイにとって、コミュニティや公共にまつわる幻滅は、個人的で私的な魂の解放のためにわれわれが支払う代償なのだ」(9)

ローティの哲学的創意はなかなかのものだ。なにしろ、デューイのプラグマティズムから、デューイ本人の主張とは正反対の政治理論を引き出しているのだから。デューイは、善き生の構想に対して政府は中立的であるべきだ、という見方を拒絶していた。公共生活に関する道徳的・精神的な幻滅を喜ぶどころか、むしろ嘆いていた。彼は公的な生活と私的な生活を峻別することを認めず、ヘーゲルとイギリスの観念論哲学者T・H・グリーンに由来する見解を擁護した。つまり、個人の自由は、市民の道徳的・公民的性格を涵養し、公共善に貢献する姿勢を育む社会生活の一部としてのみ実現するという見解だ。

ローティは、デューイの思想に見られるコミュニティ重視の側面を無視する。その代わり、デューイのプラグマティズムを出しにして、道徳的・哲学的根拠を否定するリベラリズムを構築するのだ。ローティによれば、プラグマティズムは、哲学が知識の根拠になるという考え方を捨てるよう教えているという。同じように、リベラリズムは、道徳や宗教の理想が政治的な議論を正当化するという考え方を捨てるよう教えるというのだ。ローティのリベラリズムの主張によれば、民主主義は哲学に優先する。民主主義を擁護するには、善き生をめぐる特定のビジョンを前提とする必要はないという意味だ。ローティによるデューイのリベラリズムの独創的な書き換え（乗っ取りという者もいるだろう）は、デューイのコミュニタリアン的リベラリズムと、現代ではおなじみの権利に基づくリベラリズムとの対比において、何が問題となるのかを明確にするのに一役買っている。

デューイにとって、当のアメリカの民主主義が抱える何よりの問題は、正義や権利が十分に強調されていなかったことではなく、公共生活が貧しいことだった。この貧しさの原因は、非人間的で組織化された現代の経済生活と、アメリカ人の自画像との食い違いにあった。二〇世紀初めのアメリカ人は、自分たちは何でも自由に選ぶことができる人間だという意を強くしているところだった。ところが実際は、大企業が支配する大規模な経済生活のせいで、自分の人生を導く力が損なわれていたのだ。逆説的だが、人びとが個人主義の哲学に執着したのは「社会情勢の制御において個人が重みを失っていたまさにそのときであり、機械の力と非人間的な巨大組織が物事の枠組みを決めていたときなのだ」と、デューイは述べている。[10]
機械の力の中心は、蒸気、電気、鉄道だった。その影響力たるや、一九世紀の大半を通じてアメリカ人の生活を支えてきた地域型コミュニティが解体されるほどだった。新しい政治的コミュニティがそれに取って代わることはなかった。デューイはこう書いている。『偉大な社会』を発展させた機械の時代は、旧来の小さなコミュニティを襲ってそれを一部解体したものの、『偉大なコミュニティ』を生み出しはしなかった」[11]。従来型のコミュニティと権威が商業や産業の力で崩壊していった現象は、当初は個人の解放の基盤になるように見えた。しかし、やがてアメリカ人は、コミュニティの消失はまったく異なる影響を及ぼしたことを知る。新しい形のコミュニケーションやテクノロジーは、人びとのあいだに新しく、より広範な相互依存関係をもたらしたが、共通の目的や目標に取り組んでいるという意識をもたらしはしなかった。「人間を結びつける巨大な潮流が流れている」とデューイは書いたが、この流れが新しい政治コミュニティを形成することはなかった。デューイが強調しているように、「集団行動がいくらまとまろうと、それだけでコミュニティができるわけではない」。鉄道や電線の使用率がますます上がり、分業がますます複雑になっても、否、ひょっとしたらだからこそ「市民は途方に暮れているように見える」[12]。新しい国家経済は「相応の政治機関を持たず」、民主主義社会の市民をばらばらにし、混乱させ、統制を失わせてしまった[13]。デューイによれば、民主主義の復活には、共有された公共生活の復活が待ち望まれていた。そして、こうした公共生活の正否は、新たなコミュニタリアン的組織、とりわけ学校の設立にかかっていた。こうした組織は、近代経済の枠組みのなかで効率的に行動するスキルを市民に身につけさせられるからだ。「『偉大な社会』が『偉大なコミュニティ』に変わるまで、市民の姿は見えないままだろう」[14]

デューイは、同時代以降の多くのリベラル派と同じく、『偉大なコミュニティ』は国家共同体という形をとるものと想定していた。相互の責任感と国家全体への忠誠心をうまく喚起できれば、アメリカの民主主義は立派に育つはずである。いまや経済も国家単位という規模になった以上、政治組織も国家規模にならなければ後れを取ってしまう。全国市場が大きな政府を招き寄せ、大きな政府はみずからを維持するために、国家共同体の強い連帯意識を必要としたのである。

革新主義時代からニューディールを経て「偉大な社会」にいたるまで、アメリカのリベラリズムは、国家はコミュニティであり、市民参加が必要だとの意識を育てようとしたものの、成功と失敗を繰り返しただけだった。戦争などの特別な時期を除き、国家は「偉大なコミュニティ」らしきものを形成するには広すぎたし、デューイが正当にも重視した公的討議の場となるには多様性がありすぎた。そのせいもあって、第二次世界大戦後のアメリカのリベラル派の関心は、公共生活の性質から、政府に対する権利と政府が保障する権限の拡大へと徐々に移っていった。ところが一九八〇年代から一九九〇年代にかけて、権利と権限のリベラリズムは後退し、その道徳的なエネルギーや政治的な訴求力をほぼ失ってしまった。

デューイの時代と同じく現代においても、こんな懸念が広がっている。市民は自分の生活を左右する勢力をコントロールできなくなっているのではないか、人びとは公共の責任から目を背けようとしているのではないか、政治家や政党はそのような現状に対処する道徳的・市民的想像力を欠いているのではないか、と。デューイが考えたように、ここでもまた「市民」の姿が見えなくなっている、と懸念するには理由があるのだ。その一方で、強力な利権が働き、耳障りな声が延々と鳴り響いているせいで、理性的な公共の議論は不可能に等しい。デューイの言葉を借りれば、昔もいまも「人間の本質の一部をなす政治的な要素、すなわち市民であることにかかわる要素は、一方に偏っている」のかもしれない[15]。とはいえ現代では、リベラル派よりもむしろ保守派のほうが、市民であること、コミュニティ、共有された公共生活の道徳的前提などについて声を大にして語っている。保守派の示すコミュニティの概念はしばしば偏狭で不寛容なものだが、リベラル派はそれに対して説得力ある答えを返すだけの道徳的な資質に欠けていることが多い。現代ではおなじみの、ライアン言うところの「権利に執着したリベラリズム」の主張は、政府は善き生をめぐる問いについては中立的であらねばならないし、道徳や宗教の論争ではどちらの味方をしてもいけないというものだ。ライアンの著書が大いに役立つのは、リベラリズムが道徳、コミュニティ、宗教について語ることを常に躊躇していたわけではない、と思い出させてくれることだ。ライアンは次のように書いている。

デューイ流のリベラリズムは違う。それは正真正銘のリベラリズムであり、人間の好み、要求、関心を向上させ、拡大させることにはっきりとかかわっている……それにもかかわらず、多様な世界観と、善き生の構成要素についての多様な見解をしっかりと備えているのだ。宗教問題では旗色を鮮明にし、権利の擁護に執着しない……こうしたリベラリズムが称賛するのはこんな個人だ。自分の仕事、家族、地域社会とその政治に全面的に関与しながらも、強制されも痛めつけられもせず、引きずり込まれることもなく、そうした関心事を、目の前の課題に没頭することとまったく矛盾しない自己表現の場と考えている人である。

権利と権限を主張するリベラリズムがふと気づけば衰退期に入っているときこそ、われわれはデューイが訴えたより健全な市民的リベラリズムについて思いを馳せるべきなのかもしれない。

第27章　ユダヤ教の支配と傲慢――神を演じて何が悪いのか？

デイヴィッド・ハートマンは当代有数の宗教思想家であり、われわれにとって最も重要なユダヤ人の公共哲学者でもある。彼はその教えや著作で、ユダヤ教の伝統と現代の道徳・政治哲学との実りある出会いを育んできた。マイモニデス〔一一三五―一二〇四。スペイン生まれのユダヤ教神学者〕がアリストテレスをモーセやラビ・アキヴァ〔五〇頃―一三五頃。パレスチナのユダヤ教のラビ〕との対話に引き込んだように、ハートマンはイマヌエル・カントやジョン・スチュアート・ミルのリベラルな感性をタルムードの議論に取り入れることによって、ユダヤ教思想を革新してきたのだ。

ハートマンの著作の大半は、次の点を示すことに捧げられている。すなわち、ハラハー〔ユダヤ教の慣例法規〕にのっとったユダヤ教を現代の多元主義と調和させることは可能である、と。[1] 彼の擁護する多元主義とは、現代社会にあふれる道徳・宗教上の意見の不一致に対するプラグマティックな対応とか、平和のための妥協にすぎないものではない。それどころか、ハートマンの言う多元主義の起源は、彼の神学に、神との契約に基づくユダヤ教という彼独自のビジョンにあるのだ。

倫理的多元主義と解釈的多元主義

ハートマンの神学の中心には、自制する存在としての神という概念がある。人間の自由と責任の余地を残すため、みずからを抑制する存在ということだ。神の自制という概念が初めて暗示されたのは、聖書の天地創造のくだりである。神は人間を自分に似せてつくったが、自分とは異なるもの、自由で独立した被造物とした。そのため人間は、神の命令に背くことも（知識の木の実を食べたアダムのように）、神と議論する（ソドムが滅ぼされる前に神と対話したアブラハムのように）こともできるのだ。

だがハートマンにとって、神の自制が一番よく表れているのはシナイ契約である。神はシナイ山でユダヤ人にトーラー（律法）を与え、歴史をつくるという企てのパートナーに人間を引き込む。神がみずから目的を成し遂げることはない。代わりに、奇跡による介入や預言的な啓示を通じて、戒律に従って生きることを承諾するコミュニティに希望を託すのだ。しかし、神がシナイ山で授けるトーラーは、明快でもなければおのずと意味がわかるものでもない。神は掟の意味の決定を人間に――学者やラビに――任せる。ここで、神が自制して人間の自発的行為の余地を残す意義はさらに大きくなる。「神の人間に対する自制的な愛は、トーラーの精緻化と敷衍をラビの研究者に委ねるところに表れている」[2]。タルムードやミドラシュに見られる継続的な精緻化の成果は、シナイ山で明らかにされたトーラーの一部に加えられる。「伝承の発展とともに、イスラエル人は啓示を発展させるパートナーとなった。啓示は、シナイ山で完全な形で授けられた神のみことばではなくなり、無数の世代の研究者によって創造的に精緻化された、幅広い解釈を許すみことばとなった[3]」

ハートマンが擁護する多元主義には二つの形がある——一つは解釈的な、もう一つは倫理的な多元主義だ。解釈的多元主義は、彼の契約神学からの直接の帰結であり、タルムードをめぐる議論に見られる、幅広い解釈を許すという特質の反映である。別々のラビであれば、どれほど学識が深かろうと、別々の結論にいたることもある。よく知られたミドラシュの一節（「それは天にあるものではない」）に示されているように、神ですら、タルムードをめぐる論争を解決すべく介入することはできない。少数意見は異端として糾弾されるのではなく、正当なものとして保護される。幅広い解釈を許すという特質のおかげで、ハラハーにのっとったユダヤ教の内部に多元主義の余地が生じるのである。

しかし、ハートマンはさらに射程の広い倫理的多元主義をも擁護する。これは、ほかの信仰や世俗的道徳の倫理体系を真剣に受け止めるものだ。ハートマンによれば、ユダヤ人が神と契約したからといって、ユダヤ教が神を崇拝する唯一にして真正の手段だということにはならない。また、倫理体系は神の啓示に基づかなければならないわけでもない[4]。ハートマンは、啓示がなければ、倫理規範の合理的な基盤はありえないという考え方を否定する。「人間の歴史からわかるのは、人びとは、神の権威に根ざすことのない実践可能な倫理体系を育む力を持っているということだ。倫理にまつわる神の啓示は、人間理性に欠けているとされる、倫理体系を構築する能力を補おうとするものではない」[5]。多くの宗教思想家と違い、ハートマンは「世俗的ヒューマニズムは実践可能で道徳的に一貫した立場である」と断じる[6]。

ハートマンは、倫理的多元主義が聖書やタルムードを重んじるユダヤ教によって要請されると主張しているわけではない。そういう解釈も可能だと言っているにすぎないのだ。ユダヤ教の伝統に多元主義と相容れない部分があることは、彼も認めている。ハートマンの主張を聞けば、こう問いたくなるかもしれない。一般的なユダヤ教の伝統に最も忠実なのはどちらの解釈だろうか――多元主義的な解釈だろうか、それとも排他主義的な解釈だろうか？　しかし、ハートマンはこの問いを掘り下げていないので、私もここではそれ以上踏み込まない。その代わり、ハートマンの倫理的多元主義が提起する別の問題を探求してみたい。神の啓示がなくても人間がみずから考えて道徳への道筋をつけられるのなら、宗教は何のためにあるのだろうか？　あるいは、こう言い換えてもよい。妥当な世俗的道徳がありうるとすれば、ハートマンの考えるように、ハラハーを重んじるユダヤ教にとって脅威とならないのはなぜだろうか？　世俗的倫理を正当なものとして受け入れたいがために、ハートマンはマイモニデスを引き合いに出している。マイモニデスはアリストテレスの倫理学を思うがままに利用したからだ。「マイモニデスが明らかにしたのは、契約を述べるハラハーの精神性は、啓示という概念とは無関係な起源を持つ倫理規範の妥当性を認めたからといって、脅かされも損なわれもしないということである」[7]

強い宗教的信念を持つ人びとの多くは、自分は世俗的道徳の妥当性の否定に関心があると思っている。ハラハーを重んじるユダヤ人であるハートマンが、そうした関心をいっさい持たないことには、他者の信念への寛容な姿勢という以上のものが反映されている。また、宗教には道徳原理を基礎づける以上の役目があるという深い信念が反映されてもいる。倫理的な戒律《ミツワー》が重要なのはもちろんだが、ハートマンは、ユダヤ人に固有だとか特有だとか言われる一定の倫理的な戒めをユダヤ教と同一視する人びとに批判的だ。「ユダヤ教が倫理的な戒律をいかに真摯に扱っているかを称賛しようと、とりわけユダヤ的な倫理的感受性を強調したり、ヘブライ人預言者の道徳精神を言い立てたりする必要はない[8]」。ユダヤ教を倫理と同一視すれば、ほかの多くの伝統に存在する似たような倫理規範を見落とすだけではない。ユダヤ人の宗教・精神生活に関する理解の浅さを露呈することにもなるのだ。

宗教人類学

ハートマンにとって、宗教とは倫理的な戒め以上の意味を、儀式や祝祭以上の意味を持っている。それは、神、自然、宇宙とわれわれとの関係を理解し、その関係にふさわしい存在のあり方を決める手段でもある。ハートマンの契約神学の中心には、宗教人類学の根本問題が横たわっている。人間が神を目の前にして生きるとは、どういうことだろうか？　宗教的な人間の持つ気質、感性、世界に対する態度はどのようなものだろうか？　謙虚で従順だろうか、それとも強引で大胆だろうか？　ハラハーを重んじるユダヤ教が正しく理解された場合、どんな宗教的人格を育み、支持するのだろうか？　人間の能力に制限があるとすれば、われわれはどんな制限を認め、守るべきなのだろうか？

これらの問いからわかるように、宗教人類学は形而上学的であると同時に規範的でもある。形而上学的だというのは、宇宙とそのなかに人間が占める位置を説明しようとするからだ。規範的だというのは、われわれと神や自然との関係を説明すれば、われわれのあるべき姿や望ましい生き方を示唆することになるからだ。純粋に形式的な、あるいは実証主義的な法律観を主張する人びとは、その種の説明に規範的な意味があることを認めないかもしれない。法で禁じられていることはいっさいしてはならないし、禁じられていないこととは何をしてもいいのである。だが、ハラハーは対立するさまざまな解釈を許すというハートマンの見解が正しいとすれば、最善の解釈はより幅広い神学的観念にふさわしいものかもしれない。このように、ハートマンの宗教人類学は倫理や法に関する彼の理解を特徴づけているのだ。

ハートマンの宗教人類学の重要性を明らかにするために、一連の道徳的・政治的な問題について考えてみたい。これらの問題は現代の公的論議においてますます目立つようになっているが、おなじみの道徳原理や倫理的な戒めに訴えることでは解決できない。ハートマンが直接これらの問題に取り組んでいるわけではないものの、彼の宗教人類学は、それらについて考える有効な方法を、またそうするための言葉を教えてくれる。

バイオテクノロジー——神を演じる?

現代世界でわれわれが直面する難題の多くが、発展をつづけるある技術力、つまり、人間の本性《ヒューマンネイチャー》を含む自然《ネイチャー》を改変する技術力の適切な使用にかかわっている。自然に対する人間の支配の限界——それがあるとして——をめぐる議論は、ここしばらくのあいだ、環境政策に関する論争において重要なテーマとなってきた。最近のバイオテクノロジーの進歩によって、この問題はさらに難しさを増している。遺伝子組み換え食品、生物工学の動物への応用、クローン人間、新しい生殖技術に加え、自分の子供(もしくは自分自身)の遺伝的特徴を選んだり変えたりできる技術をめぐる論争を見れば、それは明らかだ。羊のドリーのクローニングに反対する人はほとんどいなくても、ヒトのクローニングや、親が遺伝子技術を使って「デザイナーベビー」をつくる可能性には懸念を示す人が多い。デザイナーベビーとは、子供の性別、身長、目の色、運動能力、音楽の才能、知能指数などを事前に指定してつくられる赤ん坊のことだ。

こうしたシナリオは不安をかきたてるが、どこが問題なのかをはっきり示すのはなかなか難しい。もちろん、安全性の観点からの反論はある。こうした技術を試すのを早まれば、遺伝子の異常をはじめとする医学的被害を引き起こすリスクが大きいのだ。しかし、医学的なリスクがいずれ解消されると仮定しても、依然として不安は残る。効用、権利、インフォームド・コンセントといった、倫理原則の一般的な語彙では、われわれを大いに悩ませる遺伝子工学の特質をとらえきれない。そこで、こうした技術の実践について懸念する人びとは――世俗的道徳の枠内で異なる主張をする人びとも含めて――人間は「神を演じる」べきではないという考え方に訴えることになる。この表現が意味するのは、人間によるる自然への介入の一部はある種の「傲慢」であり、人間にふさわしい企ての範囲を超えた征服と支配への衝動だということだ。「神を演じる」という遺伝子工学への反論が決定的なものであるかどうかはともかく、それによってわれわれは、人間、神、宇宙のあるべき関係を考えるよう促される。われわれは、宗教人類学の領域に足を踏み入れざるをえなくなるのだ。

人間が自然を支配することについて、ユダヤ教は多くの伝統思想よりも寛容だ。ハートマンも指摘するように、汎神論的な考え方とは違って創造の神は自然と一体ではないし、異教徒の宇宙観とは違って自然のなかに具現化してもいない。そうではなく、自然に先立つ超越的な存在なのだ。したがって、人間の自然への介入に何らかの限界があるとしても、熱烈な環境保護運動家の信念とは異なり、自然そのものが神秘だとか神聖だとかいった考え方を根拠としているわけではない。自然に対する人間の力の行使を制限する根拠は、自然そのものではなく、人間と神との関係の適切な理解にあるのだ。不死を求めてクローン人間をつくったり、自分の野心や欲望を満たすために子供を遺伝子レベルで改変したりすることが間違いだとすれば、その罪は自然を冒瀆することではなく、われわれが神になることなのである。

だが、科学や技術の力の行使は、どの時点で人間の神格化につながるのだろうか、あるいは神の役割を奪うという傲慢な試みになるのだろうか? ラビの時代には、医師による医療行為は信仰心の欠如を示すものであり、病める者を癒すという神の役割を不当に侵害するとみなす人もいた。しかし、タルムードはこうした見方を否定し、「医師には癒しの許可が与えられた」と教えている(祝福六〇a)。ミドラシュのある物語では、作物を植え育てて自然を改変するという農民に与えられた許可になぞらえて、癒しの許可が説明されている。

ラビ・イシュマエルとラビ・アキヴァがもう一人の連れとともに、エルサレムの通りを歩いていた。彼らは病める者に出会った。病める者は彼らに言った。「師よ、どうすれば病が癒えるのかお教えください」。彼らは教えた。「かくかくしかじかで病は癒えるだろう」。病める者はたずねた。「誰が私を苦しめているのですか」。彼らは答えた。「聖なるお方である」。［病める者は］言い返した。「あなた方はご自分の領域ではないところに立ち入っています。主が苦しみを与え、あなた方が癒すとは！　あなた方は神の意志に背いているのではありませんか？」

彼らは病める者に問うた。「仕事は何か？」。病める者は答えた。「土地を耕しており、これが私の鎌です」。彼らは問うた。「果樹園をつくったのは誰か？」。病める者は答えた。「聖なるお方です」。そこで彼らは言った。「お前も自分の領域ではないところに立ち入っている。［神が］果樹園をつくり、お前がその果実を刈り取っているではないか！」。病める者は言った。「私の手の鎌が見えませんか？　私が土を耕し、種を蒔き、肥料を与え、草を刈らなければ、何も育ちません」。彼らは言った。「愚か者め！　仕事からこう教わらなかったのか？　聖書によれば『人の生涯は草のようなもの。人が栄えるのは野の草が茂るのにひとしい』という（詩編一〇三編一五節）。草も刈らず、肥料もやらず、土地も耕さなければ、木は育たないし、育ったとしても灌漑や施肥を怠れば必ず枯れる――人間の体も同じだ。薬や医療は肥料であり、医師は土を耕す者なのだ(9)」

医師による病人の治療が許されるとしても、ある種の遺伝子工学は神の領域を不当に侵害するか否かという問題が解決するわけではない。新しいバイオテクノロジーの活用例の多く、たとえば女の子ではなく男の子を生むとか、運動能力向上薬や遺伝子改変を利用してスポーツで競争優位に立つといったことは、病人を癒したり病気を治したりすることとは何の関係もない。私が一マイルを三分で走れなかったり、ホームランを七〇本打てなかったりしても、がっかりはするが、病気ではないし、主治医も私を治療する義務はない。だが、それらの能力を獲得するために科学や技術を利用するのは間違いか否かというのは、さらにその先の問題なのである。

プロメテウスの精神

ハートマンの師であるラビ・ジョゼフ・ソロヴェイチックは、人間の力の行使をほぼ無制限に認めている。彼にとって、人間が神の姿に似せてつくられたのは、創造行為そのものに参加する権限を神から授かったことを示唆している。ソロヴェイチックによれば、神はわざと不完全な宇宙を創造し、それを改良する力を人間に与えることにしたというのだ。彼はこう書いている。「ハラハーを守る者の切なる願いは、創造において欠けていたものが補われる様を目にすることだ。創造という夢は、ハラハーの意識の中心にある思想——創造行為において全能の神のパートナーとなる人間、世界の創造者としての人間こそが大切だという思想——なのである」[10]

ソロヴェイチックによれば、創造が不完全なのは人類に対する神の愛の表れだという。「世界の創造主が、創造のイメージと威信を落としたのは、人間がなすべき何か、人間の手でなすべき仕事を残すためであり、創造主・造物主という栄誉を人間に授けるためだった」のである。ソロヴェイチックは、神から委託された創造の一つとして自己創造の企てを挙げている。「ここに具現化しているのは、創造の全課題と、宇宙の再生に参画する責務である。あらゆる原理のうち最も根本的なものは、人間は自分自身を創造しなければならないということだ。この考え方こそ、ユダヤ教が世界に持ち込んだものなのである」[11]

ソロヴェイチックの宗教人類学のプロメテウス的精神からすると、自然に対する人間の限りない支配は是認されるように思われる。彼が何らかの科学的探求を思い上がりだと非難する姿は、ちょっと想像しにくい。それどころか、現代の科学者は神を演じているという批判に対し、ジェームズ・ワトソン〔一九二八―。生物学者。DNAの二重螺旋構造の解明によりノーベル賞を受賞〕が返した有名な言葉に共感すら覚えるのではないだろうか。ワトソンはこう言ったという。「われわれが神を演じなければ、誰が演じるんだい?」。ハートマンが述べているように、ユダヤ教の精神性に関するソロヴェイチックのビジョンは、「宗教的探求への脅威とみなされることの多かった、現代の科学技術の精神全体」を支持するのである。[12]

では、宗教の持つ謙虚さはどうなるのだろうか? これほどの能力と自律性を手にした人間が、みずからを神だと勘違いしないようにするには、どうすればいいだろうか？　ソロヴェイチックはこう答える。ハラハーを守る者は第二の委託を──神の創造性だけでなく、世界から身を引くことや、敗北を受け入れることも見習うようにという委託を──受けているのだ、と。「ユダヤ教の倫理は、ある状況では人間に身を引くよう求める。人間はつねに勝者であってはならないのだ」[13]。人間の征服と支配の威光は、計り知れない神の意志の犠牲となり、それに服従する義務によって足かせをはめられている。アブラハムが息子を犠牲にするのを厭わなかったことがその例である。ソロヴェイチックによれば、宗教的人格は人生への対照的な姿勢によって引き裂かれ、まったく異なる二つの霊的感性のあいだを行ったり来たりせざるをえないのだ。自然と向き合うと、宗教的人格は征服と支配に酔いしれる。神と向き合うと、神の名代《みょうだい》なのだという自覚から、アケダー〔アブラハムが神の命令に従って息子を捧げ物にしようとしたという創世記のエピソード〕という無条件の犠牲と完全な服従を受け入れるのだ。

ハートマンは、ソロヴェイチックの宗教人類学を二つの理由から認めていない。ハートマンは第一に、独断と服従という両極端のあいだを身をよじりながら揺れ動くという状態は、精神的あるいは心理的に、人間の経験として事実ではないと思っている。第二に、ハートマンの契約神学は、そもそもそうした両極性を緩和するものである。人間による征服と支配というプロメテウス的ビジョンをとらなければ、ハートマンが言うところの「権威主義的宗教の究極原理」、つまり神の意志は計り知れないという主張に頼らずとも、傲慢への誘惑は抑えられるのだ。[14]

［ソロヴェイチックの考える］ハラハーを守る者は、自然の征服という威厳ある振る舞いにおいて、みずからの創造力を行使することにとてつもない高揚感を覚える。こうした高揚感は、アケダーに由来する犠牲的服従によって緩和されなければならない。しかし、私はこうした荒療治は不要だと言いたい。そもそも病気は発生しなくてすむからだ。ユダヤ教はその内部に矯正のメカニズムを備えているので、傲慢になろうとする傾向から身を守れるのである。[15]

傲慢の抑制——有限性を肯定する

ここで、ハートマンの宗教人類学の特徴を明らかにしたいと思う。傲慢への誘惑に歯止めをかけつつも、その一方で人間の能力と尊厳を肯定するという特徴である。彼は、ラビが培ってきた歴史を通じて、自己主張と服従の緊張関係が存在することを認めている。少なくとも自著『A Living Covenant』における第一の目的は、ハラハーを重んじるユダヤ教と現代的な考え方を調和させることだ。そのためハートマンは、人間の自発性、創造性、自由に対し、ユダヤ教の伝統がいかに開かれているかを強調することから話を始めている。

彼が第一のターゲットとするのは、ハラハーを重んじるユダヤ人にまつわるこんなイメージである。つまり、受け身で従順であり、戒律というくびきによって過去の権威主義的な教えに縛りつけられているというものだ。こうしたイメージに抗して、ハートマンは、人間の能力と尊厳を受け入れる余地のある契約的人類学を提示する。みずからのターゲットを念頭に、ハートマンはラビの先導するユダヤ教の創造的で自律的な精神を強調している。だが、シナイ契約を人間の自発性へのお墨つきだとする彼の訴えは、人間の持つ征服と支配への欲求に一定の制約を課すことを示唆してもいる。遺伝子工学をめぐる現代の論争にこうした制約を当てはめれば、「傲慢さへの反対」を明確にする助けとなるかもしれないし、人間を神格化する傾向の是正手段が手に入るかもしれない。

この制約の由来を、ハートマンの宗教人類学の三つのテーマに垣間見ることができる。一つ目は人間の有限性、二つ目は安息日、三つ目は偶像崇拝だ。ハートマンにとって、人間の有限性を祝うことは、宗教生活において世界の限界と不完全さを肯定し、受け入れることを意味する。ユダヤ教の伝統に脈打つ救世主願望にもかかわらず、「契約の持続性は、救世主による救済、魂の不死、死者の復活への信仰を前提とはしない」のだ。[16] ハートマンは、ユダヤ教の内部に、死や苦難は罪を犯した罰であるとする見方があることを認めている。この見方からすると、ミツワーを守り、ハラハーに従って生きれば、神によって苦難から解放してもらう準備を整えることになる。「最終的には、病気にかかるという肉体的な弱ささえ克服されるのだ[17]」

ハートマンは、救世主による救済の可能性を認めないわけではない。そうではなく、契約に基づくユダヤ教はそれを求めないと主張しているのだ。さらに彼は、人間の有限性は、神と世界との縮めようのない差の表れとして肯定できると示唆している。「みずからが被造物であることを受け入れる有限な人間は、創造主とはいまだに異なる存在であることをわきまえている」と、ハートマンは書いている。人間の知性は「有限性から解放され、神の思考で考えることができる」と思いたくなるかもしれないが、それは幻想であり、これまでもそのせいで、真理の名のもとに独断主義がはびこったり戦争が起こったりしてきたのである。われわれは肉体を持つおかげで、こうした衝動を抑え、人間の立場を思い出せるのだ。「われわれは肉体に根を下ろしているため、人間の有限性が制約や脆さにつながる一方で、威厳をも生み出すことを絶えず実感するのである[18]」。「有限性や被造物性を、契約に基づく人生の永遠の特徴として祝う宗教的な感性[19]」は、傲慢への傾向に歯止めをかけようとするハートマンのビジョンに備わる抑制手段の一つなのである。

安息日と眠り

ハートマンの宗教人類学において、制約にかかわる二つ目のテーマは安息日だ。人間の有限性を祝うのと同じく、安息日を守る義務は、われわれの支配欲を抑制するのに役立つ。

「安息日に、ユダヤ人は神を創造主として祝う……一日のあいだ世界の征服と支配を諦めることで、畏怖、驚異、謙虚さを表現する。われわれは自然のすべてを所有しているわけではないのである」[20]。安息日の遵守は、その日以外は間断なくつづく征服と支配という行為から私たちを解放し、神を演じようとする人間の性向に歯止めをかける。「安息日に、人は宇宙のうえに、また宇宙に対して、プロメテウスのような存在として屹立してはならない……安息日が聖なるものだというハラハーの考え方は、人間による自然の支配に制限を設けることによって、人間の征服欲を抑止しようというものである」[21]。太陽が沈み、安息日が始まると、自然は人間の目的をかなえる単なる道具であることをやめる。

ハラハーは、私が自宅の庭に咲く花を摘んだり、好き勝手に扱ったりするのを禁じている。日が沈むと、花は「汝」となり、私にとっての道具的価値とはかかわりなく存在する権利を持つ。私は黙って、私の支配の対象としてではなく、仲間の被造物としての自然の前に立つ。安息日は、神の被造物である意味を否が応でも人間に経験させることで、技術の傲慢によって尊大になった人間を癒すことを目的としている[22]。

遺伝子工学をはじめとするバイオテクノロジーの偉業にとって、安息日はどんな意味を持つだろうか？　ハートマンの説明は二通りの解釈が可能だ——一方は容認的な、もう一方は制限的な。容認的な解釈によれば、自然は週に一日だけ「汝」となるにすぎず、ほかの日は依然として人間の欲望の単なる道具である。対照的に、制限的な解釈は、安息日の精神を自然界に対するわれわれの日常的姿勢に取り入れ、征服の企てに一定の制約を課そうとする。

この二通りの解釈のうち、後者のほうが妥当に思えるし、ハートマンの関心――ハラハーはいかにして宗教的性格を形成するか――に忠実なようだ。安息日の主旨が神の創造に対する謙虚さを培うことである以上、そうした謙虚さは、われわれが労働を再開しても世界に対する態度に影響を与えるべきではないだろうか？　ハートマンは自然と人間支配の倫理について詳しく述べてはいないものの、安息日の経験が私たちの行動を形づくり、一週間を通じて傲慢さを抑制すべきだと示唆しているのは明らかだ。「安息日が育むのは、感謝の念、人生は贈り物だという感覚、絶対権力への憧れを捨てねばという思いである[23]」

仮に私の見解が正しいとしてみよう。つまり、ハートマンの安息日の教えは、日常的な自然の扱いにおける抑制の倫理を示唆するものだと考えるのだ。それでも、世界やわれわれ自身のいかなる変革が、自己を神格化するリスクをはらんでいるかを知るのは難しい。この問題を考える一つの方法は、次のようなものだ。バイオエンジニアリングのプロジェクトが成功し、大々的に実行された場合、人生は贈り物だというわれわれの感謝の念に水を差すのはどんなプロジェクトかを問うのである。

ささやかだが示唆に富む例について考えてみよう。睡眠をめぐる事例である。睡眠は生物学的に必要なものであり、治療を要する病気ではない。だが、寝なくてすむ方法、あるいは睡眠の必要性を大幅に減らす方法が開発されたとしてみよう。この可能性はまるで現実味がないわけでもない。ナルコレプシー（過剰な眠気に襲われる病気）の治療のために発明された新薬が、長い時間起きていたい人びとのあいだで徐々に人気を集めているのだ。カフェインやほかの刺激物のような副作用はないので、寝ないで考えたり働いたりすることが可能となる。軍隊で使用された際には、兵士は四〇時間連続で十分に任務を果たし、その後八時間寝たあと、再び四〇時間ぶっつづけで戦った[24]。このような薬が安全だと仮定し、効能が向上したことによって、一週間、一カ月、さらには一年も寝ないですむようになったと想像してみよう。この薬を用いるのが倫理的に問題となるのは――仮になるとして――どの時点でのことだろうか？　その根拠は何だろうか？　効用という観点からすれば、生産性と富の拡大につながるのは間違いない。不公平だという懸念は、その薬を手に入れられる機会がすべての人に与えられれば、基本的には解消する。使用は自由意志によるものとすれば、その薬が人びとの権利を侵しているとは誰も言えない。それでもなお問題があると思うなら、「傲慢さへの反対」と結びついた理由からに違いない。こうして、われわれは、安息日と人間の有限性の肯定というハートマンのテーマに連れ戻されるのである。

ハートマンは、安息日の意味を説明する際、人間が神を演じる危険をめぐってミドラシュに言及している。神がアダムを創ったとき、天使たちはアダムを神だと勘違いした。「神はどうなさっただろうか？　神はその男が眠りに落ちるようにしたので、みなその男が人間であることを知ったのである」[25]。ハートマンはこのミドラシュを次のように読む。これは、神と人間の隔たりを曖昧にするという、人間の力の持つ傾向への対処法を示しており、一つの神学的な問題が眠りによって解決されているのだ、と。「眠りは……全能という幻想を打ち砕き、われわれの人間性を否応なしに悟らせる。眠りは、人間が征服と支配を放棄している意識状態を象徴するものだ」。彼はミドラシュにおけるアダムの眠りを「『安息日の眠り』の安らかな喜び」になぞらえる[26]。安息日と同じく睡眠も、人間の支配が及ばない休息のリズムに従って生活を規制することによって、われわれに人間の限界を思い知らせる。技術的な手段を使って睡眠の必要をなくしてしまえば、征服と支配の欲望を抑えるという人間生活の特徴を奪うことになるだろう。

偶像崇拝

ハートマンの宗教人類学における制約の由来の三つ目は、偶像崇拝の否定である。ハートマンはマイモニデスの見解に言及している。それによると、偶像崇拝の否定はハラハーを重んじるユダヤ教の核心をなすという。マイモニデスは『ミシュネー・トーラー』でこう述べている。「偶像崇拝を否定する者は、誰であれ、トーラー全体への、またすべての預言者と預言者に命じられたすべてのことへの信仰を告白しているのだ。それも、アダムの時代から永遠に。これは、あらゆる戒律の根本原理である」[27]

ハートマンの指摘によれば、偶像崇拝の禁止は、異教徒が崇拝した古代の偶像に当てはまるだけではないという。偶像崇拝にもっと広い意味がないのであれば、現代世界では何の脅威にもならないし、偶像崇拝との戦いは単なる好古趣味にすぎなくなるだろう。偶像崇拝の否定の規範的な意味は、偽の神が存在しつづけるところにある。偽の神とは、見当違いな崇拝や忠誠を呼び起こすのに十分な魅力を備えた対象や目標のことである。

現代世界において、偶像崇拝はどのような形をとっているのだろうか？　タルムードの時代、ラビが何より懸念していたのは皇帝や王に対する崇拝だった。彼らはその権力や権威によって、宗教への傾倒を妨げる最強のライバルとなったからだ。絶対的権力に対する偶像崇拝は、現代でも「政治的国家に対する全面的かつ無批判な忠誠の要求」として残っていると、ハートマンは述べている。[28] ヒトラーのドイツやスターリンのソ連など、二〇世紀の悪名高い専制国家にこれが当てはまったのは間違いない。だが、共産主義の崩壊に伴い、偶像崇拝の中心は移動したのかもしれない。一地方の暴君やカリスマ的な支配者が多くの場所でいまだに権力を握ってはいるものの、こんにち政治的支配が、神に対抗する善となるほど注意を引いたり、エネルギーを吸収したり、忠誠心をかきたてたりすることはない。だからといって、リベラルな民主主義が全世界で勝利を収めたということではない。リベラルな社会でもそうでない社会でも、政治の影響力は以前ほど強くもなければ魅力もないため、偶像崇拝の情熱をかき立てる力が弱まっているというだけだ。

現代世界において、偶像崇拝の誘惑は政治からほかの領域へと移っている――消費者中心主義、エンターテインメント、テクノロジーへと。豊かな市場社会における消費への執着のせいで、あらゆるものが商品化されることによって、神聖な存在が損なわれている。いまやグローバルに活動するエンターテインメント産業は、セレブリティを偶像《アイドル》に仕立て、彼らを崇拝するよう大々的に宣伝している。その規模たるやローマ皇帝ですら羨むことだろう。最後に、ゲノム時代におけるバイオテクノロジーによって、難病を治療できるだけでなく、われわれや子孫の遺伝的特徴を選べる見込みさえ出てきた。これ以上にわくわくする展望を、あるいは人間の謙虚さや自制心をさらに厳しく試す状況を想像するのは難しい。偶像崇拝が究極の罪だとすれば、また傲慢やうぬぼれほど宗教性から遠いものがないとすれば、人間がみずからを神格化することに対する古代の戦いは、現代において再開の機会を迎えたようである。

第28章　政治的リベラリズム

政治哲学の著作が、後々まで続く議論を巻き起こすことはめったにない。ジョン・ロールズの『正義論』[1]は一つどころか三つの議論を巻き起こしたのだから、その偉大さが知れようというものだ。

一つ目は、いまでは道徳・政治哲学を専攻する学生が最初に学ぶものだが、功利主義者と権利志向のリベラル派のあいだの議論である。ジェレミー・ベンサムやジョン・スチュアート・ミルが主張するように、正義は功利性を基礎とすべきだろうか？　それとも、カントやロールズが主張するように、個人の権利を尊重するには、功利性の考慮とは関係のない正義の基盤が必要なのだろうか？　ロールズが『正義論』を書くまで、英米の道徳・政治哲学の分野では功利主義が支配的な見解だった。『正義論』以降は、権利志向のリベラリズムが優勢になってきている[2]。

ロールズの著作が巻き起こした二つ目の議論は、権利志向のリベラリズムの内部における議論だ。個人の権利のいくつかは非常に大切なので、社会全体の幸福を考慮してもなお、それらを踏みにじることは許されないとしてみよう。すると、そうした権利はどの権利なのかという疑問が残る。ロバート・ノージックやフレデリック・ハイエクといったリバタリアン的リベラル派によると、政府は基本的な市民的・政治的自由を尊重すべきだし、市場経済から授かったものとしてわれわれの労働の成果も尊重すべきだという。したがって、貧困層を助けるために富裕層に課税する再分配政策は、われわれの権利を侵害することになる。[3] ロールズをはじめとする平等主義的リベラル派はこの意見に反対だ。彼らによると、社会的・経済的な基本的ニーズが満たされていなければ、われわれは市民的・政治的自由を有意義に行使できないという。したがって政府は、相応の水準の教育、所得、住居、医療といった財を、当然の権利として各人に保証すべきなのである。権利志向のリベラリズムにおけるリバタリアンと平等主義者の議論は、一九七〇年代に学問の世界で盛んに行われた。この議論は、ニューディール以降のアメリカ政治において、市場経済の擁護者と福祉国家の唱道者のあいだで交わされたおなじみの議論とほぼ呼応するものである。

ロールズの著作が引き起こした三つ目の議論は、リバタリアン的リベラル派と平等主義的リベラル派が一様に共有する前提を焦点としている。その前提とは、政府は対立する善き生の概念について中立であるべきだというものだ。権利志向のリベラル派は、われわれがどんな権利を持つかについては多様な説明をするにもかかわらず、次の点では意見が一致している。つまり、われわれの権利を規定する正義の原理は、善き生の特定の概念に依拠してみずからを正当化すべきではないということだ。[4] これは、カント、ロールズ、そし

て現代の多くのリベラル派の中心的な考え方であり、正は善に優先するという主張に要約される。(5)

善に対する正の優先に異議あり

カントにとってと同じくロールズにとって、正は善に二つの点で優先するのだが、この二つを区別するのが重要である。第一に、正が善に優先するというのは、個人のいくつかの権利は、共通善についての考慮に「勝る」、つまりより重要であるという意味だ。第二に、正が善に優先するのは、われわれの権利を規定する正義の原理が、みずからを正当化するのに善き生の特定の概念に依拠しないからである。ロールズ的リベラリズムをめぐる最近の議論の波を引き起こしたのは、正の優先性に対するこの第二の要請である。これは、「リベラル-コミュニタリアン論争」というやや誤解を招きやすいレッテルのもとに、ここ二〇年ほど盛んに議論されてきた問題だ。

一九八〇年代に著作を発表した多くの政治哲学者が、正義は善をめぐる考慮から切り離せるという考え方に反対した。アラスデア・マッキンタイア、(6)チャールズ・テイラー、(7)マイケル・ウォルツァーらの著作、(8)また私自身の著作(9)における現代の権利志向のリベラリズムへの反論は、ときに「コミュニタリアン」的なリベラリズム批判と評される。だが「コミュニタリアン」という表現は、次のような意味で使われているかぎり誤解を招きかねない。つまり、権利とは、一定の時代の一定のコミュニティで有力な価値観や好みに依拠すべきものある、と。こうした意味で正の優先性に異議を唱えたコミュニタリアンは――仮にいたとして――ほとんどいないのである。[10] 問題は、権利が尊重されるべきか否かではない。そうではなく、特定の善の概念を前提とせずに権利を確定し、正当化できるかどうかなのだ。ロールズのリベラリズムをめぐる議論の第三の波で問題となるのは、個人の要求とコミュニティの要求の相対的な重要性ではなく、正と善との関係を示す条件である。[11] 正の優先性を疑う者は、正義は善と関連しており、そこから独立してはいないと主張する。哲学的な問題としては、正義に関するわれわれの省察は、善き生の本性や人間の最高の目標に関する省察から合理的には切り離せない。政治的な問題としては、正義や権利について討議する場合、その討議の土俵となる多くの文化や伝統のなかに現れる善の概念に言及しないかぎり、前進はありえない。

正の優先性に関する議論の大半で焦点となってきたのは、人格をめぐって対立する考え方と、自分と自分の目的との関係をどう理解すべきかをめぐって対立する考え方である。われわれは道徳的行為者として、みずから選んだ目的や役割だけに縛られるのだろうか？それとも、自分で選んではいない一定の目的――たとえば自然や神によって、あるいは、家族、民族、文化、伝統の一員としてのアイデンティティによって与えられた目的――を達成する義務を負うのだろうか？　正の優先性を批判する人びとが何かにつけて反対してきたのは、もっぱら主意主義的な、あるいは契約上の用語によって、われわれの道徳的・政治的義務を解明できるという考え方だったのである。

『正義論』においてロールズは、正の優先性を主意主義的な、広い意味でカント的な人格の考え方と結びつけた。この考え方によれば、われわれは功利主義者の想定とは異なり、みずからの欲望の総和として定義されるだけではない。またアリストテレスの考えとも違い、自然によって与えられた特定の目的や目標を達成することで完成される存在でもない。そうではなく、われわれは自由で独立した自己であり、過去の道徳的な絆に縛られることなく、自分で自分の目的を選ぶことができるのだ。これが、中立的な枠組みとしての国家の理想に現れる人格の概念だ。われわれが自由で独立した自己であり、自分自身の目的を選べるからこそ、われわれは目的に中立な権利の枠組みを必要とするのである。権利の基盤を何らかの善の概念に置けば、ある人に他人の価値観を押しつけることになるし、そうなれば、みずからの目的を選ぶ各人の能力は尊重されないことになるだろう。

人格についてのこうした考え方、またこの考え方と正の優先の擁護論との関連性が、『正義論』のいたるところで表明されている。それが最も明確に語られるのは、本の最後のほうで、ロールズが「正義の善」を説明する部分である。そのくだりでロールズは、カントにのっとり、目的論的な教説が「ひどい誤解に基づいている」のは、それが正と善を誤った方法で結びつけているからだと論じている。

独立に定義された善にまず目を向けることによって、人生を形成しようとすべきではない。われわれの本性を第一に明らかにするのは、われわれの目標ではなく、いくつかの原理である。これらの目標が形成される背景条件と、それらが追求される方法を支配していることを、われわれが認めるであろう原理だ。というのも、自己はそれが肯定する目的に優先するからである。主要な目的でさえ多くの可能性から選ばれなければならない……したがって、われわれは目的論的な教説が提示する正と善の関係を逆転させ、正が優先されるとみなすべきなのである。[12]

『正義論』では、目的に対する自己の優先が、善に対する正の優先を支えている。「道徳的人格は、みずから選んだ目的を持つ主体であり、基本的な選好に従ってある生活様式の構築を可能とする条件を選びとる。その生活様式とは、自由で平等な理性的存在としての人格の本性を、環境の許すかぎり十全に表現するものである」[13]。われわれは自由で独立した自己であり、過去の道徳的な絆に縛られないという考え方から確実になるのは、正義についての考慮は常に、より具体的な別の目標に優るということだ。カント的リベラリズムを雄弁に語ったくだりで、ロールズは正の優先性の道徳的な重要性を次のように説明している。

われわれの本性を、自由で平等な理性的存在として表現したいという欲求が満たされるのは、権利と正義の原理を最優先し、それに基づいて行動するときだけである……こうした優先性から行動することこそ、偶発性や偶然性からの自由を表現しているのだ。したがって、われわれの本性を実現するには、ほかの目標を律するものとして正義の感覚を維持しようとするしかない。この感情は、数ある欲求のうちの一つにすぎないとしてほかの目的に対して妥協したり、バランスをとったりしたら、満たされることはない……われわれの本性の表現にどこまで成功するかは、最終的な取締人としての正義の感覚にのっとり、いかに一貫した行動をとるかにかかっている。正義の感覚を、ほかの欲求と比較されるべき一つの欲求にすぎないとみなす構想にしたがって、われわれの本性を表現することはできない。というのも、こうした感情は人格とは何かを明らかにするものであり、そこで妥協するのは、自己が自由な統治を達成することではなく、この世界の偶発事や不測の事態に屈することだからである。(14)

正の優先性に異を唱えた人びとは、ロールズの人格概念、つまり、過去の道徳的な絆に縛られない自由で独立した自己という人格概念にさまざまな方法で反対した。(15) 彼らによると、目標や愛着に優先して与えられる自己という概念は、われわれの道徳的・政治的な経験のいくつかの重要な側面を解明できないという。われわれが一般に認めている一定の道徳的・政治的義務——たとえば連帯の義務や宗教上の責務など——は、選択とは無関係な理由からわれわれに求められるかもしれない。こうした義務は、単にあいまいなものだとして片付けてしまうのが難しい。一方で、われわれがみずからを自由で独立した自己であり、自分で選んでいない道徳的な絆に縛られることはないのだと理解すれば、説明するのが難しいのである。(16)

善に対する正の優先を擁護する

『政治的リベラリズム』においてロールズは、善に対する正の優先を擁護している。この本の大半で、ロールズは議論の最初の二つの波、つまり功利性対権利の議論と、配分的正義をめぐるリバタリアニズム対平等主義の議論の提起する問題を脇へ置いている。代わりに、議論の第三波、つまり正の優先に関する議論の引き起こす問題に焦点を合わせている。

正の優先性を支えるカント的な人格概念をめぐる論争を考えると、応答の道筋は少なくとも二つありうる。一つは、カント的な人格概念を擁護することによってリベラリズムを守るもの。もう一つは、カント的な概念から離れることによってリベラリズムを守るものだ。『政治的リベラリズム』において、ロールズは後者の方法を選んでいる。彼は、カント的な人格概念を道徳的理想として擁護するのではなく、自分が考えるリベラリズムは、カンそもそうした人格の概念に基づいていないと主張する。善に対する正の優先は、特定の人格概念をいっさい前提していないし、『正義論』第三部で提示される人格概念すら前提してはいないのである。

†政治的リベラリズム対包括的リベラリズム

ロールズはここでこう論じる。リベラリズムを支持する論拠は政治的であり、哲学的でも形而上学的でもないから、自己の本性をめぐる賛否両論の主張には左右されないのだ、と(pp. 29–35)。善に対する正の優先は、カントの道徳哲学を政治に応用した結果ではなく、現代の民主主義社会に住む人びとは、善についてたいてい意見が合わないというよく知られた事実への現実的な対策なのだ。人びとの道徳的・宗教的信念が一致しそうにない以上、それらをめぐる論争に中立的な正義の原理に基づく合意を探るほうが理にかなっている(pp. xvi–xvii)。

修正されたロールズの見解の中心となるのは、政治的リベラリズムと、包括的な道徳的教説の一部としてのリベラリズムの区別である(pp. 154–158)。包括的リベラリズムにおいては、自律、個性、独立独歩といった一定の道徳的理想の名において、リベラルな政治制度が肯定される。包括的な道徳的教説としてのリベラリズムの例には、カントやジョン・スチュアート・ミルのリベラル的ビジョンがある。[17] ロールズも認めているように、

『正義論』で展開されたリベラリズムも包括的リベラリズムの一例だ。「公正としての正義と結びついた秩序ある社会の本質的な特徴は、すべての市民がこの概念を承認しているということであり、その承認の土台は、私がここで包括的な哲学的教説と呼んでいるものである」(p. xvi)。これこそまさに、ロールズがみずからの理論を「正義の政治的構想」として鋳直すことによって、いまや修正する特徴なのである(p. xvi)。

包括的リベラリズムとは異なり、政治的リベラリズムは、包括的な教説から生じる道徳・宗教上の論争においてどちらか一方に与することはない。自己の概念をめぐる論争もその一つである。「総合的に見てどの道徳的判断が正しいかということは、政治的リベラリズムの問題ではない」(p. xx)。「包括的な教説のあいだで公平性を保つため、政治的リベラリズムは、それらの教説が立場を異にする道徳的テーマを具体的には検討しない」(p. xxviii)。何らかの包括的概念について合意を確立する難しさを考えると、秩序ある社会においてさえ、すべての人が同じ理由——たとえば目的に対する自己の優先を表現すること——から、リベラルな制度を支持するだろうと期待するのは無理である。政治的リベラリズムがこうした希望を捨てるのは、それを非現実的であり、さまざまな道徳・宗教上の考え方の信奉者が受け入れられる原理を正義の土台にするという目標に反するとみなすからである。政治的リベラリズムは、正義の原理の哲学的根拠を追い求めるのではなく、「重なり合うコンセンサス」の支えを追い求める(p. 134)。これが意味するのは、さまざまな人びとがさまざまな理由から、平等な基本的自由といったリベラルな政治制度を納得のうえで認めることがありうるということだ。理由がさまざまなのは、彼らの信奉する道徳・宗教上の多様な包括的信念を反映しているからである。政治的リベラリズムはみずからの正当性を、そうした道徳・宗教上の信念のいずれにも依存しないため、「独立した」見解として提示される。それは「寛容の原理を哲学そのものに応用する」のである(p. 10)。

政治的リベラリズムは、カント的な人格概念への依拠を放棄するものの、人格の概念なしですませるわけではない。ロールズも認めているように、その種の概念は原初状態という考え方に欠かせないものである。原初状態とは、正義の原理を生み出す仮説的社会契約のことだ。『正義論』においてロールズは、正義について考える方法は、平等な初期状態に置かれていると知った人びとが、合意に達する原理は何かを問うことだと論じた。平等な初期状態にある各人は、自分の人種や階級、宗教や性別、目標や愛着について一時的にわからなくなっている[18]。しかし、正義について考えるこの方法が意味を持つには、原初状態の構想が、われわれが現実にそうあるような人格、あるいは正義にかなう社会ではそうあると思われる人格をある程度反映していなければならない。

原初状態の構想を正当化する一つの方法は、ロールズが『正義論』第三部で提示したカント的な人格概念に訴えることだろう。もし、道徳的人格としてのわれわれの本性にとって、目的を選ぶわれわれの能力のほうが、われわれが選ぶ特定の目的よりも基本的なものだとすれば、もし「われわれの本質を何より明らかにするのは、われわれの目標ではなく、そうした目標が形成される背景条件を律するとわれわれが認識するであろう原理だとすれば[19]」、もし「自己がみずから支持する目的に優先するとすれば[20]」、みずからが追求するであろう目的について知る前に慎重に考える人格という観点から、正義について検討することは、理にかなっている。もし「道徳的人格は、みずから選んだ目的を持つ主体であり、基本的な選好に従ってある生活様式――自由で平等な理性的存在としての人格の本性を、環境の許すかぎり十全に表現する生活様式――の構築を可能とする条件を選びとる」とすれば[21]、原初状態は、われわれの道徳的人格とそれに由来する「基本的な選好」を表現するものとして正当化できる。

だが、ロールズがカント的な人格概念への依拠を否定するなら、こうした方法で原初状態を正当化することはもはやできない。すると、ここで難しい問題が持ち上がる。正義に関する省察が、われわれの意図や目的と無関係に進められるべきだと主張することに、どんな理由が残っているだろうか? 道徳・宗教上の信念や、善き生の概念を「カッコに入れる」、つまり脇に置かねばならないのはなぜだろうか? 社会の基本構造を律する正義の原理を、人間の最高の目的に関する最善の理解に基づけるべきでないのはなぜだろうか?

†人格の政治的構想

政治的リベラリズムの答えはこうだ。目的を捨象した人格の観点から正義について考えなければならない理由は、こうした手続きが、目的に優先する自由で独立した自己としてのわれわれの本性を表現するということではない。正義に関するこうした考え方を正当化するのは、次のような事実である。つまり、必ずしもすべての道徳的な目的にとってではなく、政治的な目的にとって、われわれはみずからを、過去の義務や責務に縛られない自由で独立した市民だとみなすべきなのである（pp. 29–35）。政治的リベラリズムにとって、原初状態の企図を正当化するのは「人格の政治的構想」だ（p. 29）。原初状態に具体化される人格の政治的構想は、カント的な人格の構想にかなり近い。重要な違いは、その適用範囲がわれわれの公的なアイデンティティ、市民としてのアイデンティティに限られる点である。したがって、たとえば市民としての自由が意味するのは、われわれの公的なアイデンティティが、ある時点で信奉する目的によって縛られたり定義されたりはしないということだ。自由な人格として、市民はみずからを「最終的な目的の枠組みを持つそうした特定の構想から独立し、一体化していない」とみなす（p. 30）。われわれの公的なアイデンティティが、時間に伴う善の構想の変化に影響されることはない。

私的な、すなわち非公的なアイデンティティにおいて、われわれは「目的や愛着について、人格の政治的構想が想定するあり方とはまるで別様の」見方をするかもしれないことを、ロールズは認めている（p. 31）。その際、人は自分が忠誠心や責務に縛られていることに気づくかもしれない。こうした忠誠心や責務について「彼らはそこから距離を置いたり、客観的に評価したりしないし、実際そうできないし、すべきではないと思っている。彼らはみずからを、宗教・哲学・道徳にかかわる一定の信念や、ずっと持ち続けている愛着や忠誠心から切り離すことなど、とても考えられないとみなすかもしれない」（p. 31）。だが、われわれが私的なアイデンティティにおいてどれだけのものを背負おうと、道徳・宗教上の信念に縛られていようと、公的にはそれをカッコに入れなければならないし、みずからを公的な自己として、いかなる特定の忠誠心、愛着、善の概念からも独立した存在とみなさなければならない（p. 31）。

人格の政治的構想の関連する特徴は、われわれは「正当な主張の自己認証的源泉」だということだ（p. 32）。われわれが市民としてなす主張は、どんなものであれ、われわれがそれを主張したというだけの理由で重要なのである（それが正義に反するものでないかぎり）。道徳・宗教上の高尚な理想、すなわち愛国心や共通善といった諸概念を反映する主張もあれば、興味や好みの表れにすぎない主張もあるだろう。だが、それは政治的リベラリズムの観点からは重要ではない。政治的な観点からすれば、市民性、連帯、信仰の義務や責務に基づく主張といえども、人びとが欲するものにすぎず、それ以上でもそれ以下でもないのだ。政治的な主張としての妥当性は、それが支持する善の道徳的な重要性とは一切関係がなく、誰かがそれを主張しているという事実にのみ存するのである。神の掟や良心の命令ですら、政治的に言えば「自己認証的」主張とみなされる[22]。このことから、道徳や宗教やコミュニティの義務に縛られていると思っている人でさえ、政治的な目的からすれば、間違いなく負荷なき自己ということになる。

この人格の政治的構想が次の点を説明してくれる。つまり、政治的リベラリズムによると、われわれが目的から切り離された立場で、原初状態が促すような仕方で正義について省察しなければならないのはなぜかを。しかし、ここでさらなる問題が持ち上がる。そもそも、人格の政治的構想の観点に立つ必要があるのはなぜだろうか？　われわれの政治的なアイデンティティが、私生活で支持する道徳的、宗教的、共同体的信念を表すべきでないのはなぜだろうか？　市民としてのアイデンティティと、より広く考えられた道徳的人格としてのアイデンティティを分けることに、なぜこだわるのだろうか？　正義について熟慮する際、生活のほかの部分に及ぶ道徳的判断を脇へ置くべきなのはなぜだろうか？

ロールズの答えはこうだ。市民としてのアイデンティティと人格としてのアイデンティティのこうした分離、すなわち「二元性」は、「民主的な政治文化の特殊な本性に由来する」(p. xxi)。従来の社会では、人びとは包括的な道徳・宗教上の理想のイメージで政治生活を形成しようとした。ところが、われわれの生きる現代の民主主義社会は、道徳的・

宗教的見解の多様性を特徴とするにもかかわらず、われわれはたいてい公的なアイデンティティと私的なアイデンティティを区別する。自分が信奉する道徳・宗教上の理想の正しさに自信があっても、私はこうした理想を社会の基本構造に反映すべきだとは主張しない。政治的リベラリズムのほかの側面と同様、自由で独立した自己という人格の政治的構想は「民主主義社会の公的な政治文化に内在しているのだ」(p. 13)。

では、ロールズが正しく、われわれが持つというリベラルな自己像が政治文化に内在しているとしてみよう。だが、そうしたからといって、その自己像を肯定し、それが支持する正義の構想を受け入れる十分な根拠が手に入るだろうか? ロールズの最近の著作を読み、次のように示唆されていると解釈する人もいる。つまり、公正としての正義とは、正義の政治的構想であり、われわれの政治文化に内在する共通理解に訴えること以外、道徳的・哲学的な正当化は必要ないのだ、と。ロールズは、『正義論』と『政治的リベラリズム』のあいだに発表した論文で以下のように書いており、この解釈を促しているように思える。

正義の構想を正当化するのは、それがわれわれに優先する、与えられた秩序に忠実だということではない。そうではなく、われわれのより深い自己認識や願望に一致することであり、われわれの公共生活に根づいた歴史や伝統からして、それが最も理に適った教説だというわれわれの実感に一致することなのだ。[23]

リチャード・ローティは、洞察に満ちたある論文で、ロールズの修正された見解を「徹底的に歴史主義的で反普遍主義的」だと解釈している（そして歓迎している）。[24] ローティによれば、『正義論』は正義の基盤をカント的な人格構想に置いていたようだが、ロールズのリベラリズムは「もはや、人間の自我の哲学的説明に傾注するのをやめ、われわれの現在の生き方の歴史的‐社会学的な記述に専念しているようだ」。[25] この見方からすると、ロールズは「民主主義制度の哲学的な根拠を提示している」のではなく、「アメリカのリベラル派に特有の原理や直観を体系化しようとしているにすぎない」。[26] ローティは、ロールズのプラグマティズム的転回と自分がみなすものを支持している。それは、リベラルな政治制度には哲学的な正当化、すなわち人間の自我の理論による「政治以上の根拠づけ」が必要だとする考え方からの転回である。ローティはこう書いている。「正義が第一の社会的美徳となるかぎり、こうした正統化の必要性は次第に感じられなくなるだろう。そのような社会は、社会政策に必要なのは権威ではなく、個人間の折り合いをうまくつけることだという考え方に慣れていくだろう。こうした個人は自分たちが、同じ歴史的伝統を受け継ぎ、同じ問題に直面していることを見いだすのである」[27]

『政治的リベラリズム』でロールズは、この純粋にプラグマティックな説明から引き返す。

公正としての正義は「公共文化そのものを、暗黙のうちに認識された基本的な考えや原理の共有資源とみなすこと」(p.8) から始まるものの、広く共有されているからという根拠だけで、これらの原理を肯定するわけではない。ロールズは、自分の正義の原理は重なり合うコンセンサスの支持を得られると主張するが、彼の追求する重なり合うコンセンサスとは「単なる利害調整ではなく」(p. 147)、対立する見解の妥協点でもないのだ。さまざまな道徳的・宗教的構想の信奉者たちは、自分の信じる構想のなかから引き出した理由によって、正義の原理を承認することから始める。だが、万事が順調に進めば、これらの原理を重要な政治的価値観を表すものとして支持するようになる。人びとは、リベラルな制度の支配する多元的な社会で生きるようになると、リベラルな原理への傾倒を強める美徳を身につけるのだ。

立憲的な統治形態を可能とする政治的な協力の美徳は……実にすばらしい美徳である。たとえば、寛容さや進んで相手に歩み寄る美徳、道理をわきまえることや公平感の美徳などがそうだ。こうした美徳が社会に広がり、その正義の政治的構想を維持すれば、実にすばらしい公共善を構成することになる (p. 157)。

ロールズはこう強調する。リベラルな美徳をすばらしい公共善として支持し、その涵養を促すことは、包括的な道徳概念に基づく完全主義の国家を是認することとは違う、と。それは、善に対する正の優先と矛盾しないのだ。というのも、政治的リベラリズムが支持するリベラルな美徳は、政治的な目的――人びとの権利を守る立憲的な統治形態を支えるという役割を果たすこと――しか持たないからだ。これらの美徳は人びとの道徳生活にかかわるのか、またどの程度までかかわるのかという問題に、政治的リベラリズムは答えようとしないのである（pp. 194-195）。

政治的リベラリズムを評価する

『政治的リベラリズム』が、正の優先性をカント的な人格の構想から切り離すことによって擁護しているとすれば、その擁護にはどれくらいの説得力があるだろうか？　これから論じるように、『政治的リベラリズム』が自我の本質をめぐる論争から正の優先性を救い出すには、その代償として、その他の面で正の優先性を無防備にせざるをえない。具体的に言うと、正義の政治的構想として考えられたリベラリズムは、三つの反論にさらされていることを示そうと思う。

第一に、ロールズが訴える「政治的価値」は大切だとしても、道徳・宗教上の包括的な教説の内部から提起される主張を、政治的な目的のためにカッコに入れる、つまり脇へ置くことが必ずしも合理的だとはかぎらない。重大な道徳的問題がかかわっている場合、政治的合意のために道徳的・宗教的論争をカッコに入れることが合理的かどうかは、対立する道徳的・宗教的教説のどれが正しいのかにある程度かかっているのだ。

第二に、政治的リベラリズムにおいて、善に対する正の優先の擁護論が依拠するのは、現代の民主主義社会が善に関する「理にかなった多元主義の事実」を特徴としているという主張である（p. xvii）。現代の民主主義社会に住む人びとが、相容れない多様な道徳的・宗教的見解を持っているというのは確かにそのとおりだが、道徳や宗教に関する「理にかなった多元主義の事実」が正義の問題には当てはまらないとは言えない。

第三に、政治的リベラリズムが掲げる公共的理性の理想によれば、市民が政治や憲法の基本問題を論じる際、自分の信じる道徳・宗教上の理念を持ち出すのは正当ではないという。だが、これはあまりにも厳しい制約であり、政治論議を貧弱にし、公共の熟議の重要な要素を排除してしまうだろう。

†重大な道徳問題をカッコに入れる

政治的リベラリズムが主張するのは、政治的な目的のために道徳・宗教上の包括的理想をカッコに入れることであり、政治的なアイデンティティを私的なアイデンティティから切り離すことである。その理由は次のようなものだ。われわれが暮らすような現代の民主主義社会では、善き生をめぐる人びとの意見は割れるのが普通だから、相互尊重にもとづく社会的協同を確保したければ、道徳的・宗教的な信念をカッコに入れる必要がある。だが、ここで、政治的リベラリズムがみずからの言葉では答えられない一つの問題が持ち上がる。相互尊重にもとづく社会的協同を確保する重要性は認めるとしても、その利益がきわめて大きく、道徳・宗教上の包括的見解の内部から生じる競合する利益を常に上回るという保証はどこにあるのだろうか？

正義の政治的構想の優先性（したがって正の優先性）を確実にする方法の一つは、それがカッコに入れる道徳的・宗教的な概念のいずれかが真実である可能性を否定することである。(28) だが、そうすると、政治的リベラリズムはまさに避けようとしている哲学的主張にかかわることになる。ロールズは再三にわたり、政治的リベラリズムは道徳・宗教上の包括的教説の主張をめぐる懐疑論には与しないと強調している。したがって、政治的リベラリズムが、そうした教説の一部は正しいかもしれないと認めるなら、以下のことを保証するのは何だろうか？　つまり、いかなる教説も、いわばカッコをはずすことを十分に納得させるような価値を生み出せないし、寛容、公正、相互尊重にもとづく社会的協同という政治的価値を道徳的に上回る価値を生み出せないのだ、と。

政治的価値と、道徳・宗教上の包括的教説の内部から生まれる価値は、対応するテーマが違うと答える人がいるかもしれない。政治的価値は、社会の基本構造や憲法の本質的要素にかかわるのに対し、道徳・宗教上の価値は私生活や自発的団体の運営にかかわるというのだ。だが、それがテーマの違いにすぎないのであれば、政治的価値と道徳的・宗教的価値の対立などそもそも起こりようがないし、ロールズが繰り返し述べているように、政治的リベラリズムが支配する立憲民主主義においては「政治的価値は、どんな非政治的価値と衝突しようとも、それに優るのが普通だ」(p. 146) などとあえて主張する必要もないだろう。

道徳や宗教の主張を考慮せずに「政治的価値」の優先を断言することの難しさは、重大な道徳的・宗教的問題にかかわる二つの政治論争を考えてみればわかる。一つは妊娠中絶の権利をめぐる現代の論争、もう一つは住民主権と奴隷制をめぐるエイブラハム・リンカーンとスティーヴン・ダグラスの有名な討論だ。

妊娠中絶が道徳的に許されるかどうかについて、激しい意見の衝突があることを考えると、対立する道徳的・宗教的問題をカッコに入れて——それらの問題について中立を保って——政治的解決を探ることに賛成する論拠はとりわけ強力に思える。だが、政治的な目的のために、問題となる道徳・宗教上の包括的教説をカッコに入れるのが合理的かどうかは、どの教説が正しいかによって大きく左右される。カトリックの教義が正しいとすれば、つまり、妥当な道徳的意味で人の命は受精の瞬間に始まるとすれば、人の命はいつ始まるかという道徳的‐神学的な問いをカッコに入れるのは、対抗する道徳的・宗教的前提に立つ場合よりも、はるかに不合理なはずだ。われわれが、妥当な道徳的意味で、胎児と赤ん坊は違うことに自信があればあるほど、胎児の道徳的地位をめぐる論争を脇に置く正義の政治的構想を自信を持って主張できる。

政治的リベラル派ならこう答えるかもしれない。寛容と女性の平等な市民権という政治的価値は、中絶するかどうかは女性自身が自由に決めるべきだと結論をくだす十分な根拠になる、と。人の命がいつ始まるかをめぐる道徳的・宗教的論争において、政府はどちらの側にも立つべきではないのだ[29]。しかし、胎児の道徳的地位に関してカトリック教会が正しいとすれば、つまり、中絶が道徳的には殺人に等しいとすれば、寛容や女性の平等という政治的価値がいかに重要であろうと、それが優位に立つ理由は明確ではない。カトリックの教義が正しいなら、政治的価値の優先に賛成する政治的リベラル派の議論は、正戦論の一例となるにちがいない。彼や彼女は、毎年一五〇万にのぼる民間人の命を犠牲にしても、そうした価値が優位に立つべきだという理由を示さなければならない。

もちろん、いつから人間の命が始まるのかという道徳的‐神学的問題をカッコに入れるのは不可能だと言うことは、中絶の権利に反対することではない。中絶の権利に賛成する議論が、そうした道徳的・宗教的論争に関して中立ではありえないと示しているにすぎない。それはむしろ、問題となる道徳・宗教上の包括的な教説を避けるのではなく、それにかかわらなければならない。リベラル派が往々にしてこうしたかかわりに抵抗するのは、それが善に対する正の優先に反するからである。だが、中絶論争が示すのは、こうした優先性は維持できないということなのだ。中絶するかどうかを自分で決める女性の権利を尊重する議論は、発達の比較的早い段階で胎児を中絶することと、子供を殺すことのあいだに妥当な道徳的違いがあると示せるかどうか——私は示せると思う——に左右される。

意見の分かれる道徳問題をカッコに入れようとする正義の政治的構想に困難が伴うことを示す二つ目の例は、一八五八年にエイブラハム・リンカーンとスティーヴン・ダグラスのあいだでかわされた論争である。住民主権の教説を擁護するダグラスの議論は、意見の分かれる道徳問題を政治的合意のためにカッコに入れることを主張した、アメリカ史上最も有名な例かもしれない。ダグラスによれば、奴隷制の道徳性について見解が一致しないのは避けられないから、国策においてはこの問題に対して中立を守るべきだという。彼が擁護した住民主権の教説は、奴隷制の是非を判断せず、各準州の住民の自由な判断に任せるというものだった。「連邦の権力という重しを、自由国家か奴隷制国家かの秤に載せることは」合衆国憲法の基本原理に反し、内戦の危機を招くだろう。国を一つにまとめる唯一の希望は、見解の相違を認め合い、奴隷制をめぐる道徳論争をカッコに入れ、「こうした問題についてみずから決定を下す各州・準州の権利」を尊重することだと、ダグラスは説いた。[30]

リンカーンは、正義の政治的構想を擁護するダグラスの議論に反論した。政策は、奴隷制について実質的な道徳判断を避けるのではなく、表明するものであるべきだ。リンカーンは奴隷制廃止論者ではなかったが、奴隷制は道徳的な悪なのだから政府はそのように扱うべきであり、準州への拡大を禁じるべきだと考えていた。「この論争の真の問題――すべての人の心にのしかかっている問題――は、奴隷制を悪とみなすある階級の側の感情と、悪とはみなさない異なる階級の側の感情である」[31]。リンカーンと共和党は奴隷制を悪とみなしていた。そして、それは「悪として扱われるべきであり、悪として扱う方法の一つは、奴隷制をこれ以上拡大させないという規定をつくること」だと力説した[32]。

ダグラスはこう主張した。個人的な道徳観はどうあれ、少なくとも政治的な目的のためには、自分は奴隷制の問題について不可知論者であると。奴隷制が「投票で可決されようが否決されようが」気にしないというのだ[33]。リンカーンはこう答えた。奴隷制をめぐる道徳問題をカッコに入れることに納得できるのは、それが自分の考える道徳的悪ではないという前提がある場合に限られると。政治的中立性を支持できるのは、こんな人である。

[その人は]奴隷制にいっさい悪い点を見出さない。だが、悪い点を見出す人は、論理的にそうは言えない。なぜなら、悪が可決されようが否決されようが気にしないとは、論理的には誰も言えないからである。どうでもいいことなら可決されようが否決されようが気にしないと言ってもいいが、正しいことと間違ったことであれば論理的にどちらかを選ばなければならない。奴隷を欲しがるどんなコミュニティも、奴隷を所有する権

利があると、彼は主張する。だから、奴隷が悪でなければ、人びとは奴隷を所有する。しかしそれが悪であれば、彼は人びとが悪事をなす権利があるとは言えないのだ。[34]

リンカーンとダグラスの議論の主要な争点は、奴隷制の道徳性ではなく、政治的合意のために道徳論争をカッコに入れるかどうかにあった。この点で、住民主権をめぐる彼らの議論は、妊娠中絶の権利をめぐる現代の議論に似ている。現代のリベラル派の一部は、政府は妊娠中絶の道徳性について立場を明らかにすべきではなく、女性一人ひとりに自分で答えを出させるべきだと主張する。同じようにダグラスは、国策は奴隷制の道徳性について立場を明らかにすべきではなく、各準州に答えを出させるべきだ主張した。もちろん違いはある。中絶の権利の場合、本質的な道徳問題をカッコに入れようとする人びとは選択を個人に任せるのが普通だが、奴隷制の場合、ダグラスの案は選択を準州に任せるというものだった。

しかし、ダグラスに対するリンカーンの反論は、問題をカッコに入れること自体への反論だった——少なくとも重大な道徳問題にかかわる場合には。リンカーンの論点は、ダグラスの擁護する正義の政治的構想の妥当性は、それがカッコに入れるべきだとする本質的な道徳問題への特定の答えにかかっているということだった。この論点は、妊娠中絶の権利を擁護する議論、つまり、胎児の道徳的地位をめぐる論争で一方に味方すべきではないとする議論にも同じ力を発揮する。内戦が起こるかもしれないほどの、社会的協同への恐るべき脅威に直面しながらも、リンカーンは、当時最も激しい対立を引き起こしたその道徳論争をカッコに入れることは、道徳的にも政治的にも意味がないと主張した。

私はこう言いたい。それについて語るのをやめるべきだとか……それによって世論が動揺するのをただちに抑えるべきだといった前提に基づく哲学や政治手腕が、どこにあるというのだろうか？　ところが、これこそ……ダグラスが主張している政策なのだ――われわれはそんなことを気にするべきではないというのだ！　私はこう問いたい。そんなものは偽りの哲学ではないだろうか？　偽りの政治手腕ではないだろうか？　何しろ、そうした政治手腕によって構築される政策体系の土台は、まさに誰もが最も気にかけていることをいっさい気にしないということなのだから。[35]

現代のリベラル派がダグラスの仲間になるのを拒み、おそらく奴隷制は人びとの権利を侵害するという理由から、奴隷制に反対する国策を求めるのは間違いないだろう。問題は、正義の政治的構想として考えられるリベラリズムが、そうした主張を、包括的な道徳的理想に訴えることへの批判と一貫性を持たせられるかどうかだ。たとえば、カント主義リベラル派が奴隷制に反対するのは、人格それ自体が尊敬に値する目的として扱われないからだ。しかし、カント的な人格の構想に依拠するこうした議論は、政治的リベラリズムには使えない。同様の理由から、歴史的に重要なその他の奴隷制反対論も政治的リベラリズムには応用できない。たとえば、一八三〇年代から四〇年代にかけてのアメリカの奴隷制廃止論者は、宗教的な言葉で議論を組み立てるのが普通だった。政治的リベラリズムはこうした議論に訴えることはできない。

では、政治的リベラリズムがダグラスの仲間から外れ、包括的な道徳的見解を前提とせずに奴隷制に反対するには、どうすればいいのだろうか？　ダグラスの間違いはどんな犠牲を払ってでも社会の平和を追求しようとしたことだ、という答えが返ってくるかもしれない。並大抵の政治的合意が問題となっているわけではないのだ。公正としての正義は、政治的構想として考えられたものとはいえ、生きるための単なる方便ではない。われわれの政治文化に内在する原理や自己認識を考えれば、人間を自由で平等な市民として公正に扱う条件への合意だけが、社会的協同の合理的な基盤を提供できる。少なくとも二〇世紀のアメリカ人にとって、奴隷制反対は決着がついた問題だ。ダグラスの立場が歴史から消えてしまったことは、いまやどんな政治的合意も当然の前提としなければならない、われわれの政治的伝統における事実なのだ。

われわれの政治文化に内在する市民性の概念へこうして訴えることは、政治的リベラリズムがこんにち、奴隷制に反対するにはどうすればいいかを説明してくれるかもしれない。

現代の政治文化の重要な部分を形成したのは、結局のところ以下のようなものである。南北戦争、再建〔南北戦争後、南部連合諸州を連邦に復帰させたこと〕、合衆国憲法修正第一三条〔奴隷を禁止する条項〕、修正第一四条〔州が市民の基本権を制限することを禁止する条項〕、修正第一五条〔人種、肌の色、奴隷であった過去などにより投票権を制限することを禁止する条項〕の制定、ブラウン対教育委員会判決[36]〔公立学校を白人と黒人に分離することを違憲とした一九五四年の最高裁判決〕、公民権運動、投票権法[37]〔人種や肌の色の違いで投票権が侵害されることがあってはならないと定めた一九六五年の法律〕など。こうした経験、またそれが形成してきた人種の平等や平等な市民権といった共通認識が、奴隷制は過去一世紀にわたって発展してきたアメリカの政治的・立憲的な慣習にそぐわないとする十分な根拠を与えてくれるのだ。

だがこれは、一八五八年に政治的リベラリズムが奴隷制に反対するにはどうすればよかったのかを説明してはくれない。一九世紀半ばのアメリカの政治文化に内在していた平等な市民性の概念は、ほぼ間違いなく奴隷制を受け入れていた。独立宣言は、すべての人間は生まれながらにして平等であり、創造主によって一定の不可譲の権利を与えられているとしている。ところが、ダグラスはいかにももっともらしく、独立宣言に署名した人びとが主張していたのは、入植者がイギリスの支配から自由になる権利であり、黒人奴隷が持つ平等な市民権ではないと言い張った。[38] 合衆国憲法そのものは奴隷制を禁止していなかった。それどころか、下院議員定数の各州への割り当てのために、奴隷一人を五分の三人と数えることを州に認め[39]、連邦議会は一八〇八年まで奴隷貿易を禁止できないと定め[40]、逃亡奴隷の返還を義務づけるなどして[41]、奴隷制を後押ししてさえいたのだ。そして、一八五七年の悪名高いドレッド・スコット裁判[42]で、最高裁は奴隷所有者の奴隷所有権を支持し、アフリカ系アメリカ人はアメリカ国民ではないという判決を下した[43]。政治的リベラリズムが包括的な道徳的理想に訴えることを拒み、代わりに、政治文化に内在している市民性の概念に依拠するかぎり、一八五八年の時点でリンカーンが正しくダグラスが間違っているのはなぜかを説明するのは難しいだろう。

†理にかなった多元主義の事実

現代の妊娠中絶をめぐる議論と一八五八年のリンカーン－ダグラス論争から明らかになるのは、正義の政治的構想が、カッコに入れると称する道徳問題への答えを前提せざるをえなくなる仕組みである――少なくとも重大な道徳問題にかかわる場合は。こうしたケースでは、善に対する正の優先は維持できないのだ。政治的リベラリズムが抱えるいっそうの困難は、そもそも善に対する正の優先を主張する理由にかかわっている。カント的リベラリズムにとって、正と善の非対称性はある種の人格構想から生じるものだ。われわれはみずからを、目標や愛着に優先して存在する道徳的主体と考えなければならない。それゆえ正を、われわれが支持する特定の目的を統制するものとみなす必要があるのだ。正が善に優先するのは、自己がその目的に優先するからなのである。

政治的リベラリズムの立場から見れば、正と善の非対称性の土台をなすのはカント的な人格構想ではなく、現代の民主主義社会のある種の特徴である。ロールズはそれを「理にかなった多元主義の事実」と称している(p. xvii)。「現代の民主主義社会の性格を決めるのは、宗教、哲学、道徳の包括的教説の多元主義だけではなく、相容れないながらも理にかなった包括的教説の多元主義である。これらの教説のどれ一つとして、市民一般に支持されているものはない」(p. xvi)。また、こうした多元主義が近い将来についえるとも思えない。道徳や宗教の問題に関する意見の食い違いは、一時的なものではなく、自由な体制の下で「人間の理性を行使した正常な結果」なのだ(p. xvi)。

「理にかなった多元主義の事実」があるとすれば、問題は、自由で平等な市民がその道徳、哲学、宗教の違いにもかかわらず賛同できる正義の原理を見つけることだ。「これは政治的正義の問題であり、至高善の問題ではない」(p. xxv)。それがどんな原理を生み出すにせよ、この問題の解決策は、善に対する正の優先を支持するものでなければならない。さもなければ、相容れないが理にかなった道徳的・宗教的信念の信奉者のあいだに、社会的協同の基盤を築くことはできないだろう。

しかし、ここで難題が持ち上がる。理にかなった多元主義の事実が正しいとしても、正と善の非対称性はさらに別の前提に依拠しているからだ。それは、道徳や宗教についてわれわれの意見が一致しないにもかかわらず、正義については同じような意見の不一致はない、あるいはよく考えてみればないはずだという前提である。政治的リベラリズムが前提しなければならないのは、自由な条件の下で人間が理性を行使すれば善き生について意見の不一致が生じるということだけではない。自由な条件の下で人間が理性を行使すれば、正義について意見の不一致は生じないということでもあるのだ。道徳や宗教に関する「理にかなった多元主義の事実」から、正と善の非対称性が生じるのは、正義に関しては同様の「理にかなった多元主義の事実」がないというさらに別の前提が加わる場合にかぎられるのである。

とはいえ、このさらに別の前提が正しいかどうかははっきりしない。周囲を少し見渡すだけで、現代の民主主義社会に意見の対立が満ち満ちていることがわかる。たとえば、以下のような問題をめぐる現代の論争を考えてみよう。アファーマティブ・アクション、所得分配と税の公平性、医療、移民、同性愛者の権利、言論の自由と差別発言、死刑など、ざっと例を挙げただけでもこれだけある。あるいは、信教の自由、言論の自由、プライバシー権、選挙権、被告人の権利などに関する裁判で、最高裁の評決が割れたり意見が対立したりすることを考えてみよう。これらの論争は、正義に関する「理にかなった多元主義の事実」を示しているのではないだろうか？　そうだとすれば、現代の民主主義社会に浸透している正義に関する多元主義は、道徳や宗教に関する多元主義とどう違うのだろうか？　近い将来のどこかの時点で、正義についての意見の不一致が解消される一方で、道徳や宗教をめぐる意見の不一致は依然として残ると考える理由はあるだろうか？

政治的リベラル派は、正義をめぐる意見の不一致を二種類に区別することによって、こうした問いに答えるかもしれない。正義の諸原理はいかなるものであるべきかについての意見の不一致と、それらの原理がどう適用されるべきかについての意見の不一致があるというのだ。正義をめぐる意見の不一致の多くは後者に属すと、彼らは主張するかもしれない。たとえば、言論の自由は基本的な権利や自由の一部であるという点で、われわれの意見はたいてい一致する。だが、言論の自由という権利が、人種差別発言、暴力的なポルノ描写、宣伝広告、政治運動への無制限の寄付といったものを守るべきかどうかについては、意見が分かれる。こうした意見の不一致は、なかなか手強く解決不能ですらあるかもしれない。だが、正義にかなう社会では言論の自由という基本的権利が認められるという原理について、われわれの意見が一致することと矛盾はしないのだ。

対照的に、道徳や宗教をめぐる意見の不一致は、もっと根本的なものとみなされるのかもしれない。こうした不一致は相容れない善き生の概念を反映しているのであり、広範な意見の一致が得られる、あるいはよく考えてみれば得られるはずの善き生の概念を、いかに実行に移すかをめぐる意見の不一致ではないというのだ。正義をめぐる論争が、われわれが共有する、あるいはよく考えてみれば共有するはずの原理の応用に関するものであるのに対し、道徳や宗教をめぐる論争がもっと深刻なものだとすれば、政治的リベラリズムが掲げる正と善の非対称性が立証されることになるだろう。

だが、こうした対比はどこまで胸を張って主張できるものだろうか？　正義をめぐる意見のあらゆる不一致が、原理そのものではなく、われわれが共有する、あるいはよく考えてみれば共有するはずの原理の応用にかかわっているのだろうか？　配分的正義をめぐる議論はどうだろう。この場合、われわれの意見が異なるのは原理についてであって、その応用についてではないように思える。ロールズの格差原理にならい、正義にかなう社会的・経済的不平等とは、社会で最も恵まれない層の境遇を改善するものにかぎられると主張する人もいる。彼らによると、たとえば政府は所得、教育、医療、住居といった必要最低限のものをきちんと提供する義務があるという。それによって、すべての市民が基本的自由を有意義に行使できるようになるからだ。一方で格差原理を認めない人もいる。リバタリアンによると、たとえば、自分より恵まれない人に手を差し伸べるのはよいことかもしれないが、それは手を差し伸べる側の厚意であって、受け取る側の権利とすべきではないという。政府は強制力を使って所得や富を再配分すべきではなく、人びとが思う存分に才能を発揮し、市場経済によって決まる報酬を手にする権利を尊重すべきなのである。[44]

ロールズのようなリベラル派平等主義者とロバート・ノージックやミルトン・フリード

マンのようなリバタリアンとの論争は、現代の民主主義社会における政治論議でひときわ目を引くものだ。こうした論争に反映しているのは、配分的正義の正しい原理とは何かをめぐる意見の不一致であり、格差原理をどう応用するかをめぐる意見の不一致ではない。だが、ここからわかるのは、民主主義社会には道徳や宗教についてと同様、正義についても「理にかなった多元主義の事実」が存在するということだろう。そうだとすれば、正と善の非対称性は崩れてしまう。

政治的リベラリズムはこの反論に対して答えがないわけではない。だが、ここで出さざるをえない答えは、政治的リベラリズムがほかの場面で持ち出す寛容の精神から逸脱するものだ。ロールズの答えはこうなるに違いない。配分的正義についても多元主義の事実はあるが、理にかなった多元主義の事実はない、と。[45] 道徳や宗教に関する意見の不一致とは異なり、格差原理の妥当性に関する意見の不一致は理にかなっていない。リバタリアン的な配分的正義の理論は、よく考えてみれば維持できないのだ。配分的正義をめぐる意見の相違は、道徳や宗教をめぐる相違とは異なり、自由な状況下で人間の理性を行使した自然な結果ではないのである。

配分的正義をめぐる意見の不一致は理にかなっていないという主張は、一見したところ恣意的で、粗暴ですらあり、「寛容の原理を哲学そのものに」当てはめるという政治的リベラリズムの約束に反している（p. 10）。ロールズが道徳や宗教の相違には明らかに寛大なのとまったく対照的だ。こうした相違は、現代の生活ではごく当たり前な、もっと言えば望ましい特徴であり、国家権力の横暴な行使によってしか抑え込めない人間の多様性の表れだと、ロールズは繰り返し書いている（pp. 303-304）。包括的な道徳に関するかぎり、「完全な理性の力を持つ良心的な人間なら、自由な討論を交わしたあとでさえ、同じ結論に達することは期待できない」（p. 58）。人間の理性の行使によって、理にかなった道徳的・宗教的教説の多様性が生じる以上、「国家権力による制裁手段を用いて、自分と意見の異なる者を改心させたり罰したりしたいと願うのは、理にかなわないか、あるいはさらに悪い」（p. 138）。ところが、こうした寛容の精神は正義をめぐる意見の不一致には及ばない。たとえば、リバタリアンと格差原理の提唱者のあいだの意見の不一致は、理にかなった多元主義を反映していないから、国家権力の行使によって格差原理を実現することに反対する理由はないのである。

一見すると不寛容なようだが、格差原理と対立する配分的正義の説は理にかなっていないとか、リバタリアン的な正義論はよく考えてみれば維持できないという考え方は、少しも独断的な主張ではない。それどころか、『正義論』でロールズは、格差原理を支持し、リバタリアンの考えに反対する説得力ある議論を次々と展開している。いわく、市場経済においてある者を豊かに、ある者を貧しくするような才能や財産の配分は、道徳的観点からすれば恣意的だ。いかなる時点でも、私やあなたが豊富に持っている才能を市場がたまたま高く評価し、報酬をくれるという事実もまた恣意的である。リバタリアンなら、配分の分け前は（貴族制やカースト制の社会のように）社会的地位や生まれ合わせに基づくべきでないことを認めるだろうが、生来の才能の配分もやはり恣意的である。リバタリアンが持ち出す自由の概念が有効に機能できるのは、人びとの社会的・経済的な基本ニーズが満たされるときだけである。人びとが自分自身の利益と無関係に、つまり自分の才能や市場経済における才能の価値に関する前提知識なしに、配分的正義について熟慮すれば、生まれつきの才能を配分の分け前の基準にすべきではないことに同意するだろう。と、以上のような議論が続いていくのだ。[46]

私の意図は、ロールズによる格差原理の擁護論を繰り返すことではなく、彼が提示するような理由を思い出すことにすぎない。ロールズは正当化を、原理と考え抜かれた判断とのあいだの、「内省的均衡[47]」を目指す相互調整プロセスとみなすことによって、格差原理はリバタリアンが提示する選択肢よりも理にかなっていることを示そうとする。彼の議論に説得力があるかぎり――私はあると思う――また民主主義社会の市民にとって説得力がありうるかぎり、その議論が支持する原理は公共政策や法律に適切に具体化される。意見の不一致が残るのは間違いないだろう。リバタリアンは黙り込みもしないし、姿を消しもしない。しかし、こうした意見の不一致を、それに直面した政府が中立を守らねばならない「理にかなった多元主義の事実」とみなす必要はないのである。

だが、こうした事態から浮かび上がる疑問は、善に対する正の優先という政治的リベラリズムの主張の核心に迫るものである。ロールズが展開しているような道徳的議論や内省を通じて、対立する見解が依然として存在するにもかかわらず、一方の正義の原理は他方よりも理にかなっていると結論できるのであれば、道徳的・宗教的論争の場合には同じような内省が不可能であるとなぜ言い切れるのだろうか？　内省的均衡を追求することによって、意見の分かれる配分的正義の原理について判断できるのであれば、善の概念についても同じように判断できるのではないだろうか？　ある善の概念はほかの善の概念よりも理にかなっていると示せるのであれば、依然として残る意見の不一致は、政府に中立を要求する「理にかなった多元主義の事実」ということには、必ずしもならないはずである。

たとえば、われわれの公共文化における、同性愛の道徳的地位をめぐる論争について考えてみよう。この論争のもとになっているのは、包括的な道徳的・宗教的教説である。ある人びとは、同性愛は罪である、あるいは少なくとも道徳的には許されないと主張する。別の人びとは、同性愛は道徳的に許されるし、場合によっては重要な人間の善を表現するものだと論じる。政治的リベラリズムによれば、同性愛の道徳性をめぐるどちらの見解も、正義や権利に関する公共の議論で役割を演じるべきではないという。政府はそれらの見解について、中立を守らなければならない。つまり、同性愛を忌み嫌う人びとは、みずからの見解を法で具体化しようとしてはならないし、同性愛の権利を支持する人びとも、それが道徳的に擁護可能であるという考え方をもとに議論してはならない。政治的リベラリズムの観点からすると、こうしたアプローチはいずれも、何らかの善の概念に正の根拠を置く点で誤っていることになる。どちらのアプローチも、包括的な道徳に関する「理にかなった多元主義の事実」を尊重しそこねているのである。

だが、われわれの社会における、同性愛の道徳的地位をめぐる意見の不一致は、配分的正義をめぐる意見の不一致とくらべ、「理にかなった多元主義の事実」となる要素を余計に持っているのだろうか？　政治的リベラリズムによれば、格差原理に反対するリバタリアンの主張は、政府に中立を要求する「理にかなった多元主義の事実」には当たらない。というのも、よく考えてみれば、格差原理を擁護する議論はリバタリアニズムを支持する議論より説得力があると結論するのに十分な理由があるからだ。だが、同等かそれ以上の自信をもってこう結論できるのではないだろうか？　よく考えてみれば、同性愛は道徳的に許されるという議論は、許されないという議論よりも説得力がある、と。こうした内省は、原理と考え抜かれた判断とのあいだで内省的均衡を求めるべく、同性愛の関係は異性愛の関係よりも道徳的に劣ると主張する人びとが挙げる理由を評価することによって進むかもしれない。

同性愛を不道徳だと考える人びとは、たとえば、同性愛は人間の性の最も崇高な目的、つまり生殖という善をなしえないと主張することが多い(48)。これに対しては、多くの異性愛の関係もそうした目的を果たしていないと答えられるかもしれない。避妊措置をとったセックス、不妊夫婦のセックス、生殖可能な年齢を超えたパートナー同士のセックスなどがそうだ。これが示すのは、生殖という善は確かに重要だが、人間の性的関係の道徳的価値には必要ないということである。性の道徳的価値は、それが表現する愛情や責任にも存在するし、こうした善は異性愛の関係はもちろん同性愛の関係でも実現可能ではないだろうか。同性愛に反対する人びとは、同性愛者は不特定多数の相手とセックスすることが多いから、愛情や責任といった善を実現させる可能性は低いと反論するかもしれない。こうした主張への答えは、それに反する経験を示すこと、あるいは、不特定多数の相手とのセックスの存在は同性愛の道徳的価値そのものへの反論とはならず、その一部の例に対する反論でしかないと主張することかもしれない[49]。異性愛者も不特定多数を相手とするセックスをはじめ、性に道徳的な価値を与える善とは相容れない営みにふけるが、だからといって、われわれが異性愛そのものを忌み嫌うことはない。ほかにもいろいろな答えがある。

私の意図は、同性愛が道徳的に許されることを十分に論証することではなく、この種の議論の進み方を示すことにすぎない。ロールズの格差原理擁護論と同じく、この種の議論は原理と考え抜かれた判断とのあいだの内省的均衡を追求し、それぞれを他方と調和させることによって進行するはずだ。同性愛の道徳性を支持する議論が、格差原理を支持する議論とは異なり、人間の目的、善の概念などにはっきり取り組んでいるからといって、同じ方法で道徳的論証を進められないわけではない。もちろん、こうした道徳的論証が、道徳や宗教上の論争に決定的で反論の余地のない答えを出すことはないだろう。だが、ロールズも認めているように、こうした論証が正義の問題に対して反論の余地のない答えを出すこともないのだ。正当化についてはもっと控え目な考え方がふさわしいのである。ロールズは正義をめぐる議論に触れ、「哲学において最も根本的な問題は通常、決定的な論拠によって決着がつくことはない」と書いている。「ある人にとっては明白であり、基本的な考え方として受け止められているものが、ほかの人には理解できないのだ。この問題を解決する方法は、十分に展開されたときにどの見解が最も筋の通った説得力ある説明を提示するかを、よく考えたあとで検討することである」(p. 53)。同じことが、包括的な道徳をめぐる議論についても言える。

正と同じく善についても論理的に考えられるなら、正と善は非対称的だとする政治的リベラリズムの主張は崩れることになる。政治的リベラリズムにとって、この非対称性を支えているのは次のような前提である。つまり、道徳や宗教をめぐる意見の不一致は「理にかなった多元主義の事実」を反映しているが、正義をめぐる意見の不一致はそれを反映していないという前提だ。ロールズが、配分的正義をめぐる意見の不一致は「理にかなった多元主義の事実」にならないと主張できるのは、格差原理を支持し、リバタリアニズムに反対する彼の議論が強力だからである。だが、同じことはほかの論争にも言えるはずだし、道徳や宗教の論争もおそらくその一つだろう。民主主義社会の公共文化には、正義をめぐる論争も包括的な道徳をめぐる論争も同じように含まれている。政府が、リバタリアンによる異議にもかかわらず、再配分政策の正義を支持できるのであれば、同性愛を罪とみなす人びとの異議にもかかわらず、同性愛の道徳的な正当性を法的に支持できないのはなぜだろうか？[50] ミルトン・フリードマンによる再配分政策への反論は、パット・ロバートソン〔保守派のテレビ伝道師〕による同性愛者の権利への反論よりも「理にかなった多元主義」の要素が少ないのだろうか？

正義と同じく道徳についても、意見の不一致という事実だけでは、政府に中立の義務を求める「理にかなった多元主義」の証拠にはならない。どんなケースであれ、よく考えたうえで、道徳や宗教をめぐるある教説がほかの教説よりも妥当だと結論してはならない理由は、原則として存在しない。こうした場合、われわれは意見の不一致が一掃されるとは期待しないだろうし、討議を進めればいつか自分の意見が変わるかもしれないという可能性を排除することもないだろう。だが、正義や権利をめぐる討議が、道徳や宗教の理想にいっさい触れてはならないと主張する根拠もないはずである。

†リベラルな公共的理性の制約

何らかの道徳的あるいは政治的論争において、意見の一致にいたる道を考え出せるかどうかは、やってみるまではわからない。だからこそ、包括的な道徳をめぐる論争は「理にかなった多元主義の事実」を反映しているが、正義をめぐる論争は反映していないなどと、前もって言えないのである。道徳や政治をめぐる論争が、理にかなっていながらも相容れない善の概念を反映しているのかどうか、あるいはきちんと内省し、熟慮すれば、そうした論争が解決できるのかどうかは、内省し、熟慮してみてようやく決まることである。だが、そうだとすれば、政治的リベラリズムにとってさらなる難題が持ち上がる。というのも、それが描き出す政治生活には、対立する包括的な道徳の妥当性を検討する――自分の道徳的理想の価値を他人に納得させたり、他人の道徳的理想の価値を納得させられたりする――のに必要な公共的討議の余地がほとんどないからだ。

政治的リベラリズムは言論の自由の権利を擁護するものの、政治論議へ真に貢献するような議論、とりわけ憲法の本質的要素や、基本的な正義に関する議論に厳しい制約を課す[51]。こうした制約は、善に対する正の優先を反映するものだ。政府が何らかの善の概念を是認してはならないばかりでなく、市民がみずからの道徳・宗教上の包括的信念を政治論議に持ち込んでもいけないのだ――少なくとも正義や権利の問題を議論する場合には[52] (pp. 15–

16)。こうした制約は「公共的理性の理念」によって求められているのだと、ロールズは主張する（p. 218）。この理念によれば、政治論議をなす際にとるべき観点は、すべての市民が受け入れると当然に予想される「政治的価値」に限られるという。民主主義社会の市民は、包括的な道徳・宗教上の概念を共有していないので、公共的理性はそうした概念に言及すべきではないのである（pp. 216–220）。

公共的理性の制約は、政治問題に関する私的な討議や、教会や大学といった組織の一員としてわれわれがなす議論には当てはまらないと、ロールズは認めている。そうした組織では、「宗教的、哲学的、道徳的な考慮」（p. 215）が適切な役割を果たすかもしれないからだ。

しかし、公共的理性の理念が市民に当てはまるのは、彼らが公共の場で政治的な主張をするときである。したがって、政党のメンバー、政党の選挙運動の候補者、彼らを支持するその他のグループに当てはまることになる。憲法の本質的要素や、基本的正義の問題がかかっている選挙で、市民がどう投票すべきかということにも同じように当てはまる。つまり、公共的理性の理念が支配するのは、こうした根本的な問題を争点に含む選挙の公的論議だけでなく、こうした問題に関して市民がどう投票すべきかということでもあるのだ（p. 215）。

政治的な議論が、道徳・宗教上の信念への依存をうまく断ちきり、公共的理性の要求を満たしているかどうかを知るには、どうすればいいのだろうか？　ロールズは斬新なテストを提案している。「われわれが公共的理性に従っているかどうかを調べるには、こう問うてみればよい。われわれの議論が最高裁判所の意見という形で示されたとすれば、われわれはどんな印象を持つだろうか、と」（p. 254）。民主主義国家の市民が、根本的な問題をめぐる政治論議に道徳・宗教上の理想を紛れ込ませてしまうのは、判事が憲法に自分の道徳・宗教上の信念を読み込むのと同じく正当ではない、とロールズは言う。

こうした公共的理性の考え方の制約的な性質を理解するには、それが排除する類の政治的議論について考えてみればいい。妊娠中絶の権利をめぐる論争の場合であれば、胎児は受胎の瞬間から人間であり、したがって妊娠中絶は殺人だと信じている人びとは、公開の政治討論で、こうした意見を仲間の市民に納得させようとしてはならない。また、こうした道徳・宗教上の信念に基づいて妊娠中絶を規制する法律に賛成票を投じることもできない。妊娠中絶に関してカトリックの教えを信じる人びとは、教会内で宗教的な観点から中絶の権利の問題を議論するのはかまわないが、政治運動、州議会の議員席、連邦議会の議場で同じことをしてはならない。また、ついでに言えば、妊娠中絶に関するカトリックの教えに反対する人びとも、政治の場で自分たちの言い分を主張してはならない。カトリックの道徳の教説は、妊娠中絶の権利の問題に関連するのは明らかなのに、政治的リベラリズムが定義する政治の場では議論できないのである。

リベラルな公共的理性の制約的な性質は、同性愛者の権利をめぐる論争にも見てとれる。一見すると、こうした制約は寛容に資するように思えるかもしれない。同性愛は不道徳であり、したがって異性愛の関係に認められるプライバシー権を持つに値しないと考える人びとは、みずからの意見を公開討論で正当に表明することはできない。また、みずからの信念に従い、同性愛者を差別から守る法律に反対票を投じることもできない。こうした信念は、道徳・宗教上の包括的な信念を反映したものであるから、正義の問題をめぐる政治論議において役割を果たしてはならないのである。

しかし、公共的理性の要求は、同性愛者の権利を支持するための議論にも制約を課すため、寛容を守るために持ち出される理由の範囲も限定することになる。バウアーズ対ハードウィック裁判(53)で争われたような反ソドミー法に反対する人びとは、その法律に具体化されている道徳判断が間違っていると主張してはならない。法律が道徳判断を具体的に示すのは間違いだとしか言えないのだ(54)。同性愛者の権利を擁護する人びとは、反ソドミー法の背後にある本質的な道徳判断に異議を唱えることはできないし、公開の政治討論を通じて、同性愛は道徳的に許されると仲間の市民を説得することもできない。こうした議論は、リベラルな公共的理性の基準に反するからだ。

リベラルな公共的理性の制約的な性質は、一八三〇年代と四〇年代のアメリカの奴隷制廃止論者の議論からも明らかになる。プロテスタントの福音主義をルーツとする奴隷廃止運動は、奴隷制は憎むべき罪だという根拠で奴隷の即時解放を訴えた[55]。妊娠中絶の権利に反対する現代のカトリック教徒の議論と同じく、奴隷制廃止論者の論拠が道徳・宗教上の包括的教説に基づいていたのは明らかである。

ロールズはある不可解な一節で、奴隷制廃止論者の主張は、宗教的ではあるが、リベラルな公共的理性の理念に反していなかったと論じようとしている。彼の説明はこうだ。社会に秩序がなければ、「政治的価値」の観点だけから公共の議論が行われる社会を実現するために、包括的な道徳に訴える必要があるかもしれない（p. 251 n. 41）。奴隷制廃止論者の宗教的な主張が正当化できるのは、そうした主張が公共の論議においてもはや正当な役割を果たさなくなる日の到来を早めるからなのだ。ロールズはこう結論を下している。奴隷制廃止論者は「公共的理性の理念に反してはいなかった。ただし、彼らが以下のように考えていた、あるいはよく内省すれば考えていたはずだという条件の下での話だ（彼らがそう考えていた可能性があるのは間違いない）。つまり、自分たちが頼りとする包括的な論拠が必要なのは、やがて実現されるべきその政治的構想に十分な力を与えるためであると」（p. 251）。

この主張をどう理解すればいいのかよくわからない。奴隷制廃止論者が非宗教的な政治上の理由で奴隷制に反対し、一般の支持を得るために宗教の議論を持ち出しただけだと想定する理由はほとんどないし、ロールズがそういうつもりで言っているとも思わない。また、奴隷制廃止論者が、非宗教的な政治論議が安心してできる世界にすべく運動していたと考える理由もない。振り返ってみても、奴隷制に反対する宗教的議論を通じて、政治論議の際に宗教的議論のしにくい社会の出現に手を貸したのだとして、彼らが得意がるとも思えない。どちらかと言えば、事実はその反対ではないだろうか。つまり、奴隷制廃止運動を盛り上げた福音主義者たちは、奴隷制のように明らかな不正義に反対する宗教的議論をすることによって、アメリカ人がほかの政治問題も道徳的・宗教的観点から見るようになってほしいと願っていたのだ。いずれにせよ、奴隷制廃止論者の意図は彼らが言ったとおりのこと、つまり奴隷制は神の法に反する憎むべき罪だから誤りであり、したがって終止符を打つべきだということだと推測するのが妥当である。突拍子もない前提でも置かないかぎり、善に対する正の優先や政治的リベラリズムの言う公共的理性の理念と、彼らの議論が軌を一にしていると解釈するのは難しい。

妊娠中絶、同性愛者の権利、奴隷制廃止をめぐる事例から、リベラルな公共的理性が政治論議に課す厳しい制約が明らかになる。ロールズによれば、こうした制約が正当化されるのは、正義にかなう社会を維持するのに不可欠だからだという。正義にかなう社会で市民を律するのは、各人の持つ相容れない包括的な道徳を考慮してもなお、彼らが支持することが当然に予想される原理だ。公共的理性は、市民が「彼らの考えるところの真実」に言及せずに基本的な政治問題について判断することを求めるが（p. 216）、この制約を正当化するのは、それによって可能となる政治的価値――たとえば礼節や相互尊重――である。「秩序ある立憲的統治形態によって実現される政治的価値は、実にすばらしい価値であり、無視するのは容易ではない。また、その価値が表す理想は気軽に放棄してよいものではない」（p. 218）。ロールズは、制約的な公共的理性を擁護するみずからの議論を、刑事裁判における制約的な証拠規則を擁護する議論と比較している。この場合も、われわれが――たとえば不法に入手した証拠を通じて――自分の知るところの真実に言及せずに判断することに同意するのは、その他の善を促進するためである（pp. 218-219）。

リベラルな公共的理性と制約的な証拠規則の類比は示唆に富んでいる。われわれが知るところの真実を脇に置けば、道徳・政治上の代償を伴うのは、刑事裁判でも公共的理性でも同じことだ。こうした代償が支払うに値するものかどうかは、それと引き換えに手に入る善とくらべて代償はどの程度か、そうした善が別の方法でも実現できるかどうかにかかっている。たとえば、制約的な証拠規則を評価するには、以下のことを知る必要がある。結果として、何人の犯罪者が無罪放免となるのか、証拠規則の制約を緩めた場合、無実の人に不当に疑いをかけることにならないか、望ましくない法の執行手続きにつながらないか、プライバシー（違法収集証拠の排除則）や刑事裁判における配偶者特権といった大切な理念を侵害することにならないか、など。われわれは、真実に照らして決定をくだす重要性と、すべての証拠が採用された場合に犠牲となる理想の重要性とを秤にかけて、証拠規則を設定するのである。

同様に、制約的な公共的理性を評価するには、その道徳・政治上の代償と、それが可能にするという政治的価値とを秤にかける必要がある。同時に、こうした政治的価値――寛容、礼節、相互尊重――は、公共的理性の制約を緩めても実現できるかどうかを問わなければならない。政治的リベラリズムは、みずからが主張する政治的価値と、包括的な道徳の内部から生じる競合的な価値とを秤にかけることを拒む。だが、公共的理性の制約的な規則を擁護するには、この種の比較を前提とせざるをえないのだ。

リベラルな公共的理性の代償には二つの種類がある。厳密に道徳的な代償は、道徳や宗教にまつわる教説、つまりリベラルな公共的理性が、正義の問題について判断する際に脇へ置くようわれわれに求める教説の妥当性と重要性によって決まる。こうした道徳的代償が、場合に応じて変化するのは必然だろう。代償が最も大きくなるのは、正義の政治的構想が、重大な悪徳を寛容に扱うことを認めるときだ。そうした悪徳の例としては、ダグラスの住民主権擁護論における奴隷制などがある。妊娠中絶の例では、カトリックの教説が正しければ、道徳問題をカッコに入れることの代償は大きいが、さもなければはるかに小さくてすむ。ここから次のことがわかる。寛容の道徳・政治上の重要性を認めるのは当然としても、特定の活動を寛容に扱うようを主張する際は、社会的葛藤を避けるとか、人びとにみずから判断させるなどといった善だけでなく、その活動の道徳的地位をも考慮しなければならないのである。リベラルな公共的理性の道徳的な代償についてのこうした考え方が、政治的リベラリズムそのものと相容れないのは明らかだ。ロールズは、正義の政治的構想は通常、それと対立するどんな価値をもしのぐ価値を表していると繰り返し述べる一方で(pp. 138, 146, 156, 218)、だからといって政治的な価値と、それが乗り越える道徳的・宗教的価値を実際に比較することはないとも主張している。

われわれは、政治的正義の主張と、あれやこれやの包括的見解の主張とを比較して考える必要はないし、政治的価値はほかの価値よりも本質的に重要であり、だからこそほかの価値を乗り越えるのだ、などと言う必要もない。そう言わなければならない事態こそ、われわれが避けたいことなのである(p. 157)。

とはいえ、政治的リベラリズムは、道徳・宗教上の包括的教説が真である可能性を認めているのだから、こうした比較を合理的に避けることはできないのだ。リベラルな公共的理性の道徳的代償よりもさらに大きいのが、ある種の政治的代償だ。

これは、とりわけアメリカをはじめとする国々の政治において、ますます目立つようになっている。こうした国々の公的論議が、政治的リベラリズムの唱える公共的理性の理想に限りなく近づいているからだ。公民権運動のような少数の明らかな例外を除き、ここ数十年のアメリカの政治論議には、政府は道徳や宗教の問題に中立であるべきだとか、公共政策の基本問題は特定の善の概念に触れることなく論議し、決定すべきだというリベラルな決意が反映されるようになっている。(56) しかし、民主政治は公共生活を、抽象的で上品なものとして、道徳的目的から切り離されたものとして、最高裁判所の意見ならこうだろうと思われるものとして、いつまでも維持することはできない。道徳や宗教を一顧だにしない政治は、やがてみずからに幻滅してしまう。政治論議に道徳的な響きが欠けていると、より大きな意味のある公共生活への憧れは、望ましくない形をとるようになる。モラル・マジョリティのような団体は、裸の公共空間に狭量で不寛容な道徳主義の衣をまとわせようとする。リベラル派が足を踏み入れるのを恐れる場所に原理主義者がずかずかと入り込んでくる。こうした幻滅がもっと世俗的な形をとることもある。公共問題の道徳的側面に取り組む政策がなければ、国民の関心は公人の私的な不行状に集中するようになる。公的論議はますます、スキャンダラスで、センセーショナルで、懺悔的なテーマで占められるようになる。それを伝えるのはタブロイド紙やトークショーであり、やがて大手メディアもそのあとを追うようになる。

政治的リベラリズムの公共哲学が、こうした傾向に対して全面的に責任を負っているとは言えない。だが、その公共的理性のビジョンはあまりにも貧弱なため、活力ある民主的生活の道徳的エネルギーを取り込めないのだ。すると道徳的な空白が生まれ、不寛容な道徳主義や、見当違いでくだらないその他の道徳主義を招き寄せることになる。

リベラルな公共的理性は制約が厳しすぎるとすれば、もっとふところの広い公共的理性によって、政治的リベラリズムが促進しようとする理想が犠牲になるかどうかを問わねばならない。とりわけ、対立する道徳観や宗教観を持つ市民のあいだの相互尊重が問題だ。ここで、相互尊重の二つの考え方を区別する必要がある。リベラル派の考え方では、われわれは道徳や宗教をめぐる同胞市民の信念を（政治的な目的のために）尊重すべく、それらを無視したり、そっとしておいたり、それらに触れずに政治論議を進めたりするとされる。正義をめぐる政治論議に道徳や宗教の理想を持ち込むことは、この意味で相互尊重を損なうものである。

だがこれは、民主的な市民性の土台となる相互尊重を理解する唯一の方法ではないし、ことによると最適な方法とさえ言えないかもしれない。相互尊重をめぐる別の考え方——熟議型の考え方と呼ぼう——によれば、われわれは道徳や宗教をめぐる同胞市民の信念を尊重すべく、それらに関与あるいは留意する——ときには批判して異議を唱え、ときには耳を傾けてそこから学ぶのである。それらの信念が重要な政治問題にかかわる場合はなおさらだ。熟議型の相互尊重を通じて、何らかの事例で合意が生まれるのかどうか、それどころか道徳や宗教をめぐる他者の信念が評価されるのかどうかさえ、保証のかぎりではない。道徳・宗教上の教説について知れば知るほど、それが嫌いになるという可能性はつねに存在する。だが、熟議や関与を通じた相互尊重は、リベラリズムが認めるものよりふところの広い公共的理性を提供してくれる。それはまた、多元的社会によりふさわしい理想でもある。道徳や宗教をめぐるわれわれの意見の不一致が、人間的善の究極の多様性を反映するものであるかぎり、熟議型の相互尊重を通じて、われわれは多様な生が表現する固有の善をよりよく理解できるようになるだろう。

第29章　ロールズを偲んで

アメリカの最も偉大な政治哲学者、ジョン・ロールズが先週亡くなった（二〇〇二年一一月二四日逝去）。八一歳だった。ロールズは一九六二年から九四年までハーヴァード大学で哲学を教えた。『正義論』（一九七一年）の著者として広く知られている。この本は、ジョン・スチュアート・ミル以降、リベラル派の政治原理を最も説得力をもって説明する作品だ。一九五〇年代と六〇年代、英米の政治論は事実上瀕死の状態で、言語分析や道徳的相対主義によって見当違いな方向に追いやられていた。ロールズは、正義、権利、政治的義務について合理的に議論することは可能だと示し、政治論を復活させた。新しい世代が、道徳や政治といった昔ながらの問題に取り組むきっかけをつくったのだ。

『正義論』は簡単に読める本ではない。しかし、何といっても同書の比類なき貢献は、三つの重要概念、すなわち個人の権利、社会契約、平等を展開する方法にある。ロールズがこの本を書く前、英語圏で支配的な正義の構想は功利主義だった。法律と公共政策は、最大多数の最大幸福を追求しなければならない、というものだ。ロールズはこうした見方を、個人の権利を尊重していないとしてはねつけた。たとえば、大多数の人びとがある少数派宗教を軽蔑していて、禁止したがっているとしてみよう。功利主義的な原理なら禁止を支持するだろう。しかしロールズは、ある特定の権利はきわめて大切なので、大多数の希望だからといって踏みにじられてはならないと主張した。

功利主義的な原理に基づくことがかなわないなら、どうすれば権利を正当化しうるのか。ロールズは、新手の思考実験に基づく社会契約を用いてこの問いに答えを出した。自分が裕福なのか貧しいのか、強いのか弱いのか、健康なのか不健康なのかがわからず、自分の人種、宗教、性別、階級も不明な状態で社会契約を結ぶところを想像するのだ。この「無知のベール」の裏側でわれわれが選ぶ原理は正義にかなうはずだと、ロールズは言う。そうした原理は不公平な取引条件に影響されていないからだ。自分が無知のベールの裏側にいると想像すれば、われわれは社会を司る二つの原理を選ぶだろうと、ロールズは主張する。一つは、あらゆる市民に平等な基本的自由（言論、集会、宗教）を与えるよう要求する原理。もう一つは、社会で最も恵まれない人びとに利益をもたらす所得と富の格差のみを認める原理だ。医者が用務員より高い収入を得ることが正義にかなうのは、そうした格差が才能ある人びとを医学の道に引きつけ、それによって社会で最も不利な立場にある人びとが恩恵をこうむる場合に限られる。これが有名なロールズの「格差原理」だ。

ロールズの平等主義の批判者には、無知のベールの裏側にいる人びとが不平等に賭けて、貯められるだけの富を貯める権利を与える原理を選ぶかもしれないではないか、と反論する者もいる。この難問に対し、ロールズは絶妙な答えを返している。契約の議論から外に出て、彼の理論を支える道徳的な衝動に訴えるのだ。権利の問題として、才能を発揮することで得られる利益がわれわれにふさわしくないのは、そもそも、われわれはその才能を自分の手柄にしてはならないからだ。ある人びとがたまたま持っている技能を市場社会が評価するのは、運がよかっただけであり、彼らが道徳的に優れているわけではない。したがって、スポーツ選手やニュースキャスター、起業家や株のブローカー、学者や専門職に市場が授ける報償や栄誉を、われわれは優れた美徳への報いとみなすべきではない。そうではなく、自然の偶然性や社会の状況があらゆる人の利益に資するように、税制や教育制度を設計しなければならない。こうした考え方は、アメリカ人の生活に脈々と流れている能力主義という前提に真っ向から対立している。つまり、成功と美徳は連動しており、アメリカが豊かなのはアメリカが善い国だからという前提である。ロールズが正しいのであれば、能力主義の前提は、富や環境に恵まれない人びとに対してもっと寛大な立場に取って代わられるべきなのだ。

ハーヴァード大学を退職してまもない頃、ロールズは私が正義について教えている学部向け講義で学生との議論に参加してくれた。私は、ロールズの哲学の英雄であるイマヌエル・カントについて彼にたずねてみた。二人の哲学には似たところがあるにもかかわらず、カントは、人間の平等は物的財産の「極度の不平等と完全に両立する」と結論するにいたったが、それは誤りだったのだろうか？　ロールズはこの質問をうまくかわした。「カントは、実に、掛け値なしの偉人であると言っておきたい。彼を批判しようとする前に、まずそのことを念頭に置いておかなければならない。カントが誤っているなどと言うつもりはない……時代を先取りしていたのだと思う。一八世紀の東プロイセンから何かを得られるだけでもすばらしい。それがイマヌエル・カントだというのだから奇跡だ」

アメリカの一哲学者が、トマス・ホッブス、ジョン・ロック、ジャン゠ジャック・ルソー、カール・マルクス、ジョン・スチュアート・ミルらとともに言及されるのは、ちょっとした奇跡、あるいは少なくともちょっとした驚きである。政治哲学は、アメリカの貢献度が低い数少ない知的分野の一つだ。こうした貢献度の低さを、アメリカ民主主義の成功に帰する向きもある。宗教戦争、崩壊に向かう帝国、機能しない国家、階級闘争といったものは、安定した機構よりもよほど多種多様な話題を哲学に提供してくれる。政治思想にまつわるアメリカ人の有名な発言の大半が、哲学者ではなくアメリカの公的生活に関わった人物のものだというのは、これが理由なのかもしれない。たとえば、トマス・ジェファソン、ジェームズ・マディソン、アレクサンダー・ハミルトン〔一七五七―一八〇四。初代財務長官〕、ジョン・C・カルフーン〔一七八二―一八五〇。アダムズ、ジャクソン政権の副大統領〕、エイブラハム・リンカーン、フレデリック・ダグラス〔一八一七―九五。元奴隷の奴隷制廃止論者、ジャーナリスト〕、ジェーン・アダムス、オリヴァー・ウェンデル・ホームズ、ルイス・D・ブランダイスといった人びとだ。ロールズは、アメリカの政治思想に大きな影響力を与えた人物としては、数少ない非実務家である。

アレクシ・ド・トクヴィルは一八三〇年代にアメリカを訪れ、「アメリカほど哲学に関心がない国は文明社会においてほかにない」と述べた。トクヴィルのこの発言は、一七〇年後、ロールズの死亡記事によって正しいことが証明された。ヨーロッパの主要紙——フランスの『ル・モンド』、イギリスの『タイムズ』、『ガーディアン』、『インディペンデント』、『デイリー・テレグラフ』——はどれも、アメリカの政治哲学者が亡くなったことを『ニューヨーク・タイムズ』や『ワシントン・ポスト』よりよほど詳しく報じたのだ。ロールズの平等主義が、アメリカの市場主義社会よりもヨーロッパの福祉国家で共感を呼ぶことの表れだろう。だが同時に、哲学は新世界よりも旧世界の公的論議において、依然として大きな役割を担っている事実の反映でもある。

ロールズの謙虚さは伝説的だった。彼が学生や若手の同僚に親切だったのも、同じくらい広く知られていた。私が初めて『正義論』を読んだのは一九七五年、オックスフォード大学の大学院生のときだった。私はこの本を博士論文のテーマにした。若手の助教授としてハーヴァード大学政治学部に着任したときは、自分が研究したリベラリズムの偉大な著作をものした人物にまだお目にかかったことがなかった。すると、私が到着してまもなく電話が鳴った。ためらっているような声が聞こえてきた。「ジョン・ロールズです。R－

Ａ－Ｗ－Ｌ－Ｓ」。まるで、神がみずから電話で私を昼食に誘い、誰だかわからないと困るからと、名前の綴りまで説明してくれたかのようだった。

第30章　コミュニタリアニズムの限界

コミュニタリアニズムはどこで道を誤るのか

現代のリベラルな政治理論の批判者、とりわけ、アラスデア・マッキンタイア(1)、チャールズ・テイラー(2)、マイケル・ウォルツァー(3)らの著作と並んで、私の『リベラリズムと正義の限界』は、権利志向のリベラリズムの「コミュニタリアン的」批判とみなされてきた。現代のリベラリズムはコミュニティについての説明が足りないというのが私の論点の一つだから、その表現はある程度は当を得ている。とはいえ、このレッテルは多くの点で誤解を招く。近年、政治哲学者のあいだで盛んに交わされている「リベラル－コミュニタリアン」論争は幅広い問題を取り上げているが、私も常にコミュニタリアン側が正しいと考えているわけではないのだ。

ときにこの論争は、個人の自由を尊ぶ人びとと、コミュニティの価値観や多数派の意志が常に優先すべきだと考える人びととの議論、普遍的な人権を信じる人びとと、さまざまな文化や伝統を特徴づける価値観を批判したり判断したりする方法はないと主張する人びとの議論という形をとる。「コミュニタリアニズム」が多数決主義の別名、あるいは正とはある時代のあるコミュニティで主流をなす価値観に依存すべきものだという考え方の別名であるかぎり、私はそれを擁護しない。

ロールズ的なリベラリズムと、私が『リベラリズムと正義の限界』で提示している見解の争点は、正が重要かどうかではない。そうではなく、善き生について特定の考え方を前提とせずに正を規定し、正当化できるかどうかである。問題は、個人の主張とコミュニティの主張のどちらを重視すべきかではない。そうではなく、社会の基本構造を支配する正義の原理が、市民の抱く相容れない道徳・宗教上の信念に関して中立でありうるかということだ。言い換えれば、根本的な問題は、正は善に優先するかどうかである。

カントにとってと同じくロールズにとって、善に対する正の優先とは二つの主張を意味しているから、それらを区別するのが大事である。一つ目は、ある種の個人的権利は非常に重要なものであり、公共の福祉ですらそれを踏みにじることは許されないという主張だ。二つ目は、われわれの権利を規定する正義の原理の正当性は、善き生をめぐる特定の構想、最近のロールズの表現を借りれば「包括的な」道徳的・宗教的構想に依拠するものではないという主張だ。『リベラリズムと正義の限界』が異議を唱えようとするのは二つ目の主張であり、一つ目ではない。

正義は善と相関しており、それと独立した存在ではないとする考え方は、『リベラリズムと正義の限界』と、リベラリズムの「コミュニタリアン的批判者」と一般にみなされている人びとの著作に共通するものだ。とはいえ、正義は善と相関しているという主張には二つの種類があり、通常の意味で「コミュニタリアン」的とされるのは、そのうちの一つだけである。リベラル－コミュニタリアン論争の議論につきまとってきた混乱の多くは、この二つを区別できないことから生じている。

正義を善の概念と結びつける一つの方法は、次のように考えることだ。正義の原理はその道徳的な力を、特定のコミュニティや伝統のなかで一般に支持されていたり、広く共有されていたりする価値観から引き出すのだ、と。正義と善を結びつけるこうした方法は、何が正義で何が正義でないかを定義するのはコミュニティの価値観であるという意味で、コミュニタリアン的だ。この見解によれば、正を認定する論拠は、そうした正が当の伝統やコミュニティを特徴づける共通理解に含まれていることを示すところにある。もちろん、特定の伝統における共通理解が支持するのは実のところどんな正かについては、意見が一致しない場合もある。社会批評家や政治改革者なら、支配的な慣習を否定する方向で伝統を解釈するかもしれない。だが、こうした議論は常に、コミュニティ自体にみずからの存在を思い起こさせるような形を、また共通の企てや伝統に含まれてはいるが実現されてはいない理想に訴えかけるという形をとるのである。

正義を善の概念に結びつける二つ目の方法は、次のように考えることだ。正義の原理は、それが資する目的の道徳的価値や内在的善に応じて正当化される、と。この見解によれば、正を認定する論拠は、それが重要な人間的善を称賛したり促進したりすることを示すところにある。こうした善がたまたま、コミュニティの伝統において広く称賛されているとか、そのなかに含まれているとかいったことは、決め手とはならない。したがって、正義と善の概念を結びつけるこの二つ目の方法は、厳密に言えばコミュニタリアン的ではない。この方法が、正を認定する論拠はそれが促進する目的や目標の道徳的重要性にあるとする以上、目的論的、あるいは（現代哲学の専門用語を使えば）完成主義的というほうがふさわしい。アリストテレスの政治論が一つの例である。彼は以下のように述べている。われわれは、人びとの権利を定義したり「理想の国制の本性」を探求したりする前に、「まず、最も望ましい生き方の本性を決める必要がある。それが曖昧なままであるうちは、理想の国制の本性もまた曖昧なままであるしかない[4]」

正義と善の概念を結びつける二つの方法のうち、第一のものは適切ではない。何らかの慣習が特定のコミュニティの伝統で認められているという事実だけでは、それを正義とするのに十分とは言えない。正義を因習の産物としてしまえば、その批判的な性質を奪うことになるからだ。問題となる伝統が要求するものをめぐって解釈が対立することを考慮しても、それは変わらない。正義と権利に関する議論が、価値判断にかかわる側面を持つのは避けられない。権利を擁護する論拠は本質的な道徳・宗教上の教説に中立であるべきだと考えるリベラル派と、権利は支配的な社会的価値を土台とすべきだと考えるコミュニタリアンは、似たような過ちを犯している。どちらも、権利が促進する目的の内容について判断するのを避けようとしているのだ。だが、選択肢はこの二つだけではない。私の見るところもっと妥当な第三の可能性は、権利の正当性はそれが資する目的の道徳的な重要性にかかっているとするものである。

信教の自由の権利

信教の自由の論拠について考えてみよう。宗教の自由な実践を憲法で特別に保障すべきなのはなぜだろうか? リベラル派なら、信教の自由が重要である理由は、一般に個人の自由が重要である理由と同じだと答えるかもしれない——人びとが自律的に生き、みずから価値観を選んでそれを追求する自由を持てるようにということだ。この見解によれば、政府が信教の自由を守るべきなのは、自由で独立した自己であり、自分自身の宗教的信念を選ぶ能力を持つ者として、人間を尊重するためなのである。リベラル派が訴える尊重とは、厳密に言えば宗教の尊重ではなく、その宗教を信じる自己の尊重、あるいは宗教を自由に選ぶ能力に備わる威厳の尊重なのだ。リベラル派の観点からすれば、宗教的信念が尊重に値するのは、その内容のためではなく、「自由で自発的な選択の産物」だからなのである。[5]

信教の自由を擁護するこうした論法は、正を善に優先させるものだ。それは、信仰の内容や宗教そのものの道徳的な重要性については判断せずに、信教の自由の権利を確保しようとする。だが、信教の自由の権利を、より一般的な個人の自律の権利の具体例として理解するのは、最善の方法とは言えない。信教の自由を自分の価値観を選ぶ一般的な権利と一緒にするのは、宗教的信念の本性の説明として誤っているし、宗教の自由な実践を憲法で特別に保障する理由を曖昧にしてしまう。あらゆる宗教的信念を選択の産物と解釈すれば、人びとの生活において宗教の演じる役割を見逃すことになるかもしれない。彼らにとって、宗教上の務めを守ることは構成的な目的であり、自分の善の本質であり、アイデンティティの一部なのだ。宗教的信念を選択の問題だとみなす人もいれば、そうでない人もいる。宗教的信念を尊重に値するものとするのは、信念を持つに至る方法——選択、啓示、説得、習慣のいずれであれ——ではなく、それが善き生に占める位置や、促進する品格、あるいは（政治的観点からすれば）善き市民を生み出す習慣や気質を育むその傾向である。

宗教的信念を、独立した自己が選ぶさまざまな利益や目的と同列に扱えば、一方の良心の声と、他方の単なる好みを区別するのが難しくなってしまう。この区別がなくなると、国家に対し、宗教の自由な実践を妨げる法律への特例を求める権利は、「一般に適用される法律を無視する個人の権利[6]」と同程度の重みしかないように思えてしまう。正統派ユダヤ教徒が空軍の診療所で勤務する際にヤムルカ〔正統派ユダヤ教徒の男性がかぶる小さなスカルキャップ〕をかぶる権利を認められるとすれば、軍の服装規定で禁止されている別のかぶりものをつけたがっている兵士はどうなるのだろうか？[7] アメリカ先住民に儀式でペヨーテ〔幻覚剤の一種〕を使う権利があるのなら、娯楽目的で州の麻薬取締法を破る者にはどう言えばいいのだろうか？[8] 安息日を守る人びとに、その日に合わせて職場を休むスケジュールを組む権利が認められるなら、フットボールの試合を観るために休みを取りたい人にも同じ権利が認められねばならないのだろうか？[9]

信教の自由を一般的な自由と同一視するのは、リベラル派による中立性への憧れを反映してのことだ。しかし、こうした一般化の傾向は、信教の自由にとって必ずしも有益とはかぎらない。それは好みの追求と義務の遂行を混同している。そのため、信教の自由にとっての特別な懸念、つまり良心の負荷のある自己の陥る苦境への懸念を無視してしまうのだ——彼らは、信仰と衝突するおそれのある市民的責務に直面しても、拒否を許されない義務を突きつけられるのである。

だが、なぜ国家は良心の負荷のある自己を特別に尊重すべきなのか、と問われるかもしれない。その理由の一部は以下のようなものだ。政府が市民の自己規定の中心となる実践を妨げれば、彼らの人生に意味を与える企てにとって中心的とは言えない利益を奪うよりも、市民の失望は大きいのである。だが、負荷そのものは特別な尊重を受ける根拠として十分ではない。人びとによる企てや関与を定義すれば、立派で英雄的なものから、異常で悪魔的なものまでがありうる。位置ある自己は、連帯意識や深みのある性格を示すこともあれば、偏見や心の狭さを露呈することもあるのだ。

宗教の自由な実践を特別に保護する論拠には、次のような前提がある。宗教的信念は、その実践を通じて特定の社会を特徴づけるに際し名誉や評価に値するさまざまな存在や行為を生み出す。というのも、そうした信念はそれ自体称賛すべきものであったり、善き市民をつくる品格を育んだりするからだ。宗教的な信念や実践が、道徳的に称賛される生き方を後押しすると考える理由がないのであれば、信教の自由の権利を支持する論拠はぐらつくことになるだろう。もちろん、プラグマティックな理由は残るはずだ。信教の自由を守ることは、教会と国家の関係が深まりすぎることから生じる内乱を避ける方法として、依然として正当化されるかもしれない。しかし、信教の自由の権利を道徳的に正当化するには、価値判断が避けられない。信教の自由の権利を支持する論拠は、それが保護する実践の道徳的価値をめぐる本質的な判断から、完全には切り離せないのである。

言論の自由の権利

権利と権利が守る善とのつながりは、言論の自由と憎悪発言《ヘイトスピーチ》をめぐる最近の論争からも明らかになっている。ホロコーストの生存者が多く住むイリノイ州スコーキーで、ネオナチに行進する権利を与えるべきだろうか？[10] 白人至上主義者のグループに、人種差別的な意見を喧伝することを認めるべきだろうか？[11] リベラル派は、市民が信奉する見解に対して政府は中立でなければならないと言う。政府は演説の時間、場所、方法を規制できる——真夜中の騒々しい集会は禁止できる——が、演説の内容までは規制できない。不愉快だったり評判が悪かったりする演説を禁止すれば、ある人の価値観を別の人に押しつけることになる。それゆえ、自分で意見を選び、表現する個々の市民の能力を尊重していないことになるのだ。

リベラル派は、みずからの見解と矛盾しない形でなら、甚大な被害——たとえば暴力——をもたらすおそれのある発言を制限できる。だが、ヘイトスピーチの場合、何を被害とみなすかはリベラルな人格構想の制約を受ける。この構想によれば、私の威厳は自分の暮らす社会で果たす役割にではなく、自分の役割とアイデンティティをみずから選ぶ能力にある。だが、そうだとすれば、私の威厳は自分が一体感を抱いている集団への侮辱によって傷つくことはないことになる。いかなるヘイトスピーチも、それ自体では被害をもたらさない。リベラル派の見解によれば、最高の尊敬とは、目的や愛着から切り離された自己の持つ自尊心だからである。負荷なき自己にとって、自尊心の基盤は特定の絆や愛着に先立つため、「同胞」への侮辱がそこに及ぶことはない。したがってリベラル派は、実際に身体的被害——ヘイトスピーチそのものとは別の被害——を引き起こしそうな場合を除いて、ヘイトスピーチの規制に反対するはずだ。

コミュニタリアンなら、リベラル派の被害の概念は狭すぎると答えるかもしれない。自分の属する民族的あるいは宗教的集団が自分を定義すると考える人びとにとって、集団への侮辱は身体的被害と同様に現実的で有害なものとなりうる。ホロコーストの生存者にしてみれば、ネオナチの行進の目的は、自分たちのアイデンティティや人生の物語の奥深くに達する、言語に絶する惨事の恐怖と記憶を呼び起こすことにあったのだ。

とはいえ、ヘイトスピーチが与える被害を認めるからといって、その発言を取り締まるべきだということにはならない。こうした発言が与える被害は、言論の自由を守ることの善と比較されなければならない。宗教と同じく発言の場合も、厚く構成された自己の主張を引き合いに出すだけでは不十分だ。肝心なのは、その発言が混乱させたり傷つけたりする確固たるアイデンティティの道徳的地位との関連における、その発言の道徳的重要性である。スコーキーがネオナチを締め出せたのであれば、南部の人種差別主義者のコミュニティが、一九五〇年代から六〇年代に公民権運動のデモ参加者を締め出せなかったのはなぜだろうか？　南部の人種差別主義者がマーティン・ルーサー・キング・ジュニアに自分たちのコミュニティを行進してほしくなかったのは、スコーキーの住民がネオナチに行進してほしくなかったのと同じことだ。ホロコーストの生存者と同じように、南部の人種差別主義者もこう主張できたかもしれない。自分たちは厚く構成された自己であり、デモ参加者やそのメッセージによって深く傷つけられる共通の記憶で結ばれているのだ、と。

この二つのケースを区別する原理的な方法はあるだろうか？　発言の内容に関して中立を主張するリベラル派にとっても、当のコミュニティで主流をなしている価値観によって正を定義するコミュニタリアンにとっても、答えはノーとならざるをえない。リベラル派はどちらのケースでも言論の自由を支持し、コミュニタリアンはそれを否定するはずだ。だが、両方のケースについて同じ方法で判断しようというのは、リベラル派とコミュニタリアンに共通する、どうしても価値判断を避けようとする愚かさの表れなのだ。

二つのケースを区別する明白な根拠は、ネオナチが集団殺戮《ジェノサイド》を肯定し、憎悪を煽るのに対し、マーティン・ルーサー・キング・ジュニアは黒人の公民権を求めたということだ。こうした違いは、発言の内容や主義主張の本性にある。ホロコーストの生存者が共有する記憶は道徳的な敬意を受けるに値するが、人種差別主義者の団結はそうではないのだ。このような道徳的区別は一般常識と一致しているが、善に対する正の優先を唱えるタイプのリベラリズムや、権利の根拠をコミュニティの価値のみに求めるタイプのコミュニタリアニズムとは相容れない。

言論の自由の権利はその正当性を、発言がはらむリスクとの関係で、発言の重要性をめぐる本質的な道徳判断に依拠するとしても、判事が裁判のたびに発言の価値をみずから評価すべきだということではない。また、信教の自由にかかわるあらゆる裁判で、問題となっている宗教的実践の道徳的な重要性の評価を、判事が引き受けるべきだということでもない。どんな権利の理論であれ、判事が自分の手がけるあらゆる裁判で、第一原理に立ち戻らずにすむようにしてくれる一般的な規則や原則が望まれる。しかし、ときに難しい裁判では、判事がこうした規則を適用するには、そもそも権利を正当化している道徳的目的に直接訴えなければならないことがある。

一つの特筆すべき例が、一九六五年のある裁判におけるフランク・ジョンソン判事の意見である。この裁判で、アラバマ州セルマからモンゴメリーに至るマーティン・ルーサー・キングの歴史的なデモ行進が許可されたのだ。当時のアラバマ州知事ジョージ・ウォレスは、デモ行進を中止させようとしていた。ジョンソン判事は、州にはハイウェイの使用を規制する権利があること、また、公道であるハイウェイでの大規模なデモ行進は「憲法で認められるぎりぎりの限界」に達していることを認めた。それにもかかわらず、ジョンソン判事は州に行進を許可するよう命じた。行進の大儀が正義にかなっているというのがその理由だった。彼はこう書いている。「ハイウェイで平和裏に集合し、デモをし、行進する権利の程度は、抗議や請願の対象となる過ちの大きさに比例すべきである。本件の場合、過ちはきわめて大きい。こうした過ちに対してデモを行う権利の程度は、その過ちの大きさに応じて決められるべきである[12]」

ジョンソン判事の判決は、内容に対して中立ではなかった。スコーキーのネオナチには何の役にも立たなかったことだろう。しかしこの判決は、権利に対するリベラルなアプローチと、権利の基盤をそれが促進する目的をめぐる本質的な道徳判断に置くアプローチとの違いを、的確に示しているのだ。

原注

第19章　幇助自殺の権利はあるか？

（1）"Assisted Suicide: The Philosophers' Brief," New York Review of Books, vol. 44, March 27, 1997 参照。

第21章　道徳的議論とリベラルな寛容

（1）その慣習の道徳性（あるいは不道徳性）が、それを禁じる法があるべきかどうかを決める唯一の妥当な理由だという強い主張を私は擁護しない。

（2）410 U.S. 113 (1973).

（3）478 U.S. 186 (1986).

（4）Roe v. Wade, 410 U.S. 113, 162 (1973).

（5）Ibid., 153.

（6）Thornburgh v. American College of Obstetricians & Gynecologists, 476 U.S. 747, 777 (1986) (Stevens, J., concurring).

（7）Eichbaum, "Towards an Autonomy-Based Theory of Constitutional Privacy: Beyond the Ideology of Familial Privacy," 14 Harv. C.R.-C.L. L. Rev. 361, 362, 365 (1979).

（8）Richards, "The Individual, the Family and the Constitution: A Jurisprudential Perspective," 55 N.Y.U. L. Rev. 1, 31 (1980).

（9）Karst, "The Freedom of Intimate Association," 89 Yale L.J. 624, 641 (1980). プライバシー権と自律の権利とのつながりを論じた記事については Henkin, "Privacy and Autonomy," 74 Colum. L. Rev. 1410 (1974); Smith, "The Constitution and Autonomy," 60 Tex. L. Rev. 175 (1982); Wilkinson III and White, "Constitutional Protection for Personal Lifestyles," 62 Cornell L. Rev. 563 (1977) も参照。

（10）Karst, "The Freedom of Intimate Association," 641.

（11）Carey v. Population Services Int'l, 431 U.S. 678, 687 (1977).

（12）Thornburgh v. American College of Obstetricians & Gynecologists, 476 U.S. 747, 772 (1986).

（13）Doe v. Bolton, 410 U.S. 179, 211 (1973) (Douglas, J., concurring).（強調省略）

（14）Bowers v. Hardwick, 478 U.S. 186, 205 (1986) (Blackmun, J., dissenting).

（15）Whalen v. Roe, 429 U.S. 589, 599–600 (1977).

（16）Warren and Brandeis, "The Right to Privacy," 4 Harv. L. Rev. 193 (1890).

（17）Ibid., 195–196.

（18）Prosser, "Privacy," 48 Calif. L. Rev. 383 (1960).（その後のプライバシー権の認識と発展について論じている）

（19）367 U.S. 497 (1961).

（20）Ibid., 509.

（21）Ibid., 519–521 (Douglas, J., dissenting).

（22）Ibid., 519.

（23）Ibid., 545 (Harlan, J., dissenting).

（24）Ibid., 545–546.

(25) Ibid., 553.
(26) Ibid., 554.
(27) 381 U.S., 479 (1965).
(28) Ibid., 485–486.
(29) Ibid., 486.
(30) 405 U.S., 438 (1972).
(31) ある男性が一般講演で避妊具を無料配布して有罪となった事件。Ibid., 440.
(32) Ibid., 453.
(33) Griswold, 381 U.S. at 485.
(34) Eisenstadt 405 U.S. at 453. アイゼンスタット裁判における裁判所の意見は、古いプライバシー権から新しいプライバシー権への転換を仮定的な前提条件で偽装している。「グリスウォルド裁判で、婚姻関係を結んでいる人びとへの避妊具の配布を禁じてはならないのであれば、婚姻関係を結んでいない人びとへの避妊具の配布を禁止するというのも同様に許されるものではない」。Ibid. しかしグリスウォルド裁判では、婚姻関係を結んでいる人びとへの配布を禁じてはならないという判決は下されなかった。
(35) 410 U.S. 113 (1973).
(36) Ibid., 153.
(37) Carey v. Population Services Int'l, 431 U.S. 678 (1977).
(38) Ibid., 687.
(39) Ibid.
(40) Ibid. (quoting Eisenstadt, 405 U.S. at 453).（強調は原文ママ）

(41) Ibid. (quoting Roe, 410 U.S. at 153).（強調は原文ママ）
(42) Ibid.
(43) Ibid., 688.
(44) Thornburgh v. American College of Obstetricians, 476 U.S. 747, 772 (1986).
(45) Planned Parenthood v. Casey, 505 U.S. 833, 851 (1992).
(46) Bowers v. Hardwick, 478 U.S. 186, 190–191 (1986).
(47) Ibid., 196.
(48) Ibid.
(49) Ibid., 204 (Blackmun, J., dissenting) (quoting Thornburgh v. American College of Obstetricians & Gynecologists, 476 U.S. at 777 n. 5 (Stevens, J., concurring) (quoting Fried, "Correspondence," Phil. And Pub. Aff. 288–289 [1977])).
(50) Ibid., 205.
(51) Ibid.
(52) Ibid., 211.
(53) Ibid. 同じようなソドミー法を却下する際、ニューヨーク控訴裁判所は、政府は対立する善の概念にたいして中立的でなければならないという考えを明確に打ち出した。「道徳観や神学的価値観を明確にするための媒介物や、そのような価値観を意図的に実行するための道具を提供するのは、わが国の刑法の機能ではない」。People v. Onofre, 51 N.Y.2d 476, 488, n. 3, 415 N.E.2d 936, 940 n. 3, 434 N.Y.S.2d. 947, 951, n. 3 (1980), cert. denied, 451 U.S. 987 (1981).
(54) Rawls, "Justice as Fairness: Political Not Metaphysical," 14 Phil. and Pub. Aff. 223, 245 (1985); Rorty, "The Priority of Democracy to Philosophy," in The Virginia Statute for Religious Freedom,

257 (M. Peterson and R. Vaughan, eds., 1988).

(55) 410 U.S. 113 (1973).

(56) Ibid., 159.

(57) Ibid.

(58) Ibid., 160–162.

(59) Ibid., 162.

(60) Ibid.

(61) Ibid., 163.

(62) 476 U.S. 747 (1986).

(63) Ibid., 797 (White, J., dissenting).

(64) Ibid., 796.

(65) Ibid., 790. ハーラン判事は Poe v. Ullman, 367 U.S. 497, 547 (1961) (Harlan, J. dissenting) で、避妊をめぐる論争で道徳性を考慮の対象外とすることについて同様の方法を提案した。「私が思うに、これらの問題の議論を呼ぶまさにその性質ゆえに、コネチカット州がこうした多様な見解から自らの見解を選ぼうとするのを憲法が妨げていたと結論を下す前に、長いことためらわざるをえない」

(66) Ibid., 777 (Stevens, J. concurring).

(67) Ibid., 777–778 (quoting ibid. at 794 (White, J. dissenting)).

(68) 478 U.S. 186 (1986).

(69) Ibid., 191.

(70) Griswold v. Connecticut, 381 U.S. 479, 486 (1965) から引用。

(71) 478 U.S. at 205 (Blackmun, J., dissenting).（強調引用者）

(72) Ibid., 206.

(73) Ibid., (Stevens, J., dissenting) (quoting Fitzgerald v. Porter Memorial Hospital, 523 F.2d 716, 719–720 (7th Cir, 1975), cert. denied, 425 U.S. 916 (1976)).

(74) Ibid., 218–219.

(75) Hardwick v. Bowers, 760 F.2d 1202 (11th Cir. 1985), rev'd, 476 U.S. 747 (1986).

(76) Ibid., 1211–1212.

(77) Ibid., 1212 (quoting Griswold v. Connecticut, 381 U.S. 479, 486 (1965)).

(78) Ibid., 1212.

(79) Griswold 判決の個人主義的解釈については Eisenstadt v. Baird, 405 U.S. 438, 453 (1972) and Carey v. Population Services Int'l, 431 U.S. 678, 687 (1977) 参照。

(80) 394 U.S. 557 (1969).

(81) Ibid., 564–566, 568 (『情報と考え方を受け取るこの権利は、その社会的価値にかかわらず、私たちの自由社会にとって根源的な存在だ……国は猥褻を取り締まる広範な権力を保持している。しかし、この権力は個人が自宅というプライバシーの領域でただ所有していることにまで及ぶものでは決してない』)(強調引用者)(引用省略)。

(82) 51 N.Y.2d 476, 415 N.E.2d 936, 434 N.Y.S 2d 947 (1980), cert. denied, 451 U.S. 987 (1981).

(83) Ibid., 487–488, 415 N.E.2d at 939–41, 434 N.Y.S 2d at 950–951.

(84) Ibid., 488 n. 3, 415 N.E.2d at 940 n. 3, 434 N.Y.S 2d at 951 n. 3.

(85) Ibid.

(86) Bowers v. Hardwick, 478 U.S. 186, 191 (1986).

(87) Lawrence v. Texas, 539 U.S. 558 (2003).

(88) Ibid., 562.
(89) Ibid., 574, quoting Casey, 505 U.S. 833, 851 (1992).
(90) Lawrence v. Texas, 567.
(91) Ibid., 575.
(92) Ibid., 602.
(93) Ibid., 604.
(94) Ibid., 602.

第23章　手続き的共和国と負荷なき自己

(1) この見解の格好の例が Samuel Huntington, American Politics: The Promise of Disharmony (Cambridge, Mass.: Harvard University Press, 1981) に示されている。とくに「理想と体制の」溝に関する彼の議論については pp. 10–12, 39–41, 61–84, 221–262 を参照。

(2) 一例としてアラスデア・マッキンタイアとチャールズ・テイラーが提唱する「慣習」の概念を参照。MacIntyre, After Virtue (Notre Dame: University of Notre Dame Press, 1981), pp. 175–209 (『美徳なき時代』アラスデア・マッキンタイア著、篠崎榮訳、みすず書房、一九九三年)；Taylor, "Interpretation and the Sciences of Man," Review of Metaphysics 25 (1971), pp. 3–51.

(3) John Rawls, A Theory of Justice (Oxford: Oxford University Press, 1971)（『正義論』川本隆史、福間聡、神島裕子訳、紀伊國屋書店、二〇一〇年ほか）；Immanuel Kant, Groundwork of the Metaphysics of Morals, trans. H. J. Paton (1785; New York: Harper and Row, 1956)（『道徳形而上学原論』カント著、篠田英雄訳、岩波書店、一九六〇年ほか）；Kant, Critique of Pure Reason, trans. Norman Kemp Smith (1781, 1787; London: Macmillan, 1929)（『純粋理性批判』一―四巻、カ

ント著、中山元訳、光文社、二〇一〇年ほか）；Kant, Critique of Practical Reason, trans. L. W. Beck (1788; Indianapolis: Bobbs-Merrill, 1956)（『実践理性批判』、イマヌエル・カント著、宇都宮芳明訳・注解、以文社、二〇〇四年ほか）；Kant, "On the Common Saying: 'This May Be True in Theory But It Does Not Apply in Practice'" in Hans Reiss, ed., Kant's Political Writings (1793; Cambridge: Cambridge University Press, 1970). 正が善に優先すると主張する近年の著作は、ほかに Robert Nozick, Anarchy, State and Utopia (New York: Basic Books, 1974)（『アナーキー・国家・ユートピア　国家の正当性とその限界』、ロバート・ノージック著、嶋津格訳、木鐸社、一九九二年）；Ronald Dworkin, Taking Rights Seriously (London: Duckworth, 1977)（『権利論』増補版、ロナルド・ドゥウォーキン著、木下毅、小林公、野坂泰司訳、木鐸社、二〇〇三年）；Bruce Ackerman, Social Justice in the Liberal State (New Haven: Yale University Press, 1980) がある。

（4）この項と次の二項では Michael Sandel, Liberalism and the Limits of Justice (Cambridge: Cambridge University Press, 1982)（『リベラリズムと正義の限界』原著第二版、M・J・サンデル著、菊池理夫訳、勁草書房、二〇〇九年ほか）でより掘り下げた議論を簡潔にまとめている。

（5）Rawls, A Theory of Justice, p. 3.（『正義論』前掲書）

（6）John Stuart Mill, Utilitarianism, in The Utilitarians (1893; Garden City: Doubleday, 1973), p. 465; Mill, On Liberty, in the Utilitarians, p. 485 (originally published 1849).

（7）Kant, "On the Common Saying," p. 73.

（8）Kant, Groundwork, p. 92.（『道徳形而上学原論』前掲書）

（9）Kant, Critique of Practical Reason, p. 89.（『実践理性批判』前掲書）

（10）Kant, Groundwork, p. 105.（『道徳形而上学原論』前掲書）

（11）Kant, Critique of Practical Reason, p. 89.（『実践理性批判』前掲書）

（12）Kant, Groundwork, p. 121.（『道徳形而上学原論』前掲書）
（13）Rawls, "The Basic Structure as Subject," American Philosophical Quarterly (1977), p. 165.
（14）Rawls, A Theory of Justice, p. 560.（『正義論』前掲書）
（15）Rawls, "Kantian Constructivism in Moral Theory," Journal of Philosophy 77 (1980), p. 543.
（16）Mill, On Liberty, p. 485.
（17）Rawls, A Theory of Justice, pp. 101–102.（『正義論』前掲書）
（18）Croly, The Promise of American Life (Indianapolis: Bobbs-Merrill, 1965), pp. 270–273.
（19）Beer, "Liberalism and the National Idea," The Public Interest (Fall 1966), pp. 70–82.
（20）一例として Laurence Tribe, American Constitutional Law (Mineola: The Foundation Press, 1978), pp. 2–3 参照。
（21）Ronald Dworkin, "Liberalism," in Stuart Hampshire, ed. Public and Private Morality (Cambridge: Cambridge University Press, 1978), p. 136 参照。

第25章　絶滅の危機

（1）George Kateb, "Nuclear Weapons and Individual Rights," Dissent, Spring 1986.

第26章　デューイのリベラリズムとわれわれのリベラリズム

（1）Robert B. Westbrook, John Dewey and American Democracy (Cornell University Press, 1991); Stephen Rockefeller, John Dewey: Religious Faith and Democratic Humanism (Columbia University Press, 1991); Jennifer Welchman, Dewey's Ethical Thought (Cornell University Press, 1995); Debra Morris and Ian Shapiro, eds., John Dewey: The Political Writings (Hackett, 1993);

Richard Rorty, Consequences of Pragmatism (University of Minnesota Press, 1982)（『哲学の脱構築 プラグマティズムの帰結』新装版、リチャード・ローティ著、室井尚、加藤哲弘、庁茂、吉岡洋、浜日出夫訳、御茶の水書房、一九九四年ほか）; Richard J. Bernstein, "John Dewey on Democracy," in Philosophical Profiles: Essays in a Pragmatic Mode (University of Pennsylvania, 1986) pp. 260–272.

（2）John Dewey: The Early Works, 1882–1898, Volumes 1–5; John Dewey: The Middle Works, 1899–1924, Volumes 1–15; John Dewey: The Later Works, 1925–1953, Volumes 1–17, edited by Jo Ann Boydston (Southern Illinois University Press, 1969–1991).

（3）Dewey, "The Need for Recovery of Philosophy" (1917), in The Middle Works, Volume 10.

（4）Ibid.

（5）Dewey, Liberalism and Social Action (1935), in The Later Works, Volume 11, p. 24.

（6）Ibid., p. 25.

（7）Ibid., p. 44.

（8）Rorty, Philosophy and the Mirror of Nature (Princeton University Press, 1979)（『哲学と自然の鏡』リチャード・ローティ著、野家啓一監訳、産業図書、一九九三年）and Rorty, Consequences of Pragmatism (University of Minnesota Press, 1982)（『哲学の脱構築 プラグマティズムの帰結』前掲書）参照。

（9）Richard Rorty "The Priority of Democracy to Philosophy," in Merrill. D. Peterson and Robert C. Vaughan, eds., The Virginia Statute for Religious Freedom (Cambridge University Press, 1988), pp. 257–282.

（10）Dewey, The Public and Its Problems (1927), in The Later Works, Volume 2, p. 295.

(11) Ibid., p. 314.
(12) Ibid., pp. 301, 330, 308.
(13) Ibid., p. 303.
(14) Ibid., p. 324.
(15) Ibid., p. 321.

第27章　ユダヤ教の支配と傲慢

(1) ハラハーにのっとったユダヤ教とは、ユダヤ教の掟の戒めにのっとって生きる人びとのユダヤ教のことだ。
(2) David Hartman, A Living Covenant: The Innovative Spirit in Traditional Judaism (New York: The Free Press, 1985), 32.
(3) Ibid., 36.
(4) Ibid., 3.
(5) Ibid., 98.
(6) Ibid., 183.
(7) Ibid., 99.
(8) Ibid., 96.
(9) Midrash Terumah, chapter 2, quoted in Noam J. Zohar, Alternatives in Jewish Bioethics (Albany: State University of New York Press, 1997), 20–21. 宗教的自然主義については Zohar, ibid., 19–36 参照。
(10) Rabbi Joseph B. Soloveitchik, Halakhic Man, trans. Lawrence Kaplan (Philadelphia: Jewish

Publication Society of America, 1983; originally published in Hebrew, 1944), 99.

(11) Ibid., 107, 109.

(12) Hartman, Living Covenant, 79.

(13) Soloveitchik, “The Lonely Man of Faith,” Tradition 7: 2 (Summer 1965), 35–36, quoted in Hartman, Living Covenant, 82.

(14) Hartman, Living Covenant, 84.

(15) Ibid., 88.

(16) Ibid., 257.

(17) Ibid., 256.

(18) Ibid., 260.

(19) Ibid., 18.

(20) Ibid., 260.

(21) David Hartman, A Heart of Many Rooms: Celebrating the Many Voices within Judaism (Woodstock, Vt.: Jewish Lights Publishing, 1999), 77–78.

(22) Ibid., 78.

(23) Ibid., 201–202.

(24) Carey Goldberg, “Who Needs Sleep? New Pill Hits Scene,” Boston Globe, Sept. 22, 2002. A1, A20.

(25) Midrash Rabbah, Genesis VIII, 4, 5; quoted in Hartman, Heart of Many Rooms, 77.

(26) Ibid., 77–78.

(27) Mishneh Torah, Avodah Zarah II, 4; quoted in Hartman, Heart of Many Rooms, 106.

(28) Ibid., 107.

第28章　政治的リベラリズム

(1) John Rawls, A Theory of Justice (1971).（『正義論』前掲書）

(2) 一例として H. L. A. Hart, "Between Utility and Rights," in The Idea of Freedom, 77 (Alan Ryan, ed., 1979) 参照。

(3) Friedrich A. Hayek, The Constitution of Liberty (1960)（『自由の条件II　自由と法』［新版ハイエク全集　第I期第六巻所収］F・A・ハイエク著、西山千明、矢島鈞次監修、気賀健三、古賀勝次郎訳、春秋社、二〇〇七年）; Robert Nozick, Anarchy, State and Utopia (1974)（『アナーキー・国家・ユートピア』前掲書）参照。

(4) Bruce A. Ackerman, Social Justice in the Liberal State, pp. 349-378 (1980); Ronald Dworkin, Taking Rights Seriously, pp. 90-100, 168-177 (1977)（『権利論』前掲書）; Charles Fried, Right and Wrong, pp. 114-119 (1978); Charles E. Larmore, Patterns of Moral Complexity, pp. 42-68 (1987); Nozick, Anarchy, State and Utopia, p. 33（『アナーキー・国家・ユートピア』前掲書）; Rawls, A Theory of Justice, pp. 30-32, 446-451, 560（『正義論』前掲書）; Ronald Dworkin, "Liberalism," in Public and Private Morality, pp. 113, 127-136 (Stuart Hampshire, ed., 1978); Thomas Nagel, "Moral Conflict and Political Legitimacy," Phil. and Pub. Aff., 16, pp. 215, 227-237 (1987) 参照。

(5) Immanuel Kant, Critique of Pure Reason (Norman K. Smith, trans., St. Martin's Press, 1965) (1788)（『純粋理性批判』前掲書）; Immanuel Kant, Groundwork of the Metaphysics of Morals (H. J. Paton, trans., Harper & Row, 3d ed., 1964) (1785)（『道徳形而上学原論』前掲書）; Immanuel Kant, "On the Common Saying: 'This May Be True in Theory, but It Does Not Apply in

Practice,'" in Kant's Political Writings, pp. 61, 73–74 (Hans Reiss, ed., and H. B. Nisbet, trans., 1970); Rawls, A Theory of Justice, pp. 30–32, 446–451, 560（『正義論』前掲書）参照。

（6）Alasdair MacIntyre, After Virtue (2d ed., 1984) [hereafter cited as MacIntyre, After Virtue]（『美徳なき時代』前掲書）; Alasdair MacIntyre, Is Patriotism a Virtue? The Lindley Lecture (1984) [hereafter cited as MacIntyre, Is Patriotism a Virtue?] ; Alasdair MacIntyre, Whose Justice? Which Rationality? (1988) 参照。

（7）Charles Taylor, "The Nature and Scope of Distributive Justice," in Philosophy and the Human Sciences, Philosophical Papers, 2, p. 289 (1985); Charles Taylor, Sources of the Self: The Making of the Modern Identity (1989) [hereafter cited as Taylor, Sources of the Self]（『自我の源泉　近代的アイデンティティの形成』チャールズ・テイラー著、下川潔、桜井徹、田中智彦訳、名古屋大学出版会、二〇一〇年）参照。

（8）Michael Walzer, Spheres of Justice: A Defense of Pluralism and Equality (1983)（『正義の領分　多元性と平等の擁護』マイケル・ウォルツァー著、山口晃訳、而立書房、一九九九年）参照。

（9）Michael J. Sandel, Liberalism and the Limits of Justice (1982)（『リベラリズムと正義の限界』前掲書）; Michael J. Sandel, "The Procedural Republic and the Unencumbered Self," Pol. Theory, p. 81 (1984) 参照。

（10）マイケル・ウォルツァーはこの見解にひじょうに近いところまで迫り、こう書いている。「正義は社会的な意味合いと相対的だ……その本質的な生が……成員が共有する理解にたいして忠実な方法で生きられるのであれば、その社会は公正だ」。Walzer, Spheres of Justice, pp. 312–313,（『正義の領分』前掲書）。しかしながら、ウォルツァーは、敷衍している権利の慣習は、社会が共有する理解の別の解釈の観点から批判され得ると認めている。Ibid., pp. 84–91.

（11）ここ一〇年来のリベラルな政治哲学についての論争の大半は、リベラリズムの「コミュニタリアン的」批判に、もっと広い意味では正が善に優先することにたいしての反論に集中していた。この議論を最もうまくまとめているのは Stephen Mulhall and Adam Swift, Liberals and Communitarians (1992)（『リベラル・コミュニタリアン論争』スティーヴン・ムルホール、アダム・スウィフト著、谷澤正嗣、飯島昇藏訳、勁草書房、二〇〇六年）だ。このテーマに関する評論を集めた著作としては Communitarianism and Individualism (Shlomo Avineri and Avner de-Shalit, eds., 1992); Liberalism and Its Critics (Michael J. Sandel, ed., 1984); Liberalism and the Good (R. Bruce Douglass, Gerald M. Mara and Henry S. Richardson, eds., 1990); Liberalism and the Moral Life (Nancy L. Rosenblum, ed., 1989); and Universalism vs. Communitarianism (David Rasmussen, ed., 1990)（『普遍主義対共同体主義』D・ラスムッセン編、菊池理夫、山口晃、有賀誠訳、日本経済評論社、一九九八年）がある。代表的な書籍としては Daniel Bell, Communitarianism and Its Critics (1993); Will Kymlicka, Liberalism, Community, and Culture (1989); Charles E. Larmore, Patterns of Moral Complexity (1987); and Stephen Macedo, Liberal Virtues: Citizenship, Virtue, and Community in Liberal Constitutionalism (1990) が挙げられる。このテーマについては、次に挙げるものをはじめとして膨大な文献が揃っている。Jeremy Waldron, "Particular Values and Critical Morality," in Liberal Rights, 168 (1993); C. Edwin Baker, "Sandel on Rawls," U. Pa. L. Rev., 133, p. 895 (1985); Sheyla Benhabib, "Autonomy, Modernity and Community: Communitarianism and Critical Social Theory in Dialogue," in Zwischenbetrachtungen im Prozess der Aufklaerung, p. 373 (Axel Honneth, Thomas McCarthy, Claus Offe, and Albrecht Welmer, eds., 1989); Allen E. Buchanan, "Assessing the Communitarian Critique of Liberalism," Ethics, 99, p. 852 (1989); Gerald Doppelt, "Is Rawls's Kantian Liberalism Coherent and Defensible?" Ethics 99,

p. 815 (1989); Stephen A. Gardbaum, "Law, Politics, and the Claims of Community," Mich. L. Rev. 90, p. 685 (1992); Emily R. Gill "Goods, Virtues, and the Constitution of the Self," in Liberals on Liberalism, p. 111 (Alfonso J. Damico, ed., 1986); Amy Gutmann, "Communitarian Critics of Liberalism," Phil. and Pub. Aff., 14, p. 308 (1985); H. N. Hirsch, "The Threnody of Liberalism," Pol. Theory, 14, p. 423 (1986); Will Kymlicka, "Liberalism and Communitarianism," Can. J. Phil., 18, p. 181 (1988); Will Kymlicka, "Rawls on Teleology and Deontology," Phil. and Pub. Aff., p. 173 (1988); Christopher Lasch, "The Communitarian Critique of Liberalism," Soundings, 69, p. 60 (1986); David Miller, "In What Sense Must Socialism Be Communitarian?" Soc. Phil. and Pol., 6. p. 57 (1989); Chantal Mouffe, "American Liberalism and Its Critics: Rawls, Taylor, Sandel, and Walzer," Praxis Int'l., 8, p. 193 (1988); Patrick Neal, "A Liberal Theory of the Good," Can. J. Phil., 17, p. 567 (1987); Jeffrey Paul and Fred D. Miller, Jr., "Communitarian and Liberal Theories of the Good," Rev. Metaphysics, 43, p. 803 (1990); Milton C. Regan Jr., "Community and Justice in Constitutional Theory," Wis. L. Rev., 1985, p. 1073; Richard Rorty, "The Priority of Democracy to Philosophy," in The Virginia Statute of Religious Freedom, pp. 257–282 (Merrill D. Peterson and Robert C. Vaughan, eds., 1988); George Sher, "Three Grades of Social Involvement," Phil. and Pub. Aff., 18, p. 133 (1989); Tom Sorell, "Self, Society, and Kantian Impersonality," Monist, 74, p. 30 (1991); Symposium, "Law, Community, and Moral Reasoning," Cal. L. Rev., 77, p. 475 (1989); Charles Taylor, "Cross-Purposes: The Liberal-Communitarian Debate," in Liberalism and the Moral Life (Rosenblum, ed.); Robert T. Thigpen and Lyle A. Downing, "Liberalism and the Communitarian Critique," Am. J. Pol. Sci., 31, p. 637 (1987); John Tomasi, "Individual Rights and Community Virtues," Ethics, 101, p. 521 (1991); John R. Wallach, "Liberals, Communitarians, and the Tasks of

"Political Theory," Pol. Theory, 15, p. 581 (1987); Michael Walzer, "The Communitarian Critique of Liberalism," Pol. Theory, 18, p. 6 (1990); Iris M. Young, "The Ideal of Community and the Politics of Difference," Soc. Theory and Prac., 12, p. 1 (1986); and Joel Feinberg, "Liberalism, Community and Tradition," Tikkun, May-June 1988, p. 38. Political Liberalism 以前、ロールズは数々の小論でこれらの問題に触れていた。その代表例として"The Idea of an Overlapping Consensus," Oxford J. Legal Stud., 7, p. 1 (1987); "Justice as Fairness: Political Not Metaphysical," Phil. and Pub. Aff., 14, p. 223 (1985); and "The Priority of Right and Ideas of the Good," Phil. and Pub. Aff., 17, p. 251 (1987) などがある。しかし Political Liberalism で彼はこう述べている。「後期の小論の変化は、ときとしてコミュニタリアンやほかの者による批判への答えだと言われることがある。しかし私はこう言われる根拠はないと思っている」(p. xvii)。

(12) Rawls, A Theory of Justice, p. 560.（『正義論』前掲書）

(13) Ibid., p. 561.

(14) Ibid., pp. 574–75.

(15) 『正義論』で提起された人格の構想への反対論は、原初状態を代表の仕掛けとして見なせないことに基づくものではない。これは、『正義論』第三部に現れる人格の構想という観点からもれなく述べることができる。ここでロールズはそれを政治的構想としてとらえ直している。批判者だけでなく、ロールズ流リベラリズムの擁護者も、『正義論』をカント的な人格の構想を是認するものとして解釈した。たとえば Larmore, Patterns of Moral Complexity, pp. 118–130 参照。

(16) MacIntyre, After Virtue, pp. 190–209（『美徳なき時代』前掲書）；MacIntyre, Is Patriotism a Virtue? p. 8, passim; Sandel, Liberalism and the Limits of Justice, pp. 175–183（『リベラリズムと正義の限界』前掲書）；Taylor, Sources of the Self, p. 508（『自我の源泉』前掲書）参照。

(17) 包括的リベラリズムの現代の例については、George Kateb, The Inner Ocean: Individualism and Democratic Culture (1992); and Joseph Raz, The Morality of Freedom (1986) 参照。ロナルド・ドゥウォーキンは、"Foundation of Liberal Equality," in The Tanner Lectures on Human Values, vol. 11, p. 1 (Grethe B. Peterson, ed., 1990) で、自分の見解は包括的リベラリズムだと評している。

(18) Rawls, A Theory of Justice, pp. 11–12（『正義論』前掲書）参照。

(19) Ibid., p. 560.

(20) Ibid.

(21) Ibid., p. 561.

(22) 私たちは自分たちの道徳と宗教の責務を「政治的観点から自己認証的」と (p. 33) と見なすべきだという考えは、「公正としての正義の観点からすれば、これらの［道徳と宗教の］義務は自ら課したものだ」というロールズの主張と一致している (A Theory of Justice, p. 206.)（『正義論』前掲書）。しかし、人びとが同等、もしくはそれ以上の思いを込めて大切にしているほかの嗜好には与えられないのに、宗教の信条や良心の声に格別の尊敬を与えるこのような見解にたいして、どのような正当性がありうるのかは明らかではない。Ibid., pp. 205–211 参照。

(23) John Rawls, "Kantian Constructivism in Moral Theory: Rational and Full Autonomy," J. Phil. 77, pp. 515, 519 (1980).

(24) Rorty, "The Priority of Democracy to Philosophy," pp. 257, 262.

(25) Ibid., p. 265.

(26) Ibid., p. 268.

(27) Ibid., p. 264.

(28) トマス・ホッブスは、正義の政治的構想の唱道者といってもよいが、対立する道徳や宗教の構想に由来する主張にたいして、これらの構想の真実性を否定することにより、自らの政治的構想の優先性を確保した。Thomas Hobbes, Leviathan, pp. 168–183 (C. B. Macpherson, ed., Penguin Books, 1985) (1651)（『リヴァイアサン（国家論）』ホッブズ著、水田洋、田中浩訳、河出書房新社、二〇〇五年ほか）参照。

(29) ロールズは、中絶についての脚注でこの意見に与しているように思われる。しかし、彼はカトリックの教義が真実だとしても、政治的価値観が優勢になるべき理由を説明してはいない (p. 243, n. 32)。

(30) Created Equal? The Complete Lincoln-Douglas Debates of 1858, pp. 369, 374 (Paul M. Angle, ed., 1958) [hereafter cited as Created Equal?].

(31) Ibid., p. 390.

(32) Ibid.

(33) Ibid., p. 392.

(34) Ibid.

(35) Ibid., pp. 388–389.

(36) 347 U.S. 483 (1954).

(37) Voting Rights Act of 1965, 42 U.S.C. §§ 1971, 1973 (1988).

(38) Created Equal?, p. 374 参照。

(39) U.S. Constitution, art. I, § 2, cl. 3 参照。

(40) Ibid., art. I, § 9, cl. 1 参照。

(41) Ibid., art IV, § 2, cl. 3 参照。

(42) Scott v. Sandford, 60 U.S. (19 How.) 393 (1857).

(43) Ibid., pp. 404–405 参照。

(44) Milton Friedman, Capitalism and Freedom, p. 200 (1962)（『資本主義と自由』ミルトン・フリードマン著、村井章子訳、日経ＢＰ社、二〇〇八年ほか）; Milton Friedman and Rose Friedman, Free to Choose, pp. 134–136 (1980)（『選択の自由　自立社会への挑戦』Ｍ＆Ｒ・フリードマン著、西山千明訳、日本経済新聞社、二〇〇二年ほか）; Hayek, The Constitution of Liberty, pp. 85–86, 99–100（『自由の条件Ⅱ　自由と法』前掲書）; Nozick, Anarchy, State and Utopia, pp. 149, 167–174（『アナーキー・国家・ユートピア』前掲書）参照。

(45) ロールズはこの意見を明確に表明していないが、「理にかなった多元主義の事実」とそれが正の優先性を支持する際に果たす役割の意味を理解するうえで、それは必要だ。彼は合理的な意見の不一致は、どの政策が格差原理を満たすかをめぐって起こりうると述べているが、「これは、どの原理が正しいかについての相違ではなく、どの原理が達成されたかを見極めることの難しさの相違にすぎない」とも付け加えている (p. 230)。

(46) Rawls, A Theory of Justice, pp. 72–75, 100–107, 136–142, 310–315 参照。

(47) Ibid., pp. 20–21, 48–51, 120, 577–587 参照。

(48) この段落で、私が例に挙げた同性愛の道徳性の賛成意見と反対意見の主張のいくつかは次の文献から引用した。John Finnis and Martha Nussbaum, "Is Homosexual Conduct Wrong?: A Philosophical Exchange," New Republic, Nov. 15, 1993, pp. 12–13; Stephen Macedo, "The New Natural Lawyers," Harvard Crimson, Oct. 29, 1993, p. 2; and Harvey C. Mansfield, "Saving Liberalism from Liberals," Harvard Crimson, Nov. 8, 1993, p. 2.

(49) 別の答え方としては、不特定多数相手のセックスを擁護し、愛と責任の善は性の道徳的価値にとって必要だという見方を否定する、という手もあるだろう。私が提示したこの議論の流れは、異性愛から類推した同性愛の道徳的正当性を擁護するのが目的だ、と誤って受け取られている。Bonnie Honig, Political Theory and the Displacement of Politics, pp. 186–195 (1993) 参照。

(50) 同性愛者の特定の権利を、同性愛の道徳性を肯定も否定もしない論拠に基づいて擁護することは可能だ。ここで問題なのは、同性愛の道徳性の正当性を根拠として、政府は（たとえば同性婚の）法なり政策なりを支持するのが正当かどうか、だ。

(51) ロールズは、公共的理性の限界は法律で保障している基本的権利や基本的正義についてのあらゆる議論に当てはまると指摘する。ほかの政治的な問題については「ふつう、公共的理性の価値観を喚起して政治的な問題に決着をつけることがきわめて望ましい。とはいっても、いつもそうできるとは限らない」と述べている (pp. 214–215)。

(52) この考え方はいくつかのほかの部分で繰り返されている (pp. 215, 224, 254)。

(53) 478 U.S. 186 (1986).

(54) Michael J. Sandel, "Moral Argument and Liberal Toleration: Abortion and Homosexuality," Cal. L. Rev., 77, pp. 521, 534–538 (1989) 参照。

(55) Eric Foner, Politics and Ideology in the Age of the Civil War, p. 72 (1980); Aileen S. Kraditor, Means and Ends in American Abolitionism, pp. 78, 91–92 (1967); James M. McPherson, Battle Cry of Freedom: The Civil War Era, pp. 7–8 (1988) 参照。

(56) この主張については Democracy's Discontent (Harvard University Press, 1996)（『民主政の不満　公共哲学を求めるアメリカ』マイケル・J・サンデル著、金原恭子、小林正弥監訳、勁草書房、二〇一〇年）で詳しく論じている。

第30章　コミュニタリアニズムの限界

（1）Alasdair MacIntyre, After Virtue (Notre Dame: University of Notre Dame Press, 1981)（『美徳なき時代』前掲書）参照。

（2）Charles Taylor, Philosophical Papers, vol. 1: Human Agency and Language; vol. II, Philosophy and the Human Sciences (Cambridge: Cambridge University Press, 1985); and Taylor, Sources of the Self: The Making of Modern Identity (Cambridge, Mass.: Harvard University Press, 1989)（『自我の源泉』前掲書）参照。

（3）Michael Walzer, Spheres of Justice: A Defense of Pluralism and Equality (New York: Basic Books, 1983)（『正義の領分』前掲書）参照。

（4）The Politics of Aristotle, 1323a14, ed. and trans. Ernest Barker (London: Oxford University Press, 1958), p. 279.

（5）Wallace v. Jaffree, 472 U.S. 38, 52–53 (1985) から引用。「尊敬に値する宗教の信念は信仰心篤い者の自由で自発的な選択の産物だ」

（6）Employment Division v. Smith, 494 U.S. 872, 886 (1990) から引用。

（7）Goldman v. Weinberger, 475 U.S. 503 (1986) 参照。

（8）Employment Division v. Smith, 494 U.S. 872 (1990) 参照。

（9）Thornton v. Caldor, Inc., 474 U.S. 703 (1985) 参照。

（10）Collin v. Smith, 447 F. Supp. 676 (1978); Collin v. Smith, 578 F.2d. 1198 (1978) 参照。

（11）Beauharnais v. Illinois, 343 U.S. 250 (1952) 参照。

（12）Williams v. Wallace, 240 F. Supp. 100, 108, 106 (1965).

初出一覧

第1章　The Atlantic Monthly, vol. 227, March 1996; Michael J. Sandel, Democracy's Discontent (Harvard University Press, 1996)（『民主政の不満　公共哲学を求めるアメリカ』マイケル・J・サンデル著、金原恭子、小林正弥監訳、勁草書房、二〇一〇年）に基づく。

第2章　The New Republic, February 22, 1988.

第3章　The New Republic, September 2, 1996.

第4章　The New Republic, October 4, 1996.

第5章　The New York Times, December 29, 1996.

第6章　The New Republic, October 26, 1998.

第7章　二〇〇〇年のジョン・F・ケネディ図書館での講演。Michael J. Sandel, Democracy's Discontent (Harvard University Press, 1996)（『民主政の不満』前掲書）より引用。

第8章　The New Republic, March 10, 1997.

第9章　The New Republic, September 1, 1997.

第10章　The New Republic, January 19, 1998.

第11章　The New Republic, May 25, 1998.

第12章　The New Republic, April 13, 1998.

第13章　The New Republic, May 26, 1997.

第14章　The New York Times, December 15, 1997.

第15章 The New Republic, December 23, 1996.
第16章 The New Republic, December 1, 1997.
第17章 The New Republic, July 7, 1997.
第18章 The New Republic, March 2, 1998.
第19章 The New Republic, April 14, 1997.
第20章 New England Journal of Medicine, July 15, 2004.
第21章 改定前のものは California Law Review vol. 77, 1989, pp. 521–538 と Michael J. Sandel, Democracy's Discontent (Harvard University Press, 1996)（『民主政の不満』前掲書）に掲載された。
第22章 The New Republic, May 7, 1984.
第23章 Political Theory, vol. 12, no. 1, February 1984, pp. 81–96.
第24章 The New York Times, April 24, 1983.
第25章 Dissent, Summer 1986. 許可により再掲。
第26章 The New York Review of Books, vol 43, no. 8, May 9, 1996.
第27章 Judaism and Modernity: The Religious Philosophy of David Hartman, ed. Jonathan W. Malino, pp. 121–132, (c) Ashgate, 2004.
第28章 Harvard Law Review, vol. 107, no. 7, May 1994, pp. 1765–1794.
第29章 The New Republic, December 16, 2002.
第30章 Michael J. Sandel, Liberalism and the Limits of Justice, 2nd edition, pp. ix–xvi, (c) Cambridge University Press, 1998（『リベラリズムと正義の限界』原著第二版、M・J・サンデル著、菊池理夫訳、勁草書房、二〇〇九年ほか）。許可により再掲。

【ワ　行】

【A―Z】

【ヤ　行】

【ラ　行】

【マ　行】

【ナ　行】

【ハ　行】

【タ 行】

【サ　行】

【カ　行】

索引

本書は「ちくま学芸文庫」のために新たに訳出したものである。

オーギュスト・コント　清水幾太郎

フランス革命と産業革命という近代の始まりに直面したコントは、諸学の総合として社会学を創った。その歴史を辿り、現代的意味を解き明す。（若林幹夫）

20世紀思想を読み解く　塚原史

「自由な個人」から「全体主義的な群衆」へ。人間という存在が劇的に変質した世紀の思想を、無意味・未開・狂気等キーワードごとに解読する。

緑の資本論　中沢新一

『資本論』の核心である価値形態論を一神教的に再構築することで、自壊する資本主義からの脱出の道を考察した、画期的論考。（矢田部和彦）

反＝日本語論　蓮實重彥

仏文学者の著者、フランス語を母国語とする夫人、日仏両語で育つ令息。三人が遭う言語的葛藤から見えてくるものとは？（シャンタル蓮實）

橋爪大三郎の社会学講義　橋爪大三郎

この社会をどう見、どう考え、どう対すればよいのか。自分の頭で考えるための基礎訓練をしよう。世界の見方が変わる骨太な実践的講義。新編集版。

橋爪大三郎の政治・経済学講義　橋爪大三郎

政治は、経済は、どう動くのか。この時代を生きるために、日本と世界の現実を見定める目を養い、考える材料を蓄え、構想する力を培う基礎講座！

フラジャイル　松岡正剛

なぜ、弱さは強さよりも深いのか？　薄弱・断片・あやうさ・境界・異端……といった感覚に光をあて、「弱さ」のもつ新しい意味を探る。（高橋睦郎）

言葉とは何か　丸山圭三郎

言語学・記号学についての優れた入門書。ソシュール研究の泰斗が、平易な語り口で言葉の謎に迫る。術語・人物解説、図書案内付き。（中尾浩）

ニーチェ　オンフレ／ロワ　國分功一郎訳

現代哲学の扉をあけた哲学者ニーチェ。激烈な思想に似つかわしくも激しいその生涯を描く。フランス発のオールカラー・グラフィック・ノベル。

フーコー・コレクション6 生政治・統治
ミシェル・フーコー
小林康夫／石田英敬／松浦寿輝編
西洋近代の政治機構を、領土・人口・治安など、権力論から再定義する。近年明らかにされてきたフーコー最晩年の問題群を読む。（石田英敬）

フーコー・コレクション フーコー・ガイドブック
ミシェル・フーコー
小林康夫／石田英敬／松浦寿輝編
20世紀の知の巨人フーコーは何を考えたのか。主要著作の内容紹介・本人による講義要旨・詳細な年譜で、その思考の全貌を一冊に完全集約！

マネの絵画
ミシェル・フーコー
阿部崇訳
19世紀美術史にマネがもたらした絵画表象のテクニックとモードの変革を、13枚の絵で読解。フーコーの伝説的講演録に没後のシンポジウムを併録。

間主観性の現象学 その方法
エトムント・フッサール
浜渦辰二／山口一郎監訳
主観や客観、観念論や唯物論を超えて「現象」そのものを解明したフッサール現象学の中心課題。現代哲学の大きな潮流「他者」論の成立を促す。本邦初訳。

間主観性の現象学Ⅱ その展開
エトムント・フッサール
浜渦辰二／山口一郎監訳
フッサール現象学のメインテーマ第Ⅱ巻。自他の身体の構成から人格的生の精神共同体までを分析し、真の関係性を喪失した孤立する実存の限界を克服。

間主観性の現象学Ⅲ その行方
エトムント・フッサール
浜渦辰二／山口一郎監訳
間主観性をめぐる方法、展開をへて、その究極の目的（行方）が、真の人間性の実現に向けた普遍的目的論として呈示される。壮大な構想の完結篇。

内的時間意識の現象学
エトムント・フッサール
谷徹訳
時間は意識のなかでどのように構成されるのか。哲学・思想・科学に大きな影響を及ぼしている名著の新訳。詳密な訳注を付し、初学者の理解を助ける。

リベラリズムとは何か
マイケル・フリーデン
山岡龍一監訳
寺尾範野／森達也訳
政治思想上の最重要概念でありながら、どこか曖昧でつかみどころのないリベラリズム。その核心をこのうえなく明快に説く最良の入門書。本邦初訳。

テクノコードの誕生
ヴィレム・フルッサー
村上淳一訳
テクノ画像が氾濫する現代、コミュニケーションのコードを人間へと取り戻すにはどうすれば良いか。メディア論の巨人による思考体系。（石田英敬）

精神現象学（下）

G・W・F・ヘーゲル
熊野純彦訳

人類知の全貌を綴った哲学史上の一大傑作。四つの原典との頁対応を付し、著名な格言を採録した索引を巻末に収録。従来の解釈の遥か先へ読者を導く。

リヴァイアサン（上）

トマス・ホッブズ
加藤節訳

各人の各人に対する戦いから脱し、平和と安全を確立すべく政治的共同体は生まれた。その仕組みを分析した不朽の古典を明晰な新訳でおくる。全二巻。

リヴァイアサン（下）

トマス・ホッブズ
加藤節訳

キリスト教徒の政治的共同体における本質と諸権利、そして「暗黒の支配者たち」を論じて大著は完結する。近代政治哲学の歩みはここから始まった。

道徳および立法の諸原理序説（上）

ジェレミー・ベンサム
中山元訳

快と苦痛のみに基礎づけられた功利性の原理から、個人および共同体のありようを分析する。近代功利主義の嚆矢をなす記念碑的名著をついに完訳。

道徳および立法の諸原理序説（下）

ジェレミー・ベンサム
中山元訳

法とは何のためにあるのか？　科学に立脚して立法と道徳を問いなおし、真に普遍的な法体系を打ち立てんとするベンサムの代表作を清新な訳文で送る。

資本論　第一巻（上）

カール・マルクス
今村仁司／三島憲一／鈴木直訳

剰余価値追求の終わりなき運動、資本主義。本書はそのメカニズムを精密に分析し、社会科学史に聳え立つ。『マルクス・コレクション』版を全面改訳。

資本論　第一巻（下）

カール・マルクス
今村仁司／三島憲一／鈴木直訳

資本主義の地球的包摂を理解する手だては本書のなかにこそある――。近代諸科学の知的源泉として、マルクスの考察は今も生々しく、そして新しい。

自由と理性

R・M・ヘア
村上弥生訳

道徳判断は「指図性」を持ち、同時に「普遍化可能性」をも持つ。この二つの命題を論証することで、実践的な倫理学への道を拓く。（佐藤岳詩）

象徴交換と死

J・ボードリヤール
今村仁司／塚原史訳

すべてがシミュレーションと化した高度資本主義像を鮮やかに提示し、〈死の象徴交換〉による、その内部からの〈反乱〉を説く、ポストモダンの代表作。

経済の文明史
カール・ポランニー
玉野井芳郎ほか訳
市場経済社会は人類史上極めて特殊な制度的所産である——非市場社会の考察を通じて経済人類学に大転換をもたらした古典的名著。（佐藤光）

暗黙知の次元
マイケル・ポランニー
高橋勇夫訳
非言語的で包括的なもうひとつの知。創造的な科学活動にとって重要な〈暗黙知〉の構造を明らかにしつつ、人間と科学の本質に迫る。新訳。

現代という時代の気質
エリック・ホッファー
柄谷行人訳
群れず、熱狂に翻弄されることなく、しかし自分自身の内にこもることなしに、人々と歩み、権力と向きあっていく姿勢を、省察の人・ホッファーに学ぶ。

知恵の樹
H・マトゥラーナ／F・バレーラ
管啓次郎訳
生命を制御対象ではなく自律主体とし、自己創出を良き環と捉え直した新しい生物学。現代思想に影響を与えたオートポイエーシス理論の入門書。

社会学的想像力
C・ライト・ミルズ
伊奈正人／中村好孝訳
なぜ社会学を学ぶのか。抽象的な理論や微細な調査に明け暮れる現状を批判し、個人と社会を架橋する学という原点から問い直す重要古典、待望の新訳。

パワー・エリート
C・ライト・ミルズ
鵜飼信成／綿貫譲治訳
エリート層に権力が集中し、相互連結しつつ大衆社会を支配する構図を詳細に分析。世界中で読まれる階級論・格差論の古典的必読書。（伊奈正人）

メルロ=ポンティ・コレクション
モーリス・メルロ=ポンティ
中山元編訳
意識の本性を探究し、生活世界の現象学的記述を実存主義的に企てたメルロ=ポンティ。その思想の粋を厳選して編んだ入門のためのアンソロジー。

知覚の哲学
モーリス・メルロ=ポンティ
菅野盾樹訳
時代の動きと同時に、哲学自体も大きく転身した。それまでの存在論の転回を促したメルロ=ポンティ哲学と現代哲学の核心を自ら語る。

精選 シーニュ
モーリス・メルロ=ポンティ
廣瀬浩司編訳
メルロ=ポンティの代表的論集『シーニュ』より重要論考のみを厳選し、新訳。精確かつ平明な訳文と懇切な注釈により、その真価が明らかとなる。

われわれの戦争責任について
カール・ヤスパース　橋本文夫訳
時の政権に抗いながらも「侵略国の国民」となってしまった人間は、いったいにどう戦争の罪と向き合えばよいのか。戦争責任論不朽の名著。（加藤典洋）

フィヒテ入門講義
ヴィルヘルム・G・ヤコプス　鈴木崇夫ほか訳
フィヒテは何を目指していたのか。その現代性とは——。フィヒテ哲学の全領域を包括的に扱い、核心部分を明快に解説した画期的講義。本邦初訳。

哲学入門
バートランド・ラッセル　髙村夏輝訳
誰にも疑えない確かな知識など、この世にあるのだろうか。近代哲学が問い続けてきた諸問題を、これ以上なく明確に説く哲学入門書の最高傑作。

現代哲学
バートランド・ラッセル　髙村夏輝訳
世界の究極的あり方とは？　そこで人間はどう描けるのか？　現代哲学の始祖が、哲学と最新科学の知見を総動員。統一的な世界像を提示する。本邦初訳。

存在の大いなる連鎖
アーサー・O・ラヴジョイ　内藤健二訳
西洋人が無意識裡に抱き続けてきた「存在の大いなる連鎖」という観念。その痕跡をあらゆる学問分野に探り「観念史」研究を確立した名著。（高山宏）

自発的隷従論
エティエンヌ・ド・ラ・ボエシ　山上浩嗣訳　西谷修監修
圧制は、支配される側の自発的な隷従によって永続する——支配・被支配構造の本質を喝破した古典的名著。20世紀の代表的な関連論考を併録。（西谷修）

アメリカを作った思想
ジェニファー・ラトナー＝ローゼンハーゲン　入江哲朗訳
「新世界」に投影された諸観念が合衆国を作り、社会に根づき、そして数多の運動を生んでゆく——。アメリカ思想の五〇〇年間を通観する新しい歴史。

価値があるとはどのようなことか
ジョセフ・ラズ　森村進／奥野久美恵訳
価値の普遍性はわれわれの偏好といかに調和されるか——。愛着・価値・尊重をめぐってなされる入念な考察。現代屈指の法哲学者による比類ない講義。

カリスマ
C・リンドホルム　森下伸也訳
集団における謎めいた現象「カリスマ」について多面的な考察を試み、ヒトラー、チャールズ・マンソンらを実例として分析の俎上に載せる。（大田俊寛）

カント入門講義　冨田恭彦

人間には予めものの見方の枠組がセットされている——平明な筆致でも知られる著者が、カント哲学の本質を一から説き、哲学史的な影響を一望する。

ロック入門講義　冨田恭彦

近代社会・政治の根本概念を打ちたてつつ、主著『人間知性論』で人間の知的営為について形而上学的提言も行ったロック。その思想の真像に迫る。

デカルト入門講義　冨田恭彦

人間にとって疑いえない知識をもとめ、新たな形而上学を確立したデカルト。その思想と影響を知らずに西洋精神史は語れない。全像を語りきる一冊。

不在の哲学　中島義道

言語を習得した人間は、自身の〈いま・ここ〉の体験よりも、客観的に捉えた世界の優位性を信じがちだ。しかしそれは本当なのか？　渾身の書き下ろし。

時間と死　中島義道

「自分が死ぬとしたら人生には意味がない」？　客観的世界が仮象であるならば、違った転換が可能になる。著者が積年の問題に、遂に解答をあたえる。

思考の用語辞典　中山元

今日を生きる思考を鍛えるための用語集。時代の変遷とともに永い眠りから覚め、新しい意味をになって冒険の旅に出る哲学概念一〇〇の物語。

翔太と猫のインサイトの夏休み　永井均

「私」が存在することの奇跡性など哲学の諸問題を、自分の頭で考え抜くよう誘う。予備知識不要の「子ども」のための哲学入門。（中島義道）

倫理とは何か　永井均

「道徳的に善く生きる」ことを無条件には勧めず、道徳的な善悪そのものを哲学の問いとして考究する、不道徳な倫理学の教科書。（大澤真幸）

増補　ハーバーマス　中岡成文

非理性的な力を脱する一方、人間疎外も強まった近代社会。その中で人間のコミュニケーションへの信頼を保とうとしたハーバーマスの思想に迫る。

夜の鼓動にふれる　西谷修

20世紀以降、戦争は世界と人間をどう変えたのか。思想の枠組みから現代の戦争の本質を剔抉する。文庫化に当たり「テロとの戦争」についての補講を増補。

ウィトゲンシュタイン『論理哲学論考』を読む　野矢茂樹

二〇世紀哲学を決定づけた『論考』を、きっちりと理解しその生き生きとした声を聞く。真に読みたい人のための傑作読本。増補決定版。

科学哲学への招待　野家啓一

科学とは何か？　その営みにより人間は本当に世界を理解できるのか？　科学哲学の第一人者が、知の歴史のダイナミズムへと誘う入門書の決定版！

ソフィストとは誰か？　納富信留

ソフィストは本当に詭弁家にすぎないか？　哲学成立とともに忘却された彼らの本質を精緻な文献読解により喝破し、哲学の意味を問い直す。（鷲田清一）

哲学の誕生　納富信留

哲学はどのように始まったのか。ソクラテスとは何者かをめぐる論争にその鍵はある。古代ギリシアにおける哲学誕生の現場をいま新たな視点で甦らせる。

ドゥルーズ　解けない問いを生きる〔増補新版〕　檜垣立哉

ドゥルーズの哲学は、いまという時代に何を問いかけるか。生命、テクノロジー、マイノリティといった主題を軸によみとく。好評入門書の増補完全版！

新版　プラトン　理想国の現在　納富信留

近代日本に「理想」という言葉を生み、未来をひらく力を与えたプラトン哲学。主著『ポリテイア』の核心を捉え、哲学の可能性を示す。（熊野純彦）

西洋哲学史　野田又夫

西洋を代表する約八十人の哲学者を紹介しつつ、哲学の基本的な考え方を解説。近世以降五百年の流れを一望のもとに描き出す名テキスト。（伊藤邦武）

ナショナリズム　橋川文三

日本ナショナリズムは第二次大戦という破局に至るほかなかったのか。維新前後の黎明期に立ち返り、その根源ともう一つの可能性を問う。（渡辺京二）

ちくま学芸文庫

公共哲学《こうきょうてつがく》 政治《せいじ》における道徳《どうとく》を考《かんが》える

二〇一一年六月十日 第一刷発行
二〇二五年九月十日 第九刷発行

著 者 マイケル・サンデル
訳 者 鬼澤忍（おにざわ・しのぶ）

発行者 増田健史
発行所 株式会社 筑摩書房
東京都台東区蔵前二―五―三 〒一一一―八七五五
電話番号 〇三―五六八七―二六〇一（代表）
装幀者 安野光雅
印刷所 中央精版印刷株式会社
製本所 中央精版印刷株式会社

ISBN978-4-480-09387-5 C0110